Haus, Wohnung oder Grundstück kaufen

Was Sie von Auswahl bis Versicherung beim Immobilienkauf beachten müssen

Dr. Otto N. Bretzinger

Akademische Arbeitsgemeinschaft | Mannheim

Postfach 10 01 61 · 68001 Mannheim
Telefon 0621/8626262
Telefax 0621/8626263
www.akademische.de

2. Auflage

Stand: Februar 2022

Zum Zwecke der besseren Lesbarkeit verwenden wir allgemein die grammatisch männliche Form. Selbstverständlich meinen wir aber bei Personenbezeichnungen immer alle Menschen unabhängig von ihrer jeweiligen geschlechtlichen Identität.

Redaktion: Dr. Torsten Hahn, Benedikt Naglik

Geschäftsführer: Christoph Schmidt, Stefan Wahle

Layout und Umschlaggestaltung: futurweiss kommunikationen, Wiesbaden

Bildquelle: © Imageteam – Adobe Stock; © seen0001 – Adobe Stock

Printed in Poland

ISBN 978-3-96533-220-1

Vorwort

Wenn Sie sich den Wunsch nach den eigenen vier Wänden erfüllen wollen, werden Sie sich zunächst mit einem sicheren Finanzierungskonzept beschäftigen müssen. Danach werden Sie aber zwangsläufig auch mit vielen rechtlichen Fragen konfrontiert werden. Dabei können falsche Entscheidungen schwerwiegende rechtliche und finanzielle, unter Umständen sogar existenzbedrohende Folgen auslösen.

Für Ihren Wunsch nach der eigenen Immobilie stehen Ihnen verschiedene Wege zur Verfügung. Sie können ein Grundstück erwerben und darauf Ihr Eigenheim errichten. Statt ein Grundstück zu kaufen, können Sie ein Erbbaurecht erwerben und auf dem Erbbaugrundstück ein Haus errichten. Und statt ein Grundstück oder ein Erbbaurecht zu erwerben, können Sie auch ein Grundstück erwerben, auf dem bereits ein Haus steht. In diesem Fall müssen Sie entscheiden, ob Sie ein gebrauchtes Haus (sogenannte Bestandsimmobilie) oder ein neu errichtetes Haus (im Regelfall vom Bauträger) kaufen. Schließlich haben Sie die Möglichkeit, Ihren Traum von den eigenen vier Wänden durch den Erwerb einer Eigentumswohnung zu erfüllen.

Egal, für welchen Weg des Immobilienerwerbs Sie sich entscheiden: Sie müssen die jeweiligen rechtlichen Rahmenbedingungen kennen. Je nachdem findet nämlich für das Rechtsgeschäft nicht nur Kauf-, sondern unter Umständen auch Werkvertragsrecht Anwendung. Ihr Entschluss, eine Immobilie zu erwerben, ist regelmäßig von großer rechtlicher und finanzieller Tragweite. Falsche Entscheidungen kommen Sie unter Umständen teuer zu stehen.

Dieser Ratgeber will Sie beim Erwerb einer Immobilie von der Vorbereitung über den Abschluss des Kaufvertrags bis zur Eintragung des Erwerbs ins Grundbuch begleiten. Berücksichtigt werden dabei auch die Besonderheiten des Immobilienerwerbs von einem Bauträger und im Wege des Zwangsversteigerungsverfahrens. Ebenso wird auf die Kosten des Erwerbs und die richtige Versicherung der Immobilie eingegangen. Es werden Fallstricke und Risiken aufgezeigt, die Sie vor rechtlichen und finanziellen Nachteilen schützen sollen. Viele konkrete Tipps sollen Ihnen helfen, eine für Sie günstige Rechtslage zu schaffen.

Otto N. Bretzinger

Inhalt

1 Die richtige Immobilie: Grundstück, Haus oder Eigentumswohnung

Die erste Entscheidung, die Sie treffen müssen, ist, ob Sie in Ihren eigenen vier Wänden wohnen oder ob Sie eine Mietwohnung beziehen wollen. Wenn Sie sich für den Kauf einer Immobilie entscheiden, müssen Sie sich zwangsläufig mit der Frage auseinandersetzen, ob Sie sich überhaupt eine Immobilie und wie viel Immobilie Sie sich leisten können. Diese grundlegenden Fragen stehen am Anfang Ihrer Überlegungen. Erst danach müssen Sie entscheiden, welche Immobilie für Sie die richtige ist.

1.1 Miete oder eigene vier Wände – Kriterien für die richtige Entscheidung

Wenn Sie Ihr Leben lang zur Miete wohnen, zahlen Sie einige Hunderttausend Euro an Ihren Vermieter. Wenn Sie dagegen auf Wohneigentum setzen, zahlen Sie die Miete in die eigene Tasche und bauen ein beträchtliches Vermögen auf. Ob Bauen bzw. Kaufen oder Mieten die bessere Alternative ist, hängt von den Lebensumständen ab. Und dabei spielen nicht nur finanzielle Aspekte eine Rolle.

Wenn Sie sich entschließen, ein Haus zu bauen oder zu kaufen oder eine Eigentumswohnung zu erwerben, und diese Investition mit Fremdkapital finanzieren müssen, müssen Sie sich mutig drei Wahrheiten stellen:

- Wahrheit 1: Bis der letzte Cent der Schulden getilgt ist, dauert es im Schnitt 30 Jahre.
- Wahrheit 2: Am Ende müssen Sie damit rechnen, dass Sie den doppelten Kaufpreis an die Bank gezahlt haben.
- Wahrheit 3: Vor allem in den ersten zehn Jahren heißt es, eisern sparen und auf teure Anschaffungen und Ausgaben verzichten, während Mieter fröhlich konsumieren.

Doch dann kommt's. Wer das durchsteht, hat gewonnen. Denn die Bilanz kehrt sich um. Der Vorteil der Mieter schwindet mit jedem Jahr, in dem die Mieten steigen und Eigentümer ihre Schulden abbauen. Eigentümer stehen am Ende besser da als Mieter mit vergleichbarem Einkommen. Denn sie besitzen nicht nur eine schuldenfreie Immobilie als Vermögenswert, sondern sie wohnen auch noch mietfrei. Wertsteigerungen der Immobilie nicht eingerechnet, stehen Eigentümer am Ende finanziell wesentlich besser da als Mieter.

1.1.1 Pro Immobilie

Die Immobilie bietet finanzielle Sicherheit im Alter. Durch die eingesparte Miete verbessert sich die Einkommenssituation von Eigentümern um rund 30 %, das heißt, sie haben fast ein Drittel »mehr« von ihrer Rente als Mieter mit vergleichbarem Einkommen. Ihre Rente ist zwar nicht höher, aber nach Abzug aller Kosten fürs Wohnen haben sie mehr im Portemonnaie als Mieter, die eine gleich hohe Rente beziehen und in einer vergleichbaren Wohnung wohnen. Dieser Effekt wirkt lebenslang. Eigentümer sind außerdem vor Mieterhöhungen sicher.

Die Immobilie ist ein Sachwert und von bleibendem Wert. Und in den eigenen vier Wänden kann man tun und lassen, was man will. Man kann seine individuellen Wohnwünsche umsetzen, man hat mehr Freiraum und ist von einem Vermieter unabhängig.

Wohnungsbauprämie, Arbeitnehmer-Sparzulage und Wohn-Riester sind staatliche Fördermittel, die im Rahmen der Baufinanzierung die Darlehensbelastung des Eigentümers senken. Ferner wird der private Wohnungsbau in Deutschland nach wie vor durch die Kreditanstalt für Wiederaufbau (KfW) gefördert. Wohnungseigentümer sparen Steuern, denn mietfreies Wohnen im Alter ist steuerfrei. Und sie können die Immobilie steuerfrei an ihre Angehörigen vererben.

1.1.2 Kontra Immobilie

Eigentümer müssen die Unterhaltungskosten für die Immobilie selbst tragen. Kleinere und größere Reparaturen, Sanierungen und Modernisierungen verursachen Kosten. Diese sind nicht vorab kalkulierbar.

Wer sein gesamtes Geld in eine Immobilie steckt, verzichtet auf eine Risikostreuung bei der Kapitalanlage. Der Verlust des Arbeitsplatzes, eine Ehescheidung, ein Unfall oder eine schwere Krankheit können zur Folge haben, dass die Finanzierung nicht mehr gesichert ist und die Immobilie mit Wertverlusten verkauft werden muss.

Der Eigentümer einer Immobilie verzichtet unter Umständen auf Flexibilität. Muss der Arbeitsplatz gewechselt werden, kann die eigene Immobilie eher zur Fessel werden.

1.2 Erwerb eines Grundstücks und Errichtung eines Hauses

Wenn Sie in Ihren eigenen vier Wänden wohnen wollen, haben Sie mehrere Möglichkeiten:

- Sie können ein Grundstück erwerben und darauf Ihr Eigenheim errichten (vgl. dazu 2.).
- Statt ein Grundstück zu kaufen, können Sie ein Erbbaurecht erwerben und auf dem Erbbaugrundstück ein Haus errichten (vgl. dazu 1.3 und 3.).
- Statt ein Grundstück zu erwerben, können Sie ein Haus mit Grundstück erwerben. In diesem Fall müssen Sie entscheiden, ob Sie ein gebrauchtes Haus (sogenannte Bestandsimmobilie) oder ein neu errichtetes Haus (im Regelfall vom Bauträger) kaufen (vgl. dazu 1.4 und 4.).
- Schließlich haben Sie die Möglichkeit, eine Eigentumswohnung zu erwerben (vgl. dazu 1.5 und 5.).

Wenn Sie sich dafür entscheiden, ein Grundstück zu kaufen, um darauf Ihr Eigenheim zu errichten, können Sie sich für ein frei stehendes Einfamilienhaus, ein Doppel- oder Reihenhaus entscheiden. Und zur Auswahl steht auch, ob Sie Ihr Eigenheim individuell mit einem Architekten planen oder ein Fertighaus errichten wollen.

1.2.1 Einfamilienhaus, Doppelhaushälfte oder Reihenhaus

Ihr Eigenheim können Sie als frei stehendes Einfamilienhaus, als Doppelhaushälfte oder als Reihenhaus errichten. Wegen der Einzelheiten im Zusammenhang mit dem Erwerb eines Grundstücks für die Errichtung dieser Häuser vgl. auch 2.

Frei stehendes Einfamilienhaus

Das frei stehende Einfamilienhaus ist die teuerste Variante und das optimale Eigenheim für Familien mit Kindern. Der Wohnwert ist sehr hoch. Das Eigenheim bietet viel Platz. Sie können individuell entscheiden, wie die Räumlichkeiten aufgeteilt werden, wenn Sie neu bauen. Die Grundstücksgrenze liegt im Gegensatz zur Doppelhaushälfte und zum Reihenhaus etwas vom Haus entfernt. Sie haben viel Privatsphäre und wenig Einschränkungen. In guter Lage ist beim frei stehenden Einfamilienhaus auch von einer guten Wertentwicklung auszugehen.

Allerdings wird für das Eigenheim eine Fläche von mindestens 400 m^2 benötigt. In guter Lage sind solche Grundstücke knapp und teuer. Die Erschließung des Grundstücks und der Hausanschluss verursachen beim frei stehenden Einfamilienhaus die höchsten Kosten. Die Unterhaltungskosten sind beim frei stehenden Einfamilienhaus höher. Das gilt auch für die Heizkosten aufgrund von vier Außenwänden. Zu beachten ist, dass Einfamilienhäuser oft in zentrumsfernen Wohngebieten mit schwacher Infrastruktur liegen.

Doppelhaushälfte

Der Platzbedarf für eine Doppelhaushälfte ist wesentlich geringer. Eine Grundstücksfläche von 300 m^2 genügt. Da die Grundstückspreise in den letzten Jahren sehr angezogen haben, besteht der Vorteil des geteilten Grundstückspreises. Die Baukosten sind gegenüber dem frei stehenden Einfamilienhaus niedriger. Das gilt auch für die Erschließungskosten, weil durch gemeinsame Anschlüsse an das Wasser- und Abwassernetz Geld gespart werden kann. Das Grundstück ist in der Regel größer als beim Reihenhaus.

Bei der Doppelhaushälfte ist allerdings der Kontakt zum Nachbarn zwangsläufig enger. Es besteht eine verhältnismäßig enge Nachbarschaft mit den Bewohnern der angrenzenden Haushälfte. Bei der Grundrissplanung und der Ausrichtung des Gebäudes muss der Bauherr Kompromisse eingehen. Es bleibt wenig Raum für eine individuelle Gestaltung. Die Privatsphäre ist im Vergleich zum frei stehenden Einfamilienhaus eingeschränkt. Gartengestaltung und größere bauliche Veränderungen müssen mit dem Nachbarn abgestimmt werden. Der Wiederverkauf einer Doppelhaushälfte ist im Regelfall leichter möglich als beim Reihenhaus.

Reihenhaus

Den geringsten Baulandverbrauch hat das Reihenhaus. 150 m^2 bis 200 m^2 Grundstücksfläche genügen. Das Reihenhaus ist im Vergleich mit den anderen Einfamilienhaustypen preisgünstig. Die Erschließungskosten sind bei Reihenhäusern am geringsten. Die Heizkosten sind bei nur zwei Außenwänden niedrig. Bei dichter Besiedlung ist die Infrastruktur oft besser als in anderen Wohngebieten.

Dem Bauherrn sind allerdings beim Reihenhaus Grenzen gesetzt. Es besteht nur ein geringer Gestaltungsspielraum. Reihenmittelhäuser besitzen nur an zwei Seiten Fenster, Bäder und WC-Räume manchmal gar keine. Der Garten ist klein. Das Bauen in der Gruppe erfordert einen hohen Aufwand zur Koordination der Leistungen aller

Bauherren. Gegenseitige Rücksichtnahme und ein gutes Einvernehmen mit dem Nachbarn sind beim Reihenhaus wichtig. Die direkte Nachbarschaft zu zwei anderen Parteien birgt nämlich kein geringes Konfliktpotenzial. Die Wertentwicklung eines Reihenhauses ist gegenüber dem frei stehenden Einfamilienhaus deutlich geringer. Der Wiederverkauf ist also schwieriger als bei den anderen Haustypen.

1.2.2 Architektenhaus oder Fertighaus

Auf Ihrem Grundstück können Sie Ihr Eigenheim als Architektenhaus oder als Fertighaus bauen.

Architektenhaus

Entschließen Sie sich für ein Architektenhaus, können Sie in der Planungsphase sämtliche Wünsche und Ideen einbringen. Dem Architekten obliegt es dann, Ihre Vorstellungen auf die Mach- und Finanzierbarkeit zu prüfen. Beim Fertighaus hat der Bauherr deutlich weniger Auswahlmöglichkeiten. Ihm bleibt nichts anderes übrig, als sich mit vordefinierten Modulen zu begnügen.

! Individuell geplanter Hausbau eignet sich besonders für frei stehende Eigenheime und Zweifamilien- oder Doppelhäuser.

Die Ausführung des Architektenhauses erfolgt meist im Massivbau. Eigenleistungen des Bauherrn können entsprechend eingeplant und mit der Bauausführung koordiniert werden.

Ein Vorteil des Architektenhauses besteht darin, dass der Bauherr Vertragspartner sämtlicher Handwerker ist. Ein entschlossener Bauherr hat somit die volle Kontrolle über den Bau. Wer eine gewisse Erfahrung am Bau hat, ist dabei deutlich besser bedient als bei der Abnahme von einem Generalunternehmer.

Ein wesentlicher Nachteil des Architektenhauses gegenüber dem Fertighaus sind die erhöhten Kosten. Ein Fertighaus muss nur einmal geplant und kann anschließend zigfach gebaut werden. Die Baukosten können beim Architektenhaus ausufern, wenn der Kostenrahmen nicht eindeutig bestimmt ist und Bauzeiten überschritten werden. Trotz Beauftragung eines Architekten muss der Bauherr viel Zeit aufwenden, um die Arbeiten zu kontrollieren und den Bau zu überwachen.

Fertighaus

Der entscheidende Vorteil des Fertighauses ist der Preis. Fertighäuser gibt es für jeden Geldbeutel. Der günstige Preis kommt dadurch zustande, dass einzelne Elemente eines Fertighauses bereits in speziellen Fabriken vorproduziert werden. Da diese Einzelteile normiert und in höheren Stückzahlen fabriziert sind, werden günstige Komplettpreise angeboten. Der Hausbau in Fertigbauweise bietet eine hohe Planungssicherheit für den Bauherrn, wenn alle wichtigen Punkte mit dem Fertighaushersteller vertraglich geregelt sind, das heißt ein fester Einzugstermin, ein Festpreis für die jeweilige Ausstattung der Auf- bzw. Ausbaupakete und Zusatzkosten. In diesem Fall ist ein Fertighaus einfacher zu planen. Durch einen fixen Einzugstermin spart man außerdem doppelte Miet- und Finanzierungskosten.

! Heutige Fertighäuser sind Energiesparhäuser. Die physikalischen Eigenschaften des natürlichen Baustoffes Holz werden in Verbindung mit der durchdachten Konstruktion voll ausgenutzt.

Nachteilig wirkt sich bei Fertighäusern aus, dass die Gestaltungsmöglichkeiten von Grundriss und Materialien eingeschränkt und bei einem Änderungsbedarf mit hohen Zusatzkosten verbunden sind. Häufig ist auch die Beleihung durch Banken aufgrund der geringer erwarteten Lebensdauer ungünstiger. Und der Wiederverkaufswert von Fertighäusern ist ungünstiger als bei Architektenhäusern.

! Wenn Sie Ihr Haus schnell und günstig und ohne teures Einbringen eigener architektonischer Elemente bauen wollen, liegen Sie mit einem guten Fertighaus sicher nicht verkehrt. Wenn Sie jedoch gestalterische Ideen umsetzen wollen und ausgefallene Wünsche für die Verwirklichung Ihrer Wohnträume haben, sollten Sie sich besser für ein Architektenhaus entscheiden.

1.3 Erwerb eines Erbbaurechts als Alternative zum Grundstückskauf

Baugrund ist mittlerweile außerordentlich teuer und für den Durchschnittsverdiener kaum noch finanzierbar. Eine Alternative ist das sogenannte Erbbaurecht. Statt das Grundstück zu kaufen, gestattet der Eigentümer dem Erbbauberechtigten, auf dem Grundstück ein Eigenheim zu errichten und das Grundstück zu nutzen. Einzelheiten zum Erbbaurecht erfahren Sie unter 3.

! Erbbaurechte vergeben vor allem Kirchen, Gemeinden und Stiftungen.

1.3.1 Erbbaurechtsvertrag

Der Eigentümer schließt mit dem Erbbauberechtigten einen Erbbaurechtsvertrag ab. Darin wird eine längere Vertragsdauer (in der Regel zwischen 75 und 99 Jahren) vereinbart. Ferner werden die Nutzungs- und Bebauungsrechte für den Erwerber und die Modalitäten der späteren Rückgabe geregelt.

1.3.2 Inhalt

Das Erbbaurecht ist ein grundstücksgleiches Recht. Auch wenn der Erbbauberechtigte nicht Eigentümer ist, so hat er praktisch zeit seines Lebens keine Nachteile im Vergleich zu einem Käufer. Weder der Grundstückseigentümer noch der Erbbauberechtigte können vom Vertrag zurücktreten. Der Erbbauberechtigte wird Eigentümer und

Besitzer des von ihm errichteten Gebäudes. Er kann dieses Gebäude verkaufen oder vermieten. Das Erbbaurecht selbst darf er veräußern und auch vererben.

Im Grundbuch wird das Erbbaurecht im ersten Rang eingetragen. Kommt es zu einer Zwangsversteigerung des Grundstücks, bleiben die Rechte des Erbbauberechtigten davon unberührt. Wegen dieser hervorragenden Absicherung kann der Erbbauberechtigte die Immobilie auch beleihen. Ebenso ist es möglich, im Grundbuch ein Vorkaufsrecht für den Erbbauberechtigten einzutragen.

1.3.3 Erbbauzins

Als Gegenleistung erhält der Eigentümer vom Erbbauberechtigten einen Erbbauzins, der für die gesamte Laufzeit des Vertrags festgelegt wird. Dieser beträgt meist 4–5 % des Bodenrichtwertes zum Zeitpunkt der Bestellung des Erbbaurechts. Die Höhe des Erbbauzinses steht für die gesamte Laufzeit des Vertrages fest. Er kann allerdings an wirtschaftliche Rahmenbedingungen geknüpft sein. Bei Erbbauverträgen mit privaten Bauherren kann eine Koppelung an die Entwicklung des Lebenshaltungsindex vorgesehen werden.

! Der Vorteil für den Erbbauberechtigten liegt in der Höhe der Differenz zwischen dem niedrigen Erbbauzins und dem marktüblichen Hypothekenzins. Der Vorteil ist umso größer, je höher der Unterschied zwischen Erbbau- und Hypothekenzinsen ausfällt. In einer Niedrigzinsphase erscheint das Erbbaurecht wenig verlockend. Das kann sich aber ganz schnell ändern, wenn die Zinsen am Kapitalmarkt steigen. Schon bei der nächsten Kreditverlängerung nach Ablauf der ersten Bindungsfrist können die Kreditzinsen deutlich höher liegen.

Achtung: In der aktuellen Niedrigzinsphase ist das Erbbaurecht weniger interessant. Weil sich die Bauzinsen auf einem sehr geringen Niveau von teilweise unter 2 % bewegen, ist der Erbbauzins fast immer (deutlich) höher.

1.3.4 Erlöschen

Erlischt das Erbbaurecht nach Ablauf der Frist, muss der Grundstückseigentümer dem Erbbauberechtigten einen Ausgleich für das errichtete Bauwerk bezahlen. Die Höhe der Entschädigung und die Berücksichtigung der inzwischen eingetretenen Wertentwicklung werden beim Abschluss des Erbbauvertrages vereinbart.

1.4 Erwerb eines Hauses

Statt ein Grundstück zu erwerben und darauf ein frei stehendes Eigenheim, eine Doppelhaushälfte oder ein Reihenhaus zu errichten, können Sie diese Immobilien auch mit Grundstück erwerben. Dabei können Sie entscheiden, ob Sie die Immobilie neu oder gebraucht kaufen. Bei Reihenhäusern und Doppelhaushälften hat der Erwerb der Immobilie von einem Bauträger große praktische Bedeutung.

! Die Frage, welcher Weg der richtige ist, um zu Wohneigentum zu gelangen, lässt sich nicht allgemeingültig beantworten. Wer allerdings wenig Zeit hat, die Errichtung eines Eigenheims zu begleiten und wer keine Erfahrungen mit dem Abschluss komplexerer Verträge hat, kann beim Bauen schnell an seine Grenzen stoßen. Für den ist der Erwerb einer Immobilie mit Grundstück eine sinnvolle Alternative. Wegen der Einzelheiten vgl. 4.

1.4.1 Bestandsimmobilie

Wegen des großen Immobilienbestands in Deutschland handelt es sich beim überwiegenden Teil des Immobilienangebots um gebrauchte Immobilien, sogenannte Bestandsimmobilien. Vor allem, wenn es nur wenige oder nicht überzeugende Neubauangebote gibt, wird eher eine gebrauchte Immobilie in Betracht kommen. So kann der Kauf eines gebrauchten Hauses von privat an privat eine sinnvolle Entscheidung sein. Die Preise sind oft günstig und Risiken hinsichtlich der Lage bestehen kaum. Wichtig ist es allerdings dabei, einen Überblick über den Markt der Gebrauchtimmobilien zu haben. Unter keinen Umständen sollte der Erwerb unter Zeitdruck erfolgen. Und wer auf Schnäppchenjagd geht, kann schnell sein blaues Wunder erleben. Nicht die billigste Bestandsimmobilie ist die beste, sondern die preiswerteste, also das Angebot, das seinen Preis auch tatsächlich wert ist. Eine Bestandsimmobilie können Sie entweder direkt vom Eigentümer oder durch Vermittlung eines Maklers erwerben. Wegen der Maklerprovision vgl. 8.5.

Das größte Risiko beim Erwerb einer Bestandsimmobilie besteht beim Zustand des Gebäudes. Und nicht selten ist dieser auf den ersten Blick nicht feststellbar. Ein scheinbarer Schnäppchenkauf kann sich schnell ins Gegenteil verkehren, wenn die Immobilie Mängel und Schäden aufweist, die für den Käufer über Jahre hinweg größere Investitionen erfordern.

! Wenn Sie eine gebrauchte Immobilie erwerben wollen, müssen Sie das Objekt vom Keller bis zum Dach bei Tageslicht sorgfältig besichtigen. Dafür müssen Sie sich ausreichend Zeit nehmen. Nach einer ersten groben Besichtigung kann es, das Kaufinteresse vorausgesetzt, sinnvoll sein, bei einer weiteren Besichtigung einen Fachmann hinzuzuziehen.

Auf folgende Anzeichen von schlechter Bausubstanz sollte bei der Besichtigung geachtet werden:

- **Keller:** Modergeruch, nasse Außenwände, aussandende Fugen, Schimmel und Moder in den Ecken, Abplatzungen von Betondecken, verrostete Stahlträger bei Kappdecken, keine Wärmedämmung der Kellerdecke.
- **Außenwände und Fassade:** Durchfeuchtung des Mauerwerks, Ausblühungen als Folge von nassen Wänden, Risse, die den Mauerfugen folgen, Betonabplatzungen und rostende Stahleinlagen, schadhafte Blechabdeckungen an vorstehenden Teilen, aussandende Fugen am Sichtmauerwerk, korrodierte Halteelemente an Vorhangfassaden, schadhafte Wärmedämmsysteme, durch die Wasser eindringt, hohl liegender Außenputz.

- **Innenwände:** Ablösung größerer Putzflächen, Risse an Fenstern und Türen, schlechte Wärme- und Schalldämmung, Moder und Schimmel als Folge schlechter Wärmeisolierung der Außenhülle.
- **Dach und Schornstein:** versottete Kaminzüge und schadhafte Schornsteinköpfe, schadhafte Dacheindeckung, lockere Ziegel, fehlende Unterspannbahn unter der Dacheindeckung, keine Wärmeisolierung unter der Dachhaut, Schädlingsbefall an Dachstühlen, durchhängende Balken, Schäden an Giebeln, Gauben und Dachfenstern, schadhafte Dachrinnen und Fallrohre.
- **Geschossdecken:** durchhängende Holzbalkendecken, angefaulte Balkenköpfe an den Auflagen in der Mauer, Abplatzungen von Betondecken, Ablösung von Deckenputz an Spalierplatten, Wärmebrücken mit Kondensatbildung im Bereich der Balkone, Abplatzungen und Hohlliegen von Belägen auf Balkonen, Terrassen und Loggien, Nässespuren an den Unterdecken, mangelhafte Trittschalldämmung.
- **Fenster und Außentüren:** schadhafte Fensterbankabdeckungen, verzogene oder verfaulte Holzrahmen, schadhafte Rollläden und Klappläden, Einfach- und Mehrfachverglasungen mit geringer Wärmedämmung, schadhafte Beschläge und Verschlüsse, Kondensatbildung an Isolierglasfenstern, versprödete Dichtungen.
- **Fußböden und Treppen:** lockere, ausgetretene und knarrende Holzdielen, Risse und Löcher im Estrich, mangelnder Trittschallschutz, schadhafte Fliesen und Beläge, ausgetretene und knarrende Holztreppen, Befall durch Holzschädlinge, mangelnder Brandschutz, schadhafte Platte an Massivsteintreppen, wackelige Treppengeländer.
- **Wasser- und Abwasserleitungen:** unterdimensionierte Zu- und Ableitungen, zugesetzte Zu- und Ableitungen, Wasserrohre aus Blei, Geräusche im Leitungsnetz, Rost im Trinkwasser, verrottete Wasserzähler, marode Grundleitungen im Kellerboden.

- **Elektroinstallation:** unterdimensionierter Hausanschluss, Elektroleitungen aus Aluminium oder Stahldraht, unzureichende Absicherung, nicht ausreichende und erneuerungsbedürftige Dosen, Schalter und Brennstellen, fehlender Schutzschalter.
- **Heizungsanlage:** Heizkessel ohne Brennwerttechnik, Heizkörper ohne Thermostatregler, überdimensionierte und veraltete Heizkörper und Rohrleitungen, Einzelofenheizung, Nachtspeicheröfen, versottete Kaminzüge.

1.4.2 Neubau

Wenn Sie eine neue Immobilie mit Grundstück erwerben, wurde unter Umständen noch gar nicht mit dem Bau begonnen. In diesem Fall erwerben Sie eine Immobilie, die es noch gar nicht gibt. Angeboten wird die Immobilie meist von einem Bauträger, der mit Prospekten und Plänen wirbt. Beim Erwerb eines Hauses von einem Bauträger in Verbindung mit einem Grundstück sind nicht Sie als Erwerber, sondern der Bauträger Bauherr im rechtlichen Sinne. Als Käufer beteiligen Sie sich an der Errichtung des Eigenheims allenfalls in geringem Maße (z.B. durch handwerkliche Eigenleistungen im vertraglich vereinbarten Umfang). Als Anbieter treten insbesondere Wohnungsbau- und Immobiliengesellschaften, Bauunternehmer, gewerblich tätige Architekten und Makler auf. Wegen der Einzelheiten zum Vertrag mit einem Bauträger vgl. 6.

Ein wichtiger Bestandteil des Kaufvertrags über eine noch zu errichtende Immobilie ist neben den Bauplänen die Bau- und Leistungsbeschreibung. Diese Unterlagen bedürfen der sorgfältigen Prüfung. Verbraucherschützer beklagen eine durchgängig schlechte Qualität der Baubeschreibungen, weil an sie keine gesetzlichen Mindestanforderungen gestellt werden. Auch Notare müssen Baubeschreibungen, die sie zur Anlage des Kaufvertrags annehmen, inhaltlich nicht prüfen. Wer nicht vom Fach ist, sollte diese Unterlagen vor der Unterzeichnung des Kaufvertrags unbedingt von einem Fachmann prüfen lassen.

Achtung: Von der Bau- oder Leistungsbeschreibung hängt es ab, welche Leistungen der Bauträger erbringen muss. Dieser schuldet nur die darin aufgeführten Leistungen. Ist in der Bau- oder Leistungsbeschreibung beispielsweise nicht aufgeführt, dass die Wände verputzt werden, hat der Käufer darauf keinen Anspruch. Für den Käufer entstehen eine Reihe von Mehrkosten durch Leistungen, die in der Baubeschreibung fehlen. Und die bunten Verkaufsprospekte vom Bauträger werden häufig nicht Vertragsbestandteil.

! Achten Sie unbedingt auf eine vollständige Bau- und Leistungsbeschreibung. Diese liegt nur dann vor, wenn sie zu jeder Bauleistung eindeutige und erschöpfende Angaben zu Material, Ausführung, gegebenenfalls Farbe, Hersteller, Fabrikat und Preis oder preisbeeinflussende Umstände liefert.

Von einem Bauträger müssen Sie den Generalübernehmer und den Generalunternehmer unterscheiden. Der Generalübernehmer erstellt in Ihrem Auftrag ein Wohngebäude (im Regelfall ein Typenhaus aus eigener Planung) auf Ihrem Grundstück. Seine Leistung umfasst damit den Hausbau inklusive der Planungsleistungen. Der Generalunternehmer dagegen erbringt in der Regel keine Planungsleistungen, sondern führt nur die Bauleistungen aus. In beiden Fällen sind Sie als Baukunde in der Regel für den Grunderwerb, die Bebaubarkeitsprüfung, die Erschließung und die Baugenehmigung selbst verantwortlich.

1.5 Erwerb einer Eigentumswohnung

Statt ein Grundstück zu erwerben und darauf selbst ein Eigenheim zu errichten oder ein Haus mit Grundstück zu erwerben, können Sie eine Eigentumswohnung kaufen. In diesem Fall müssen Sie entscheiden, ob Sie eine Neubauwohnung (im Regelfall von einem Bauträger) oder eine gebrauchte Wohnung (Bestandswohnung) erwerben. Vor dem Erwerb sollten Sie in jedem Fall die Vor- und Nachteile einer Eigentumswohnung sorgfältig abwägen. Näheres zum Erwerb einer Eigentumswohnung erfahren Sie unter 5.

1.5.1 Kriterien für die richtige Entscheidung

Jeder, der in die eigenen vier Wände investieren will, steht vor der Entscheidung, ob er ein eigenes Haus oder besser eine Eigentumswohnung kaufen sollte. Maßgebend sind in erster Linie die konkreten Wünsche und Lebensumstände.

Standort

Wer in einer Stadt mit nahe gelegenen Einkaufs- und Ausgehmöglichkeiten leben und wohnen und eine möglichst kurze Anfahrt zu seinem Arbeitsplatz haben will, wird sich eher für eine Eigentumswohnung entscheiden. Ein Haus in der Stadt dürfte nur in Ausnahmefällen erschwinglich sein.

Für ein Haus im Grünen wird sich entscheiden, wer bewusst das Stadtleben meiden will. Die Grundstückspreise sind auf dem Land noch einigermaßen finanzierbar. Die Entscheidung für das Landleben geht allerdings häufig zulasten der Mobilität.

Zur Verfügung stehendes Kapital

Die Anschaffungs- und Unterhaltungskosten sind bei einem Eigenheim im Regelfall höher als bei einer Eigentumswohnung. Beim Eigenheim hat der Eigentümer Bauplatzkosten, Reparatur- und Instandhaltungskosten allein zu tragen. Diese Kosten fallen bei einer Eigentumswohnung geringer aus, weil sie von allen unter einem Dach versammelten Wohnungseigentümern zu tragen sind.

Zeitlicher Aufwand

Die Unterhaltung eines Eigenheims kostet unter Umständen viel Zeit. Reparaturen und Instandhaltung müssen entweder selbst durchgeführt oder Handwerker müssen gesucht und kontrolliert werden. Und auch das Gelände um das Haus will gepflegt sein.

Weniger Zeit aufwenden müssen Besitzer einer Eigentumswohnung. Dort kümmern sich der Hausmeister und der Verwalter um das Nötige. Allerdings muss man sich in Eigentümerversammlungen mit den anderen Wohnungseigentümern auseinandersetzen.

Gestaltungsfreiheiten

Besitzer von Eigentumswohnungen genießen nur in beschränktem Maße Gestaltungsfreiheiten. Sie können zwar ihre Innenräume nach ihrem persönlichen Geschmack ohne Einschränkungen einrichten, bei den sichtbaren Bestandteilen ihrer Wohnung dürfen sie allerdings nicht schalten und walten, wie sie wollen. Hier müssen sie sich an den Rahmen halten, den die Eigentümergemeinschaft vorgibt.

Eigenheimbesitzer haben in diesem Zusammenhang wesentlich mehr Freiheiten. Sie entscheiden innerhalb der gesetzlichen und technischen Grenzen über Umfang, Zuschnitt und das äußere Erscheinungsbild der eigenen vier Wände. Sie können das Haus und den Garten allein nutzen und nach Belieben schalten und walten.

1.5.2 Sondereigentum und Gemeinschaftseigentum

Das Wohnungseigentum setzt sich aus dem Sondereigentum und dem Miteigentumsanteil des Wohnungseigentümers am Gemeinschaftseigentum zusammen. Wenn Sie sich eine Eigentumswohnung anschaffen wollen, müssen Sie sich zwangsläufig mit diesen Begriffen beschäftigen. Was zum Sondereigentum und was zum Gemeinschaftseigentum gehört, ergibt sich aus der Teilungserklärung.

! Besonders wichtig ist die Unterscheidung zwischen Sonder- und Gemeinschaftseigentum bei der Kostenverteilung. Während beim Sondereigentum vom jeweiligen Eigentümer die Kosten allein zu tragen sind, werden die Kosten des Gemeinschaftseigentums auf alle Eigentümer umgelegt.

Sondereigentum

Das Sondereigentum ist ein Recht an einer Eigentumswohnung, das dem Volleigentum weitgehend gleichgestellt ist. Es gehört dem Wohnungseigentümer. Damit kann der Eigentümer nach Belieben verfahren, sofern nicht das Gesetz oder Rechte Dritter, insbesondere der anderen Sondereigentümer bzw. der Wohnungseigentümergemeinschaft, entgegenstehen. Als Sondereigentümer dürfen Sie also Ihre Wohnung bzw. die Räume bewohnen, vermieten, verpachten oder in sonstiger Weise nutzen sowie andere von Einwirkungen ausschließen.

» Dem Sondereigentum können nicht tragende Innenwände, Zwischenwände, die Verkleidung von Wänden und Decken, der Fußbodenbelag, Innentüren, Heizkörper, Öfen, Einbauschränke, Stellplätze mit dauerhaften Markierungen und Einzelgaragen zugeordnet werden.

Gemeinschaftseigentum

Das Gemeinschaftseigentum gehört allen Eigentümern zusammen. Alles, was damit geschieht, muss von den Wohnungseigentümern gemeinschaftlich beschlossen werden. Alles, was nicht zum Sondereigentum gehört, ist dem Gemeinschaftseigentum zugeordnet.

» Zum Gemeinschaftseigentum gehören das Fundament des Gebäudes, Außenanlagen, Zufahrten und -wege, Einfriedungen, Zäune, Hecken, die äußere Gebäudehülle, bestehend aus Wänden, Dach, Decken, Böden, Außenfenster, tragende Wände, Gemeinschaftsräume wie Treppenhäuser oder Keller.

1.6 Die richtige Immobilie finden

Sinnvoll ist es, sich zunächst einen Überblick über den Immobilienmarkt zu verschaffen. In diesem Zusammenhang können Sie sich bei den infrage kommenden Gemeinden erkundigen. Über das regionale Immobilienangebot können Sie sich auch im Immobilienteil der Tageszeitungen sowie in Aushängen und Angeboten von Maklern und Banken informieren.

Wenn Sie konkrete Kaufabsichten haben, stehen Ihnen mehrere Möglichkeiten zur Verfügung:

1.6.1 Anzeigen studieren

In den Immobilienbeilagen der Tageszeitungen an Wochenenden inserieren Makler, Bauträger, Baufirmen, Fertighausanbieter, öffentliche Anbieter (Kommunen, Treuhand-Liegenschaften, Bund), Gerichte (bei Zwangsversteigerungen), Banken, Sparkassen, Bausparkassen und Privatpersonen.

! Wenn Sie Immobilienanzeigen lesen, sollten Sie sich auch in der Sprache der Inserate auskennen. Denn hinter bestimmten Formulierungen stecken meist bestimmte Eigenschaften, die das Haus, das Grundstück oder die Wohnung haben oder eben nicht haben, ohne dass dies der Inserent explizit mitteilen möchte. Im Folgenden finden Sie einige Beispiele.

- **»Eigenheim« (ohne Zusatz »frei stehend«):** Reihenhaus
- **»Etagenwohnung«:** wahrscheinlich Hochhauswohnung
- **keine Angabe des Baujahrs:** sehr altes Gebäude
- **»gut erhalten«:** renovierungsbedürftig
- **»renovierungsbedürftig«:** eine vornehme Umschreibung für »abbruchreif«
- **»teilrenoviert«:** von den notwendigen Renovierungsarbeiten ist eher der kleinste als der größte Teil erledigt

- **»frei nach Absprache«:** Das Haus oder die Wohnung ist noch vermietet; unter Umständen ist der Mieter nicht bereit, freiwillig auszuziehen
- **»zentrale Lage«:** vermutlich sehr laut
- **»verkehrsgünstig«:** an der Autobahn oder Straßenkreuzung
- **»in unberührter Natur«:** sehr einsam außerhalb des Orts
- **»nur wenige 100 m bis zum Ortskern«:** eher 1 km als 200 m
- **»nur 10 km Luftlinie bis zur City«:** Fahrzeit aber erheblich länger
- **»Wohnlage mit Zukunft«:** jahrelange Bauarbeiten in der Nachbarschaft
- **»für schnell Entschlossene«:** Objekt seit Langem unverkäuflich
- **»individuelle Bauweise«:** ungünstiger Wohnungsgrundriss
- **»historisch«:** Das Gebäude kann unter Denkmalschutz stehen; in diesem Fall sind bauliche Änderungen kaum möglich
- **»Altbau mit hohen Stuckdecken«:** Vorsicht – hohe Heizkosten
- **»Haus mit Flachdach«:** Eine teure Dachsanierung ist absehbar; ob das Dach jemals dicht wird, ist fraglich.

1.6.2 Anzeigen aufgeben

Sie können selbst eine Suchanzeige aufgeben. Wichtig ist, dass die Anzeige bei potenziellen Verkäufern Aufmerksamkeit erregt. Beschreiben Sie deshalb genau Ihre Kaufwünsche. Geben Sie an, ob Sie ein Grundstück, ein Haus oder eine Wohnung suchen und in welcher Region sich die Immobilie befinden soll.

! Bei einer Anzeige muss gewährleistet sein, dass Sie schnell und bequem erreichbar sind. Verzichten Sie deshalb auf eine Chiffreanzeige. Zwar müssen Sie dann unter Umständen damit rechnen, dass Sie Anrufe von Maklern erhalten, die ihre Dienste gegen Provision anbieten, andererseits sind Sie schnell erreichbar, wenn Sie Ihre Telefonnummer oder Ihre E-Mail-Adresse angeben. Bevor Hausverkäufer einen Brief schreiben, greifen Sie lieber zum Telefon oder nehmen Kontakt zum Kaufinteressenten auf.

1.6.3 Gemeindeverwaltungen ansprechen

Bei den Gemeindeverwaltungen erfahren Sie, wo Baugebiete ausgewiesen sind. Ferner erhalten Sie auch Informationen über die Grundstückspreise, die von den Gutachterausschüssen ermittelt werden. Baugrundstücke werden auch von den Gemeinden selbst angeboten.

1.6.4 Banken, Sparkassen und Bausparkassen ansprechen

Geldinstitute verfügen häufig über eigene Immobiliengesellschaften. Diese informieren durch Aushänge in den Filialen über aktuelle Angebote.

Achtung: Banken, Sparkassen und Bausparkassen haben ein Interesse daran, neben dem Verkauf der Immobilie auch die Finanzierung zu übernehmen. Das ist allerdings für den Kunden nicht immer die günstigste Variante. In jedem Fall sollten alternative Finanzierungsangebote von anderen Kreditinstituten eingeholt werden.

1.6.5 Makler beauftragen

Ein Makler ist häufig die erste Adresse, wenn es um Immobiliengeschäfte geht. Allerdings sind bei der Auswahl des qualifizierten Immobilienvermittlers einige wichtige Dinge zu beachten, damit dessen Dienste zum gewünschten Erfolg führen und vor allem das Geld wert sind, das sie kosten. Wann und welche Gebühren der Makler verlangen darf, erfahren Sie unter 8.5.

! Nicht irgendeinen, sondern einen erfahrenen Makler brauchen Käufer von Immobilien. Weil die Bezeichnung Makler nicht geschützt ist, darf diesen Beruf in Deutschland jeder ausüben. Deshalb gilt es, die Spreu vom Weizen zu trennen.

- Priorität sollte ein ortsansässiger Makler haben. Nicht sinnvoll ist es, einen Makler zu beauftragen, eine Immobilie außerhalb seines bisherigen Geschäftsfeldes zu vermitteln. Markt- und Ortskenntnis sowie Beziehungen vor Ort sind nun mal unerlässlich.
- Ein solider Vertreter seiner Zunft wird keine Mühe haben, seine Eignung und Erfahrung nachzuweisen. Der Makler sollte in jedem Falle eine Berufshaftpflichtversicherung vorweisen können.
- Zaubert der Makler gleich beim ersten Kontakt Angebote »aus dem Hut«, ist dies kein Zeichen von besonderer Professionalität. Solide Vermittler erfragen die Kundenwünsche, beraten und klären auf.
- Dem Makler muss ein eindeutiger Auftrag erteilt werden. Dazu gehören Festlegungen über Art, Lage, Größe und Preis des Objekts und den Zeitraum der Suche sowie die Fälligkeit der Courtage. Nicht ratsam ist es, zur gleichen Zeit mehrere Makler mit der Suche zu beauftragen. Wer es trotzdem tut, sollte über die Angebote der Kollegen informieren.
- Ein guter Makler äußert sich klar zur Höhe der Courtage. Diese ist keine Verhandlungssache. Auftraggeber sollten wissen, dass die Courtage unabhängig vom materiellen und zeitlichen Aufwand fällig wird, den der Makler mit dem Auftrag hatte. Die Kehrseite der Medaille: Es ist ein reines Erfolgshonorar. Die Courtage wird nur fällig, wenn der Makler den Vertrag erfüllt hat, das heißt, wenn ein notariell beurkundeter Kaufvertrag über die gewünschte Immobilie zustande gekommen ist. Schafft der Vermittler dies nicht, hat er keinen Anspruch auf eine Provision.

! Die Maklerleistung umfasst den gesamten Prozess des Immobilienerwerbs vom Objektangebot über die Klärung von Finanzierungsfragen (sofern vom Auftraggeber gewünscht), Regelung von Grundbuch- und Behördenangelegenheit bis hin zum Abschluss eines notariellen Kaufvertrags.

1.6.6 Bei Bauträgern nachfragen

Bauträger errichten Wohnimmobilien und verkaufen diese zusammen mit dem Grundstück zu einem Festpreis. Vor allem bei Reihenhäusern und Doppelhaushälften ist der Kauf vom Bauträger die klassische Form des schlüsselfertigen Bauens. Mit dem Bauträger schließen Sie einen Bauträgervertrag – gekoppelt mit einem Grundstückskaufvertrag – ab. Dabei handelt es sich um einen kombinierten Kauf- und Werkvertrag. Der Bauträgervertrag sollte grundsätzlich auf der Grundlage der Makler- und Bauträgerverordnung abgeschlossen werden. Wegen der Einzelheiten vgl. 6.

! Holen Sie in jedem Fall Angebote verschiedener Bauträger ein und vergleichen und bewerten Sie diese hinsichtlich der Angaben in den Bau- und Leistungsbeschreibungen sowie der Kosten. Mit den Anbietern aus der engeren Wahl sollten Sie dann detaillierte Verhandlungen führen.

Bei der Auswahl des Bauträgers sollten Sie auf Folgendes achten:

- Um sich ein Bild vom Bauträger zu machen, sollte Ihnen dieser Objekte, die er errichtet hat, benennen. Mit der Liste der Referenzobjekte haben Sie die Möglichkeit, die Bewohner nach ihrer Zufriedenheit, Mängeln und Besonderheiten des Bauträgers zu befragen.
- Versuchen Sie herauszufinden, ob der Bauträger bereits länger existiert und schon einige Jahre erfolgreich produziert. Erkundigen Sie sich nach dem allgemeinen Ruf des Unternehmens.
- Eine zuverlässige Eigenauskunft sollte für einen seriösen Bauträger kein Problem darstellen.

- Prüfen Sie, ob für den Bauträger ein positives Urteil der Schufa besteht.
- Prüfen Sie, mit welchem Geschäftszweck das Unternehmen im Handelsregister eingetragen ist und lassen Sie sich die gewerberechtliche Zulassung des Ordnungsamts zeigen.
- Fragen Sie bei der zuständigen Industrie- und Handelskammer nach, ob es Beschwerden über den Bauträger gibt.
- Erkundigen Sie sich, auf welchen Baustellen der Bauträger zurzeit tätig ist.

1.6.7 Versteigerungen nutzen

Versteigerungen bieten unter Umständen die Chance, günstig eine Immobilie zu erwerben. Für die erfolgreiche Teilnahme an einer Immobilienversteigerung sind aber einige Regeln zu beachten. Die wichtigste ist eine Bieterstrategie, die im Wesentlichen aus dem unumstößlichen Beschluss besteht, bis zu welcher Summe man mitbieten kann oder will. Die notwendige Grundlage dafür bilden ausreichende Informationen über das Objekt, für das Sie sich interessieren, sowie die vorherige Klärung des Finanzierungsrahmens mit einer Bank. Wer an Immobilienversteigerungen teilnimmt und für ein Haus den Zuschlag erhält, muss nämlich die Finanzierungszusage unbedingt in der Tasche haben. Einzelheiten zum Erwerb einer Immobilie im Zwangsversteigerungsverfahren erfahren Sie unter 7.

Beim Amtsgericht können Interessenten die Versteigerungsakte einsehen. Dafür genügen der Bezug auf die Ankündigung der Versteigerung und das Aktenzeichen. Die Akte gibt Auskunft über Art, Größe und Lage, Verkehrswert, Grundbuchauszug, Eigentümer und Gläubiger. Wichtig ist es, den Grundbuchauszug genau zu prüfen. Er gibt Auskunft über die Eigentümer, Gläubiger und Lasten, die auf dem Grundstück liegen.

Banken und Sparkassen verfügen über weitere Informationen wie Haus- und Wohnungsgrundrisse, Gutachten und Verwalterprotokolle. Lage, Umgebung, Verkehrsanbindung und Zustand der Immobilie lassen sich am besten vor Ort erkunden. Bei Eigenheimen und Eigentumswohnungen sind Innenbesichtigungen nicht immer möglich, wenn die Schuldner oder dessen Mieter die Wohnung noch bewohnen. Doch gerade bei älteren Objekten ist es notwendig, sich detailliert davon zu überzeugen, wie viel das Haus wirklich wert ist.

! Vor dem Bieten auf der Versteigerung muss die Finanzierung klar sein. 10 % des Verkehrswertes müssen als Sicherheitsleistung zur Verfügung stehen. Der Rest der Summe wird zum gerichtlich festgelegten Zahlungstermin fällig. Der liegt meist vier bis sechs Wochen nach der Versteigerung. Entschlossene Bieter benötigen deshalb eine schriftliche Finanzierungszusage ihrer Bank.

Günstig ist es, eine Zwangsversteigerung erst einmal zur Probe zu besuchen, um die Abläufe und Gepflogenheiten kennenzulernen. Wer bei einer Auktion kaufen will, muss seinen Personalausweis vorlegen. Kaufen Eheleute gemeinsam, müssen sie auch gemeinsam anwesend sein. Ansonsten kann eine notariell beglaubigte Vollmacht die Anwesenheit eines Ehepartners ersetzen. Bieter sollten vorsichtig mitbieten und sich vor allem an die zuvor beschlossene Bieterstrategie halten.

Achtung: Beim ersten Zwangsversteigerungstermin müssen mindestens 50 % des Verkehrswertes (Fünfzehntelgrenze) geboten werden. Ansonsten erfolgt kein Zuschlag. Beträgt das Höchstgebot weniger als 70 % (Siebenzehntelgrenze), kann der Grundschuldgläubiger dem Zuschlag widersprechen. Geht das Objekt beim ersten Termin nicht weg, wird ein zweiter Termin angesetzt. Dann gelten die beim ersten Versteigerungstermin geltenden Mindestgrenzen beim Zuschlag nicht mehr.

2 Sie wollen ein Grundstück kaufen

Wenn Sie ein Grundstück kaufen wollen, um darauf ein Eigenheim zu errichten, werden Sie zwangsläufig mit vielen Fragen konfrontiert. Es beginnt damit, wie Sie das richtige Grundstück finden und nach welchen Kriterien Sie es unter mehreren Angeboten auswählen sollen. Danach gilt es, den Kaufvertrag vorzubereiten und darauf zu achten, dass rechtliche Sicherungen für den Fall berücksichtigt werden, dass der Verkäufer seinen vertraglichen und gesetzlichen Verpflichtungen nicht nachkommt. Schließlich müssen Sie die richtigen Entscheidungen bei Vertragsverletzungen durch den Verkäufer treffen, insbesondere dann, wenn Grundstücksmängel vorliegen.

Achtung: Falsche Entscheidungen kommen Sie unter Umständen teuer zu stehen. Schließlich ist der Entschluss, eine Immobilie zu erwerben, regelmäßig von großer rechtlicher und finanzieller Tragweite.

2.1 Auswahl des Grundstücks

Das richtige Grundstück zu suchen und zu finden, ist gar nicht so einfach. Entweder man bedient sich eines Maklers oder man sucht auf eigene Faust. Unabhängig davon, für welchen Weg Sie sich entscheiden, ohne eigene Marktkenntnis kommen Sie nicht aus.

2.1.1 Kriterien für die Auswahl des Grundstücks

Wenn Sie Ihren Traum von den eigenen vier Wänden verwirklichen und sich nicht dafür entscheiden, eine bestehende Immobilie zu kaufen, beginnt das »Abenteuer Bauen« mit der Auswahl des Grundstücks. Die Wahl des richtigen Grundstücks spielt eine entscheidende Rolle. Von Bedeutung ist nicht nur der Kaufpreis des Grundstücks. Vor allem die Lage, die Größe und der Zuschnitt des Grundstücks sind letztlich dafür maßgebend, ob Sie das geplante Eigenheim nach Ihren Wünschen errichten können und Sie sich später in Ihren eigenen vier Wänden wohlfühlen.

Achtung: Bei der Auswahl des Grundstücks müssen nicht nur die aktuellen Gegebenheiten berücksichtigt werden. Wichtig ist es auch, künftige Planungen – soweit überschaubar – bei der Entscheidung zu berücksichtigen. Andernfalls ist es nicht ausgeschlossen, dass der Baugrund in ein paar Jahren nahe einer viel befahrenen Bundesstraße liegt.

! Selbstverständlich spielt bei der Auswahl des Grundstücks vor allem auch der Preis eine wichtige Rolle. Welche Grundstückspreise marktüblich sind, erfahren Sie bei der Gemeindeverwaltung. Erkundigen Sie sich, ob die Gemeinde, in der Sie Ihr Eigenheim errichten wollen, selbst Grundstücke zum Verkauf anbietet. Im Regelfall ist dann gewährleistet, dass Sie das Grundstück zum ortsüblichen Preis erwerben können. Erwerben Sie das Grundstück von Banken oder Maklern, müssen Sie davon ausgehen, dass sich der angebotene Preis eher am oberen Rand der Preisspanne bewegen wird.

Damit Sie bei der Planung und Realisierung Ihres Eigenheims keine bösen Überraschungen erleben, sollten Sie bei der Auswahl des Grundstücks auf folgende Aspekte besonders achten:

Bebaubarkeit

Die zentrale Frage bei der Auswahl des Grundstücks ist, ob und in welchem Maße das Grundstück bebaubar ist bzw. ob Sie das Grundstück nach Ihren Vorstellungen bebauen können. Idealerweise ist das Grundstück bereits in einem Bebauungsplan als Bauland ausgewiesen. In diesem Fall enthält dieser u.a. Festlegungen über die Lage, die Größe und die Höhe des Gebäudes. Nicht selten wird die Freiheit des Bauherrn bei der Bauplanung durch enge baurechtliche Reglementierungen eingeschränkt. Sinnvoll ist es, sich vor dem Erwerb des Grundstücks über die Festlegungen im Bebauungsplan zu informieren und gegebenenfalls den Architekten hinzuzuziehen.

Folgende Angaben im Bebauungsplan sind in diesem Zusammenhang von Bedeutung:

Art der baulichen Nutzung

Mit der Art der baulichen Nutzung wird baurechtlich festgelegt, welche Nutzung der Gebäude erlaubt ist. Als mögliche Nutzungen kommen u.a. reine Wohnbauflächen, gemischte Bauflächen und Mischgebiete in Betracht.

- **Reine Wohngebiete** dienen dem Wohnen. Zulässig sind Wohngebäude und Anlagen zur Kinderbetreuung, die den Bedürfnissen der Bewohner des Gebiets dienen. Ausnahmsweise können Läden und nicht störende Handwerksbetriebe, die zur Deckung des täglichen Bedarfs für die Bewohner des Gebiets dienen, sowie kleine Betriebe des Beherbergungsgewerbes, ferner sonstige Anlagen für soziale Zwecke sowie den Bedürfnissen der Bewohner des Gebiets dienende Anlagen für kirchliche, kulturelle, gesundheitliche und sportliche Zwecke zugelassen werden.
- **Allgemeine Wohngebiete** dienen vorwiegend dem Wohnen. Zulässig sind u.a. Wohngebäude, die der Versorgung des Gebiets dienenden Läden, Schank- und Speisewirtschaften sowie nicht störende Handwerksbetriebe, Anlagen für kirchliche, kulturelle, soziale, gesundheitliche und sportliche Zwecke. Ausnahmsweise können auch sonstige nicht störende Gewerbebetriebe zugelassen werden.
- **Mischgebiete** dienen dem Wohnen und der Unterbringung von Gewerbebetrieben, die das Wohnen nicht wesentlich stören. Zulässig sind u.a. Wohngebäude, Geschäfts- und Bürogebäude, Einzelhandelsbetriebe, Schank- und Speisewirtschaften sowie Betriebe des Beherbergungsgewerbes, Gartenbaubetriebe und Tankstellen.

Grundflächenzahl

Die Grundflächenzahl (GRZ) gibt an, wie viele Quadratmeter Grundfläche je Quadratmeter Grundstücksfläche überbaut werden dürfen. Bei einem 600 m^2 großen Grundstück und einer GRZ von 0,2 bedeutet dies, dass insgesamt 120 m^2 überbaut werden dürfen.

Geschossflächenzahl

Die Geschossflächenzahl (GFZ) gibt an, wie viele Quadratmeter Wohnfläche im Verhältnis zur gesamten Grundstücksfläche entstehen dürfen. Eine Geschossflächenzahl von 0,4 bei einem Grundstück von 600 m^2 bedeutet, dass die maximal zulässige Wohnfläche 240 m^2 beträgt. Die Festlegung einer Geschossflächenzahl (GFZ) im Bebauungsplan dient der Dimensionierung der Gebäude und reguliert die Bebauungsdichte des Plangebiets.

Höhe und Anzahl der Geschosse

Von erheblicher Bedeutung für einen Bauherrn ist die Definition eines Vollgeschosses. Da die Geschosszahl in vielen Bebauungsplänen vorgegeben ist, geht es um die Frage, wie viele Vollgeschosse ein Gebäude haben darf und ob ein Geschoss als Vollgeschoss zählt. Der Bauherr kann so auch absehen, welche Dimensionen ein Gebäude maximal auf einem Grundstück erreichen darf, was angesichts hoher Grundstückspreise ein nicht unerheblicher Aspekt bei der Suche nach dem passenden Stück Land ist.

Die Regelungen für Vollgeschosse sind in den jeweiligen Landesbauordnungen festgelegt. So kann eine Regelung zum Beispiel beinhalten, dass dann ein Vollgeschoss vorliegt, wenn mindestens zwei Drittel oder drei Viertel der Fläche eines Geschosses eine bestimmte lichte Deckenhöhe, zum Beispiel 2,30 m, aufweist.

Dach

Auch die Form des Daches kann in einem Bebauungsplan fest vorgegeben werden (z.B. Satteldach oder Walmdach). Auch die in einem Baugebiet minimal und maximal zulässige Dachneigung wird angegeben. Dabei können für unterschiedliche Dachformen auch unterschiedliche Dachneigungen festgelegt werden. Auch die Firstrichtung ist in aller Regel verbindlich vorgegeben.

Baugrenzen

Die Baugrenze (auch als Baufenster bezeichnet) beschreibt eine Fläche innerhalb des Grundstücks. Innerhalb dieser Fläche muss das Gebäude errichtet werden. Die Baugrenze darf nicht überschritten werden.

Baulinien

Eine Baulinie bindet den Bauherren, sein Gebäude an dieser Linie auszurichten. Es muss zwingend an diese Linie gebaut werden. Meist werden durch diese Maßnahme geschlossene Häuserfronten erzwungen. Auch die Kombination von Baulinie und Baugrenze kann vorgeschrieben werden.

Lage und Zuschnitt

Die Lage des Grundstücks ist ein Faktor, der langfristig über die Wohnqualität entscheidet. Damit ist die Standortfrage beim Grundstückskauf ein ganz wesentliches Kriterium. Besonnung und Beschattung sollten eine energieoptimale Ausrichtung des Gebäudes ermöglichen. Das heißt, Wohnräume, Terrasse, Balkone sollten nach Süden oder Westen, andere Räume nach Norden oder Osten ausgerichtet sein.

Beim Bauen sollte möglichst wenig Platz verloren gehen. Schlauchförmige oder verwinkelte Grundstücke, die lange Wege, aber wenig nutzbare Fläche bieten, sind eher von Nachteil. Ein kleineres Grundstück mit praktischem Zuschnitt kann manchmal mehr Wohnwert bringen als ein großes, verwinkeltes Grundstück. Eher nachteilig sind extreme Hanglagen, da hier durch Stützmauern und Terrassenanlegung hohe Zusatzkosten auf den Bauherren zukommen können.

Umgebung

Idealerweise sollte sich das Grundstück in einer ruhigen, aber nicht abgelegenen Gegend befinden. Etwaige Geräusch- und Geruchsbelästigungen müssen berücksichtigt werden. Vor dem Kauf des Grundstücks sollte also unbedingt geprüft werden, ob sich in der Nachbarschaft Gewerbeansiedlungen, Eisenbahn-, Autobahn- oder Fernstraßenverbindungen befinden. Auch Schulen oder Kindergärten in der unmittelbaren Nachbarschaft können den Wohnwert mindern.

Wer ein Grundstück an der Randlage kaufen will, weil er Wert auf eine »unverbaubare Aussicht« legt, sollte anhand des Flächennutzungsplans prüfen, welche Nutzungen für die anschließenden Flächen festgelegt sind. Auch mögliche Änderungen in der Verkehrsführung müssen beachtet werden.

Verkehrsanbindung und Infrastruktur

Je besser ein Grundstück an den öffentlichen Personennahverkehr angeschlossen ist, desto wertvoller ist es in der Regel. Eine gute Verkehrsanbindung ist vor allem für Familien wichtig. Von Bedeutung ist nicht nur, wie schnell man den Arbeitsplatz erreichen kann, sondern auch, wo und welche Einkaufsmöglichkeiten bestehen. Typische Fragen, die sich in diesem Zusammenhang stellen sind: Gibt es ausreichend Lebensmittelgeschäfte in der Nähe? Ist eine Arztpraxis oder eine Apotheke schnell zu erreichen? Können der Kindergarten und die Schule fußläufig erreicht werden? Sind Spielplätze vorhanden und gut erreichbar. Randlagen in Ballungsgebieten können

Nachteile bei der Erreichbarkeit des Arbeitsplatzes, von Einkaufszentren und von Freizeiteinrichtungen kompensieren, wenn man schnell die nächstgelegene Bus- und Stadtbahnhaltestelle oder den Bahnhof erreichen kann und gute Verbindungen bestehen.

Ebenfalls ein wichtiges Auswahlkriterium ist die Infrastruktur vor Ort, also öffentliche und private Einrichtungen wie Schulen, Kindergärten, kulturelle Einrichtungen (z.B. Theater), Restaurants, Einkaufsmöglichkeiten und Freizeiteinrichtungen (z.B. Schwimmbäder, Sporteinrichtungen).

Baugrund

Vor dem Abschluss des Kaufvertrags sollte unbedingt der Baugrund des Grundstücks geprüft werden. Gegebenenfalls sollte ein Fachmann bei der Prüfung hinzugezogen werden. Immer öfter wird nämlich Bauland ausgewiesen, das schon einmal gewerblich genutzt wurde. Sie sind deshalb gut beraten, sich vor dem Grundstückskauf über die Geschichte des Areals zu erkundigen und beim leisesten Verdacht ein Bodengutachten erstellen zu lassen. Dies ist in jedem Fall billiger als eine aufwendige Reinigung und Entsorgung verseuchter Böden. Hinzu kommen meist finanzielle Belastungen wie eine Verteuerung der Finanzierung durch Bauverzögerungen, Wegfall des Grundstücks als Finanzierungssicherheit gegenüber der Bank oder Kosten bei einem Rechtsstreit mit dem Vorbesitzer oder dem Verursacher der Kontaminierung um die Übernahme der Kosten.

Erschließung

Die Bebauung eines Grundstücks ist nur möglich, wenn es öffentlich erschlossen ist. Das heißt, dass die Zufahrt über eine öffentliche Straße, die Versorgung mit Energie und Wasser sowie die Entsorgung des Abwassers gewährleistet sind. Die entsprechenden Arbeiten werden von der Gemeinde in Auftrag gegeben, wenn ein neues Baugebot erschlossen wird. Die anfallenden Kosten werden auf die Eigentümer der Grundstücke im Baugebiet anteilig umgelegt.

Sie müssen sich Klarheit darüber verschaffen, ob das Grundstück voll erschlossen ist und ob der Voreigentümer bereits alle Erschließungskosten entrichtet hat. Ist dies nicht der Fall, müssen Sie die noch anfallenden Kosten in der Finanzierungsplanung Ihres Hauses berücksichtigen.

! Wenn Sie ein voll erschlossenes Grundstück erwerben wollen, sollte im notariellen Kaufvertrag der Verkäufer verpflichtet werden, eventuell noch ausstehende Abrechnungen für Erschließungskosten zu übernehmen (vgl. dazu auch 8.3).

Belastungen

Vor dem Erwerb des Grundstücks sollte unbedingt ein Blick in das Grundbuch geworfen werden (vgl. dazu im Einzelnen 2.8). Dort sind neben den Eigentumsverhältnissen auch Rechte und Pflichten eingetragen, die mit dem Grundstück verbunden sind. So können Sie beispielsweise erfahren, ob

- einem Nachbarn im Rahmen eines Wegerechts die Zufahrt zu seinem Haus über das Grundstück gestattet ist,
- Leitungsrechte bestehen, die Versorgungsleitungen, die im Grundstück verlaufen, absichern,
- das Grundstück mit Grundpfandrechten (z.B. Hypotheken, Grundschulden) belastet ist,
- durch ein Vorkaufsrecht einem Berechtigten das Recht eingeräumt ist, das Grundstück zu den gleichen Bedingungen zu erwerben, die im Kaufvertrag zwischen dem Verkäufer und dem Käufer vereinbart wurden.

2.1.2 Informationen beschaffen

Wichtige Informationen über das Grundstück und die Möglichkeiten der Bebauung finden Sie insbesondere im Grundbuch, im Baulastenverzeichnis, im Liegenschaftskataster, im Flächennutzungsplan und im Bebauungsplan. In diese Unterlagen sollten Sie unbedingt Einsicht nehmen, wenn Sie ein Grundstück kaufen und darauf ein Eigenheim errichten wollen.

Flächennutzungsplan

Der Flächennutzungsplan stellt die beabsichtigte städtebauliche Entwicklung im Gemeindegebiet in den Grundzügen dar. Es werden u.a. Wohnbauflächen, Gewerbe- und Industriebauflächen, Grünflächen und Verkehrsflächen ausgewiesen. In der dazugehörigen Begründung werden die Planaussagen erläutert.

Bebauungsplan

Der Bebauungsplan gibt Auskunft über die Bebaubarkeit von Grundstücken. Er enthält u.a. Festlegungen zu Art und Maß der baulichen Nutzung, der Anzahl der Geschosse und der zulässigen Dachform (vgl. dazu im Einzelnen 2.11). Besteht für das Grundstück, das Sie erwerben möchten, kein Bebauungsplan, muss sich das geplante Vorhaben in die Eigenart der näheren Umgebung einfügen. Liegt Ihr Grundstück im Außenbereich, ist eine Bebauung grundsätzlich nicht zulässig.

Grundbuch

Das Grundbuch gibt Auskunft über die Rechte, die an einem Grundstück bestehen. Es enthält Eintragungen über die Eigentumsverhältnisse und ob bzw. welche Lasten und Beschränkungen bestehen (z.B. Grunddienstbarkeiten und beschränkt persönliche Dienstbarkeiten). Außerdem kann dem Grundbuch entnommen werden, ob auf dem Grundstück Hypotheken oder Grundschulden lasten. Wegen der Einzelheiten vgl. 2.8.

Baulastenverzeichnis

Das Baulastenverzeichnis gibt Auskunft darüber, welche öffentlich-rechtlichen Belastungen auf einem Grundstück ruhen. In Betracht kommt beispielsweise eine Zufahrtsbaulast (wenn über das Grundstück die Zufahrt zu einer öffentlichen Straße führt) oder eine Abstandsflächenbaulast für ein anderes Grundstück (wenn der Eigentümer die Abstandsfläche des Nachbargrundstücks übernommen hat).

Achtung: Baulasten stellen reale Belastungen des Grundstückes dar und sind daher ein wertbeeinflussender Faktor beim Erwerb eines Grundstückes.

Kataster bzw. Liegenschaftskataster

Im Kataster bzw. Liegenschaftskataster werden flächendeckend Gestalt, Größe, örtliche Lage, Nutzung sowie Eigentumsverhältnisse sämtlicher Liegenschaften (Grundstücke und Gebäude) beschrieben und dargestellt. Es dient zusammen mit dem Grundbuch zur Sicherung des Eigentums an den Liegenschaften und gewährleistet, dass die Flurstücksgrenzen in der Örtlichkeit jederzeit mit hoher Genauigkeit bestimmt werden können. Ausgewiesen sind insbesondere die Flurstücke mit ihren Flächen und Grenzen, die Gebäude, die Lagebezeichnungen, die Eigentümer und die Nutzungsarten. Das Kataster bzw. Liegenschaftskataster wird von den Vermessungsbehörden geführt.

2.2 Abschluss des Kaufvertrags

Voraussetzung für den Erwerb eines Grundstücks ist zunächst ein wirksamer Kaufvertrag zwischen dem Verkäufer und dem Käufer. Der Kaufvertrag begründet allerdings lediglich schuldrechtliche Verpflichtungen der Vertragsparteien. So wird der Verkäufer verpflichtet, dem Käufer das Grundstück zu übergeben und das Eigentum daran zu verschaffen. Der Käufer ist verpflichtet, an den Verkäufer den Kaufpreis zu zahlen. An den Eigentumsverhältnissen ändert sich dadurch noch nichts. Hierzu bedarf es der Übereignung des Grundstücks (vgl. dazu 2.3).

2.2.1 Grundkonzept des Grundstückskaufvertrags

Im Prinzip unterliegt der Grundstückskauf den gleichen Regeln wie ein »normaler« Kaufvertrag, also beispielsweise ein Kaufvertrag über ein Fernsehgerät oder ein Kraftfahrzeug. Es wird ein Kaufvertrag abgeschlossen, das sogenannte Verpflichtungsgeschäft, in dem sich der Verkäufer zur Übereignung des Grundstücks und der Käufer zur Zahlung des Kaufpreises verpflichten. In einer weiteren Stufe, dem sogenannten Erfüllungs- oder Verfügungsgeschäft, wird dann das Verpflichtungsgeschäft vollzogen; das heißt, der Eigentümer verschafft dem Erwerber das Eigentum am Grundstück, der Erwerber zahlt an den Eigentümer den vereinbarten Kaufpreis.

Allerdings gibt es beim Grundstückskauf einige Besonderheiten:

- Der Gesetzgeber schreibt für den Grundstückskaufvertrag eine besondere Form vor. Der Vertrag muss notariell beurkundet werden, andernfalls ist er unwirksam. Vgl. dazu im Einzelnen 2.2.6.
- Der Erwerber erwirbt das Eigentum nicht bereits dann, wenn ihm der Eigentümer die Immobilie übergeben hat. Vielmehr ist der Eigentumserwerb erst abgeschlossen, wenn der Eigentumsübergang ins Grundbuch eingetragen wurde (wegen des Eigentumsübergangs vgl. im Einzelnen 2.3). Wegen dieser einigermaßen komplizierten Situation müssen sich Verkäufer und Käufer schützen und in den Kaufvertrag Sicherungen einbauen. Der Verkäufer wird darauf achten, dass er sein Eigentum am Grundstück nicht verliert, bevor der Erwerber den Kaufpreis gezahlt hat. Der Käufer muss verhindern, dass er sein Geld nicht verliert, ohne dass er das Eigentum am Grundstück erlangt. Vgl. dazu im Einzelnen 2.5.

2.2.2 Vertragsparteien

Beteiligte beim Grundstückskauf sind Verkäufer und Käufer. Nicht geschäftsfähige Personen müssen durch ihre gesetzlichen Vertreter vertreten werden. Unter Umständen benötigt der gesetzliche Vertreter auch die Genehmigung des Familiengerichts.

Verkäufer

Als Verkäufer eines Grundstücks kommt jede natürliche oder juristische Person in Betracht. Zu den juristischen Personen gehören die des privaten Rechts (z.B. GmbH, Aktiengesellschaft) und des öffentlichen Rechts (z.B. Gemeinde, Land). Auch eine offene Handelsgesellschaft, eine Kommanditgesellschaft und eine Gesellschaft bürgerlichen Rechts können Verkäufer eines Grundstücks sein.

Als Verkäufer eines Grundstücks kommt auch eine Erbengemeinschaft in Betracht. In diesem Fall müssen die Berechtigung zum Verkauf und die Anteilsinhaberschaft durch einen Erbschein nachgewiesen werden, es sei denn, dass ein notarieller Erbvertrag oder ein notarielles Testament vorliegt.

Achtung: Es mag sich zwar im ersten Augenblick verblüffend anhören, für die Wirksamkeit des Kaufvertrags ist es aber nicht notwendig, dass der Verkäufer Eigentümer des Grundstücks ist. Schließlich wird der Verkäufer durch den Vertrag nur verpflichtet, das Grundstück zu übergeben und dem Erwerber das Eigentum zu verschaffen. Kann er diesen Verpflichtungen nicht nachkommen, weil er nicht Eigentümer ist, macht er sich gegenüber dem Käufer schadensersatzpflichtig. Der abgeschlossene Kaufvertrag ist aber wirksam.

! Wenn Sie als Käufer bei der Aufnahme von Vertragsverhandlungen mit dem Verkäufer sicherstellen wollen, dass dieser Eigentümer ist, müssen Sie einen Blick ins Grundbuch werfen. In der ersten Abteilung des Grundbuchs ist der Eigentümer des Grundstücks eingetragen (vgl. dazu auch 2.8.1).

Minderjährige im Alter unter sieben Jahren sind geschäftsunfähig. Ihre Willenserklärungen sind nichtig. Ein Minderjähriger, der das siebente, aber noch nicht das 18. Lebensjahr vollendet hat, ist beschränkt geschäftsfähig. Er kann selbst eine wirksame Willenserklärung abgeben, wenn er dadurch lediglich einen rechtlichen Vorteil erlangt. Andernfalls bedarf er der Zustimmung seines gesetzlichen Vertreters.

Durch die Veräußerung eines Grundstücks hat der minderjährige Verkäufer nicht »lediglich einen rechtlichen Vorteil«. Deshalb bedarf er für den Verkauf der Einwilligung seines gesetzlichen Vertreters, im Regelfall also seiner Eltern. Bis zu deren Vorliegen ist die Willenserklärung des Minderjährigen schwebend unwirksam.

Achtung: Der gesetzliche Vertreter bedarf für die Einwilligung der Genehmigung des Familiengerichts. Dabei hat das Familiengericht die Vermögensinteressen des Kindes zu wahren. Das Familiengericht kann die Genehmigung nur gegenüber dem gesetzlichen Vertreter erteilen. Wird die gerichtliche Genehmigung erst nachträglich erteilt, so ist der Kaufvertrag bis zur Mitteilung der Genehmigung schwebend unwirksam.

Käufer

Wenn Sie ein Grundstück erwerben wollen, müssen Sie voll geschäftsfähig sein, also das 18. Lebensjahr vollendet haben. Sind Sie noch minderjährig, bedürfen Sie für den Grundstückskauf der (vorherigen) Einwilligung Ihrer Eltern als gesetzliche Vertreter. Diese können den Kaufvertrag auch noch nachträglich genehmigen.

Achtung: Über den Grundstückserwerb eines Minderjährigen können die Eltern nicht allein entscheiden. Der Grundstückskaufvertrag eines minderjährigen Käufers bedarf neben der Einwilligung der Eltern auch der Genehmigung des Familiengerichts. Bis zur Erteilung der Genehmigung ist das Rechtsgeschäft schwebend unwirksam. Mit der Erteilung der familiengerichtlichen Genehmigung wird der Kaufvertrag rückwirkend wirksam, andernfalls ist das Geschäft unwirksam.

Vertretung des Verkäufers oder Käufers

Ist es dem Verkäufer oder dem Käufer selbst nicht möglich, den Kaufvertrag persönlich abzuschließen, können sie sich von einer anderen Person vertreten lassen. Dem Vertreter muss dann die Vertretungsmacht eingeräumt werden, das Grundstück zu verkaufen bzw. zu kaufen. Eine Vertragspartei, die sich vertreten lässt, muss also ihrem Vertreter eine Vollmacht erteilen. Der Vertreter muss selbst geschäftsfähig sein, weil er im Rahmen des Abschlusses des Kaufvertrags eine eigene Willenserklärung im Namen des Vertretenen abgibt.

Zwar bedarf der Grundstückskaufvertrag der notariellen Beurkundung (vgl. dazu 2.2.6), die Vollmacht selbst bedarf aber grundsätzlich nicht dieser Form. Eine Ausnahme gilt dann, wenn der Widerruf der Vollmacht in der Vollmachtsurkunde ausgeschlossen ist, weil die Vollmacht dann bereits eine bindende Verpflichtung zur Veräußerung oder zum Erwerb des Grundstücks begründet. Eine unwiderrufliche Vollmacht zum Abschluss eines Grundstückskaufvertrags bedarf also der notariellen Beurkundung.

Zwar ist es bei einem Grundstückskaufvertrag grundsätzlich ausreichend, dass der Vertreter eine schriftliche Vollmacht vorlegt oder mündlich versichert, eine Vollmacht zu haben, das Rechtsgeschäft kann dann aber im Grundbuch nicht vollzogen werden, weil das Grundbuchamt stets eine notarielle Ableitung der Vollmacht verlangt. Eine Vollmacht erkennt das Grundbuchamt also nur an, wenn sie öffentlich beurkundet oder beglaubigt ist.

- **Unterschriftsbeglaubigung:** Der Vertretene hat die Vollmacht erteilt und der Notar hat nur seine Unterschrift beglaubigt. In diesem Fall gibt es nur ein Vollmachtsoriginal im Rechtsverkehr. Dieses Vollmachtsoriginal trägt den Rechtsschein der zulässigen Vertretung.

- **Beurkundung:** Der Notar hat die Verkaufs- oder Ankaufsvollmacht in Beurkundungsform errichtet, sie also vollständig verlesen und gemeinsam mit dem Vertretenen unterzeichnet. In diesem Fall bleibt das Original stets beim Notar der Beurkundung in dessen Sammlung der Urkunden. Da für den Rechtsverkehr aber Originale benötigt werden, werden sogenannte »Ausfertigungen« erteilt. Diese Ausfertigungen vertreten das Original im Rechtsverkehr und sind dem Original gleichwertig.

Achtung: Tritt ein Vertreter beim Grundstückskaufvertrag für den Verkäufer oder den Käufer unter Vorlage einer schriftlichen Vollmacht auf oder versichert der Vertreter, zwar keine schriftliche Vollmacht zu haben, vom Vertretenen aber mündlich bevollmächtigt zu sein, ist der Grundstückskaufvertrag zwar wirksam, aber wegen fehlender notarieller Form der Vollmacht im Grundbuch nicht vollziehbar. Der Grundstückskaufvertrag kann erst abgewickelt werden, wenn der Vertretene eine »Vollmachtsbestätigung« in grundbuchmäßiger Form (als Unterschriftsbeglaubigung oder Beurkundung) abgegeben hat. Es entstehen also Zusatzkosten für die erforderliche Vollmachtsbestätigung. Und weil der Grundstückskaufvertrag schon mit der Erklärung des Vertreters wirksam wird, ist gegebenenfalls bereits zu diesem Zeitpunkt eine Maklerprovision fällig.

! Soll ein Grundstückskaufvertrag durch einen Bevollmächtigten abgeschlossen werden, ist es sinnvoll, vorher mit dem Notar, vor dem der Kaufvertrag abgeschlossen werden soll, Kontakt aufzunehmen.

Wurde der Grundstückskaufvertrag von einem Dritten abgeschlossen, der keine Vollmacht hat, ist der Vertrag bis zur Genehmigung durch den Vertretenen schwebend unwirksam. Der andere Teil kann den Vertretenen zur Genehmigung auffordern, die nur bis zum Ablauf von zwei Wochen nach Empfang dieser Aufforderung erklärt werden kann; andernfalls gilt die Genehmigung als verweigert. Der vollmachtlose Vertreter ist unter Umständen zum Schadensersatz oder zur Erfüllung des Vertrags verpflichtet.

2.2.3 Gegenstand des Kaufvertrags

Gegenstand des Kaufvertrags kann ein selbstständiges Grundstück, die Teilfläche eines Grundstücks oder ein Miteigentumsanteil an einem Grundstück sein. Zum Grundstück gehören auch seine wesentlichen Bestandteile. Ferner erstreckt sich der Erwerb eines Grundstücks im Zweifel auch auf das Zubehör.

Grundstück

Gegenstand des Kaufvertrages kann ein rechtlich selbstständiges Grundstück sein. Das ist der Fall, wenn ein Grundstück vermessen ist und als selbstständiges Grundstück im Bestandsverzeichnis des Grundbuches unter einer laufenden Nummer eingetragen ist (Flurstück einer bestimmten Flur einer bestimmten Gemarkung).

Teilfläche eines Grundstücks

Möglich ist es auch, eine noch nicht vermessene Teilfläche eines Grundstücks zu kaufen. Allerdings kann in diesem Fall nicht auf die Eintragung des Grundstücks im Grundbuch zurückgegriffen werden, weil dort nur das bisherige (ungeteilte) Grundstück eingetragen ist. Nach der Aufteilung des Grundstücks werden beide Teile des Grundstücks als neue, selbstständige Grundstücke im Grundbuch eingetragen.

Die Teilfläche eines Grundstücks kann auch bereits vor ihrer Entstehung und Eintragung im Grundbuch verkauft werden. In diesem Fall kann dann auf einen Lageplan Bezug genommen werden, in dem die örtlichen Grenzen der betreffenden Teilfläche eingezeichnet sind. Möglich ist es aber auch, die Teilfläche durch Anhaltspunkte wie zum Beispiel Gräben oder Bäume zu beschreiben.

! Ist nur eine Teilfläche eines Grundstücks Gegenstand des Kaufvertrags, muss darauf geachtet werden, dass alle Unterlagen (Pläne, Zeichnungen usw.), auf die zur Bezeichnung der Teilfläche Bezug genommen wird, dem Kaufvertrag beigefügt werden.

Unter der Teilung eines Grundstücks ist die gegenüber dem Grundbuchamt abgegebene oder sonst wie erkennbar gemachte Erklärung des Grundstückseigentümers zu verstehen, dass ein Grundstücksteil grundbuchmäßig abgeschrieben und als selbstständiges Grundstück oder als ein Grundstück zusammen mit anderen Grundstücken oder mit Teilen anderer Grundstücke eingetragen werden soll. Eine Genehmigungspflicht für Teilungen besteht grundsätzlich nicht mehr. Durch die Teilung eines Grundstücks im Geltungsbereich eines Bebauungsplans dürfen allerdings keine Verhältnisse entstehen, die den Festsetzungen des Bebauungsplans widersprechen. Das wäre zum Beispiel der Fall, wenn mit der Bebauung auf dem Restgrundstück die im Bebauungsplan festgelegten Höchstmaße der Grundflächen- und Geschossflächenzahl überschritten würden.

Achtung: In Nordrhein-Westfalen bedarf die Teilung eines bebauten Grundstücks zu ihrer Wirksamkeit der Genehmigung der Bauaufsichtsbehörde, sofern nicht der Bund, das Land, eine Gemeinde oder ein Gemeindeverband als Erwerber, Eigentümer oder Verwalter beteiligt ist. Die Genehmigung darf nur versagt werden, wenn durch die Teilung Verhältnisse geschaffen würden, die den Vorschriften der Bauordnung für Nordrhein-Westfalen oder den aufgrund dieses Gesetzes erlassenen Vorschriften zuwiderlaufen. Die Bauaufsichtsbehörde hat innerhalb eines Monats nach Eingang des Antrags über die Teilung zu entscheiden. Die Teilung darf in das Liegenschaftskataster erst übernommen werden, wenn ein Genehmigungsbescheid vorgelegt wird. Bedarf die Teilung keiner Genehmigung oder gilt sie als genehmigt, so hat die Genehmigungsbehörde auf Antrag von Beteiligten darüber ein Zeugnis auszustellen; das Zeugnis steht einer Genehmigung gleich.

Miteigentumsanteil

Von einem Grundstück kann auch ein sogenannter Miteigentumsanteil erworben werden. In diesem Fall steht das Eigentum am Grundstück mehreren Personen zu Bruchteilen zu. Jeder Miteigentümer hat einen bestimmten ideellen, rechnerischen (nicht realen) Bruchteil am Grundstück (z.B. 1/4 oder 1/2) und ein Recht zum Gebrauch. Jeder Miteigentümer kann seinen Anteil – ohne die Zustimmung der anderen Miteigentümer einholen zu müssen – jederzeit verkaufen oder belasten. Im Falle des Verkaufs ist beispielsweise Kaufgegenstand der Miteigentumsanteil des Verkäufers von 1/2 an dem Grundstück Nr. 1234 der Gemarkung Karlsruhe. Über das ganze Grundstück können nur alle Miteigentümer gemeinschaftlich verfügen.

Achtung: Wenn Sie einen Miteigentumsanteil an einem Grundstück erwerben wollen, sollten Sie beachten, dass Sie in Ihren Möglichkeiten, das Grundstück zu nutzen, eingeschränkt sind. So steht die Verwaltung des Grundstücks den Miteigentümern gemeinschaftlich zu. Nur bei ordnungsgemäßer Verwaltung oder Benutzung kann durch Stimmenmehrheit entschieden werden. Ordnungsgemäß sind alle Maßnahmen, die nach den jeweiligen Gegebenheiten vernünftig sind. Auch Verfügungen wie etwa die Vermietung oder Verpachtung des Grundstücks kommen in Betracht. Die Stimmenmehrheit ist nach der Größe der Anteile zu berechnen. Wesentliche Veränderungen des Grundstücks (z.B. Errichtung einer Garage) können jedoch nicht mit Stimmenmehrheit beschlossen werden. Sie bedürfen der Zustimmung aller Miteigentümer.

! Prüfen Sie vor Erwerb des Miteigentumsanteils an einem Grundstück, welche Regelungen die bisherigen Miteigentümer hinsichtlich der Verwaltung und Nutzung des Grundstücks getroffen haben. Sind diese Regelungen als Belastung des Miteigentumsanteils im Grundbuch eingetragen, sind auch Sie als Erwerber an diese gebunden.

Wesentliche Bestandteile des Grundstücks

Wenn Sie ein Grundstück kaufen, erwerben Sie »wesentliche Bestandteile« des Grundstücks automatisch mit. Zu den wesentlichen Bestandteilen eines Grundstücks gehören »die mit dem Grund und

Boden fest verbundenen Sachen, insbesondere Gebäude, sowie die Erzeugnisse des Grundstücks, solange sie mit dem Boden zusammenhängen«. Wesentliche Bestandteile des Grundstücks müssen im Kaufvertrag nicht ausdrücklich erwähnt sein. Sie gehen automatisch mit dem Erwerb des Grundstücks auf den Käufer über, weil sie nicht Gegenstand besonderer Rechte sein können.

» Zu den wesentlichen Bestandteilen eines Grundstücks zählen Zäune, Einfriedungsmauern, Leitungen oder Fertiggaragen aus Beton. Auch Pflanzen sind wesentlicher Bestandteil des Grundstücks.

Ausnahmsweise gehören zu den Bestandteilen eines Grundstücks solche Sachen nicht, die nur zu einem vorübergehenden Zweck mit dem Grund und Boden verbunden sind. Sollen mit dem Grundstück auch diese sogenannten Scheinbestandteile auf den Erwerber übergehen, bedarf es im Kaufvertrag einer ausdrücklichen Regelung.

» Zu den Scheinbestandteilen gehören Baugerüste oder ein Gartenhäuschen ohne Fundament, wenn sich diese Sachen nur für eine bestimmte Zeit und einen bestimmten Zweck auf dem Grundstück befinden.

Zubehör

Neben den Bestandteilen spielt bei Grundstücken das Zubehör eine große Rolle. Vom Kauf eines Grundstücks wird im Zweifel auch das Zubehör erfasst. Zum Zubehör gehören sämtliche beweglichen Sachen, die, ohne Bestandteile der Hauptsache zu sein, dem wirtschaftlichen Zweck der Hauptsache zu dienen bestimmt sind.

» Wenn ein Baugrundstück durch Bebauung genutzt wird, können Baumaterialien Zubehör des Grundstücks sein. Kein Zubehör sind Statuen in einem Garten.

Verpflichtet sich jemand zur Veräußerung eines Grundstücks, so erstreckt sich die Verpflichtung im Zweifel auch auf das bei Vertragsschluss vorhandene Zubehör des Grundstücks. Sind der Veräußerer und der Erwerber sich darüber einig, dass sich die Veräußerung auf das Zubehör des Grundstücks erstrecken soll, so erlangt der Erwerber mit dem Eigentum an dem Grundstück auch das Eigentum an den zur Zeit des Erwerbs vorhandenen Zubehörstücken, soweit sie dem Veräußerer gehören.

! Um einen Streit über das Zubehör zwischen Verkäufer und Käufer zu vermeiden, empfiehlt es sich, in den Grundstückskaufvertrag eine Regelung des Inhalts aufzunehmen, dass sämtliches Zubehör mit Ausnahme von etwaigen einzelnen von dem Verkäufer noch entfernbaren Gegenständen verkauft wird. Sinnvoll ist es auch, das Zubehör aufzulisten und den entsprechenden Teilkaufpreis anzugeben. Auf das Zubehör fällt nämlich keine Grunderwerbsteuer an.

2.2.4 Kaufpreis

Zum wesentlichen Inhalt des Grundstückskaufvertrags gehört der Kaufpreis. Dessen Höhe muss konkret bestimmt werden, es ist aber ausreichend, wenn der Kaufpreis bestimmbar ist. Nicht möglich ist es aber, im Kaufvertrag die Höhe des Kaufpreises offenzulassen und eine Regelung zu treffen, sich über den Kaufpreis später zu einigen. In diesem Fall wäre der Grundstückskaufvertrag nicht wirksam abgeschlossen.

Bestimmung des Kaufpreises

Im Regelfall wird der Kaufpreis als Festpreis im Kaufvertrag angegeben. Unter Umständen kann jedoch die Höhe des Kaufpreises zum Zeitpunkt des Vertragsschlusses noch nicht konkret beziffert werden, so etwa dann, wenn nur eine Teilfläche eines Grundstücks verkauft wird und deren genaue Größe noch nicht feststeht. In diesem

Fall kann der Kaufpreis vertraglich in der Weise bestimmt werden, dass der Preis pro Quadratmeter verkauften Bodens angegeben wird. Auch wenn der Wert des Grundstücks deshalb noch nicht endgültig feststeht, weil die bauliche Ausnutzbarkeit noch nicht bekannt ist, kann im Kaufvertrag der Kaufpreis noch nicht endgültig beziffert werden. In diesem Fall kann die Vereinbarung unterschiedlicher Kaufpreise pro Quadratmeter jeweils für eine bestimmte Nutzungsart (z.B. Wohnen oder Gewerbe) und für einen bestimmten Grad der Ausnutzung (z.B. auf der Grundlage der Geschossflächen- oder der Grundflächenzahl) in Betracht kommen.

Achtung: In jedem Fall muss der Kaufvertrag in der richtigen Höhe angegeben werden. Andernfalls handelt es sich um ein sogenanntes Scheingeschäft mit der Folge der Steuerhinterziehung und des Betrugs hinsichtlich der Gerichts- und Notarkosten. In diesem Fall ist der Kaufvertrag unwirksam.

Fälligkeit

Kraft Gesetzes kann der Verkäufer vom Käufer die Zahlung des Kaufpreises verlangen, wenn er seine Pflichten aus dem Kaufvertrag erfüllt hat, wenn er also dem Käufer das Eigentum am Grundstück übertragen hat. Das Problem dabei ist, dass der Käufer das Eigentum am Grundstück erst mit der Eintragung ins Grundbuch erwirbt. Wann der Eigentumswechsel vom Grundbuchamt ins Grundbuch eingetragen wird, steht allerdings nicht fest. Im Regelfall erfolgt die Eintragung erst einige Wochen nach dem Abschluss des Kaufvertrags.

> **!** Sollte der Verkäufer unmittelbar nach Abschluss des Kaufvertrags auf einer Zahlung des Kaufpreises bestehen, sollten Sie als Käufer unbedingt von dem Geschäft Abstand nehmen.

Als Käufer wahren Sie Ihre Interessen, wenn der Kaufpreis erst dann fällig wird, wenn Sie Eigentümer des unbelasteten Grundstücks sind.

Deshalb muss durch entsprechende vertragliche Regelungen im Kaufvertrag gewährleistet sein, dass der Kaufpreis erst dann zu zahlen ist, wenn

- durch eine im Grundbuch einzutragende sogenannte Auflassungsvormerkung der Anspruch des Käufers auf Übereignung des Grundstücks sichergestellt ist (vgl. dazu auch 2.5.1),
- alle Unterlagen vorliegen, die erforderlich sind, um etwa eingetragene Grundschulden und Hypotheken im Grundbuch zu löschen (vgl. dazu auch 2.8.2),
- etwa erforderliche Genehmigungen erteilt sind (vgl. dazu 2.4) und
- ein etwa bestehendes Vorkaufsrecht nicht ausgeübt wird (vgl. dazu auch 2.8.2).

In diesem Fall veranlasst der Notar alles Erforderliche, damit die Fälligkeitsvoraussetzungen erfüllt werden. Sobald diese vorliegen, teilt er den Vertragsbeteiligten dies mit. Erst wenn die Fälligkeitsmitteilung dem Käufer vorliegt, muss der Kaufpreis gezahlt werden.

Seine Interessen kann der Käufer allerdings auch dadurch sichern, dass er den Kaufpreis auf ein vom Notar treuhänderisch verwaltetes Zahlungsverkehrskonto (Notaranderkonto) überweist, das dem sicheren Transfer des Kaufpreises gegen Übertragung des Eigentums an dem Grundstück dient. Käufer und Verkäufer vereinbaren dann in einem Treuhandvertrag, wann der Kaufpreis auf das Notaranderkonto einzuzahlen ist und unter welchen Voraussetzungen die Auszahlung erfolgt. Der Notar gewährleistet als Treuhänder die vertragsgemäße Verwendung des Kontoguthabens.

! Einzelheiten über die Sicherungsmöglichkeiten des Käufers zur Einhaltung der Vertragspflichten des Verkäufers erfahren Sie unter 2.5.

2.2.5 Weitere Regelungen im Kaufvertrag

Weitere Vereinbarungen, die im Grundstücksvertrag getroffen werden, betreffen insbesondere

- die Übergabe des Grundstücks,
- den Übergang von Nutzungen und Lasten,
- Erschließungskosten (vgl. dazu 2.1.1 und 8.3),
- die Haftung des Verkäufers für Sach- und Rechtsmängel (vgl. dazu ausführlich 2.7).

Übergabe

Übergabe bedeutet, dass der Verkäufer dem Käufer den Besitz am Grundstück verschafft. Damit wird aber der Käufer noch nicht Eigentümer des Grundstücks. Das Eigentum erwirbt der Käufer erst mit seiner Eintragung im Grundbuch.

Mit dem Abschluss des Kaufvertrags erwirbt der Käufer weder den Besitz noch das Eigentum am Grundstück. Kraft Gesetzes erfolgen nämlich die Übereignung und die Übergabe des Grundstücks erst, wenn der Kaufpreis gezahlt wurde. Sinnvoll ist es, im Kaufvertrag den Übergang des Besitzes am Grundstück zu regeln. Im Regelfall ist Voraussetzung für die Übergabe des Grundstücks die Zahlung des Kaufpreises durch den Käufer, sei es auf das Notaranderkonto oder direkt an den Verkäufer.

Achtung: Es ist möglich, dass Sie als Käufer bereits Besitzer, aber noch nicht Eigentümer des Grundstücks sind. Das ist der Fall, wenn zum Beispiel im Kaufvertrag vereinbart ist, dass Sie nach Zahlung des Kaufpreises auf das Notaranderkonto den Besitz erwerben. Das Eigentum am Grundstück erwerben Sie erst nach Eintragung des Eigentumsübergangs im Grundbuch.

Mit der Übergabe des Grundstücks sind eine Reihe von rechtlichen Folgen verbunden:

- Ab der Übergabe ist der Verkäufer nicht mehr Besitzer des Grundstücks. Der Käufer darf das Grundstück allein nutzen. Das bedeutet beispielsweise, dass er ab der Übergabe auf dem Grundstück Baumaterialien lagern oder Anpflanzungen vornehmen darf.
- Den Käufer trifft ab der Übergabe die sogenannte Verkehrssicherungspflicht. Darunter versteht man die Pflicht, alle notwendigen und zumutbaren Vorkehrungen zu treffen, um Schäden anderer (z.B. durch Eisglätte oder durch Anpflanzungen auf dem Grundstück) zu verhindern. Verletzungen der Verkehrssicherungspflicht können teuer werden. Dem Geschädigten stehen unter Umständen Schadensersatzansprüche zu.
- Mit der Übergabe des Grundstücks geht das Risiko einer Zerstörung der Immobilie oder einer Beschädigung auf den Käufer über. Werden also beispielsweise nach der Übergabe Bäume auf dem Grundstück durch einen Sturm beschädigt, hat der Käufer die entsprechenden Kosten zu tragen.
- Ab der Übergabe stehen dem Käufer die Nutzungen und Lasten des Grundstücks zu (vgl. dazu unten).

Übergang von Nutzungen und Lasten

Ab der Übergabe stehen die Nutzungen des Grundstücks dem Käufer zu. Dazu gehören auch die Erträge des Grundstücks wie Miet- und Pachteinnahmen.

Im Gegenzug hat der Käufer nach der Übergabe die Lasten des Grundstücks zu tragen. Dazu gehören insbesondere die öffentlichen Lasten, die kraft öffentlichen Rechts auf dem Grundstück ruhen oder aus dem Grundstück zu entrichten sind. Unerheblich ist, ob sie im Grundbuch eingetragen sind oder nicht.

» Zu den öffentlichen Lasten gehören etwa die Grundsteuer, kommunale Abgaben oder Erschließungsbeiträge für Erschließungsmaßnahmen, die nach der Übergabe begonnen oder fertiggestellt werden.

2.2.6 Form des Kaufvertrags

Der Grundstückskaufvertrag muss notariell beurkundet werden. Andernfalls ist er unwirksam. Das ist auch der Fall, wenn Verkäufer und Käufer bewusst etwas Unrichtiges vereinbaren (z.B. einen gegenüber dem tatsächlichen niedrigeren Kaufpreis, um Steuern und Gebühren zu sparen).

Bei der Beurkundung des Grundstückskaufvertrags ist es nicht erforderlich, dass beide Vertragspartner gleichzeitig beim Notar anwesend sind. Es genügt, wenn zunächst die Erklärungen einer Vertragspartei und in einem neuen Termin die Erklärungen der anderen Vertragspartei vom Notar aufgenommen werden. Sinnvoll ist es allerdings, dass Verkäufer und Käufer bei der notariellen Beurkundung des Grundstückskaufvertrags gleichzeitig anwesend sind und so gegebenenfalls noch über einzelne Vereinbarungen verhandeln und auf Belehrungen des Notars reagieren können.

Notarielle Beurkundung

Zuständig für die Beurkundung ist der Notar. Dieser ist kein Vertreter einer der beiden Vertragsparteien, sondern »ein unabhängiger und unparteilicher Betreuer aller Beteiligten«. Der Notar hat den Willen der Beteiligten zu erforschen, den Sachverhalt zu klären, die Beteiligten über die rechtliche Tragweite des Geschäfts zu belehren und ihre Erklärungen klar und unzweideutig in der Niederschrift wiederzugeben. Dabei soll er darauf achten, dass Irrtümer und Zweifel vermieden sowie unerfahrene und ungewandte Beteiligte nicht benachteiligt werden. Der Notar ist verpflichtet, das Grundbuch einzusehen, es sei denn, dass die Beteiligten auf einer sofortigen Beurkundung bestehen.

Der Notar muss von sich aus regelungsbedürftige Fragen ansprechen und entsprechende Formulierungen vorschlagen. Er muss einen juristisch einwandfreien Vertrag aufsetzen und beurkunden. Im Regelfall wird er den Beteiligten einen standardisierten Kaufvertrag präsentieren, in dem lediglich die individuellen Daten eingefügt sind.

Der Notar muss den Beteiligten den Vertragsentwurf grundsätzlich zwei Wochen vor der Beurkundung überlassen, wenn der Käufer die Immobilie zu privaten Zwecken erwerben und der Verkäufer als Selbstständiger oder Gewerbetreibender (z.B. Bauträger) handelt. Wird das Geschäft zwischen Privatpersonen abgeschlossen, ist die Zweiwochenfrist nicht zwingend vorgeschrieben. Gleichwohl sollte man als Käufer auf einer ausreichenden Frist zur Prüfung des Vertragsentwurfs bestehen.

Bei der Prüfung des Vertragsentwurfs sollte darauf geachtet werden, dass insbesondere folgende Punkte vorab geklärt bzw. im Vertrag festgeschrieben sind:

- Ist der Verkäufer Eigentümer des Grundstücks?
- Ist die Immobilie richtig bezeichnet?
- Entspricht die Größe des Grundstücks der im Vertrag festgelegten Fläche?
- Welche Rechte und Lasten liegen auf dem Grundstück?
- Welche Grundpfandrechte (z.B. Hypotheken, Grundschulden) belasten das Grundstück und wie soll gegebenenfalls damit verfahren werden?
- Beeinträchtigen vertragliche Vereinbarungen (z.B. ein Mietvertrag) die Nutzung der Immobilie?
- Sind die Höhe und der Zeitpunkt der Fälligkeit des Kaufpreises geregelt?
- Wie wird die Haftung für Sach- und Rechtsmängel der Immobilie geregelt?
- Wann wird die Immobilie übergeben?

- Ist ein Rücktrittsrecht vereinbart?
- Wer trägt die Notarkosten?
- Wer übernimmt die Erschließungskosten?
- Was passiert mit dem Zubehör des Grundstücks?

! Als Käufer sollten Sie sich vor dem Abschluss des Kaufvertrags unbedingt einen Grundbuchauszug beschaffen, um nicht beim Beurkundungstermin mit neuen, Ihnen nicht bekannten Tatsachen überrascht zu werden. Und wenn Sie beim Beurkundungstermin Klauseln im abzuschließenden Grundstückskaufvertrag nicht verstehen, sollten Sie sich diese und deren rechtlichen Folgen unbedingt vom Notar erklären lassen. Nach der Unterzeichnung des Vertrags ist es für eine Änderung zu spät. Der Notar ist verpflichtet, den Willen der Beteiligten im Vertrag niederzulegen und die Beteiligten über die rechtliche Bedeutung ihrer Erklärungen aufzuklären.

Achtung: Fehlt im Kaufvertrag eine Regelung, die üblicherweise bei einem Grundstückskauf beurkundet wird, muss der Notar nachfragen. Unterlässt er dies, haftet er für Schäden, die aus der Regelungslücke entstehen.

Bei der Beurkundung nimmt der Notar eine Niederschrift (Vertragsurkunde) über die Verhandlung auf. Die Niederschrift muss die Bezeichnung des Notars und der Beteiligten sowie die Erklärungen der Beteiligten enthalten. Wird im Vertrag auf andere Schriftstücke oder Karten, Pläne oder Zeichnungen verwiesen (z.B. eines Plans zur Bezeichnung einer Teilfläche eines Grundstücks), kann dies nur dann wirksam geschehen, wenn diese Unterlagen der Niederschrift beigefügt werden. Die Niederschrift muss in Gegenwart des Notars den Beteiligten vorgelesen, von ihnen genehmigt und eigenhändig unterschrieben werden; soweit die Niederschrift auf Karten, Zeichnungen oder Abbildungen verweist, müssen diese den Beteiligten anstelle des Vorlesens zur Durchsicht vorgelegt werden. In der Niederschrift soll festgestellt werden, dass dies geschehen ist. Die Niederschrift soll den Beteiligten auf Verlangen vor der Genehmigung auch zur Durchsicht vorgelegt werden.

Achtung: Wenn der Vertrag vollständig verlesen und durch die Parteien und den Notar unterzeichnet ist, ist er wirksam. Es gibt dann kein Zurück mehr. Es besteht kein gesetzliches Widerrufsrecht. Der Verkäufer ist verpflichtet, dem Käufer die Immobilie zu übergeben und das Eigentum an ihr zu verschaffen, der Käufer ist zur Zahlung des Kaufpreises verpflichtet.

Folgen der Nichteinhaltung der Form

Wird der Grundstückskaufvertrag nicht wie gesetzlich vorgeschrieben notariell beurkundet, ist er nichtig und entfaltet keine rechtlichen Folgen. Der Käufer kann nicht die Übergabe und die Übereignung des Grundstücks, der Verkäufer kann nicht die Zahlung des Kaufpreises verlangen.

Achtung: Probleme bestehen bei einer unvollständigen Beurkundung. Das ist der Fall, wenn die Vertragsparteien Vereinbarungen getroffen haben, die für den Kauf wesentlich sind und die notwendigerweise in den Kaufvertrag aufgenommen werden müssten, letztlich aber doch keinen Eingang in den Vertrag gefunden haben und deshalb auch nicht notariell beurkundet wurden. Klar ist, dass diese Vereinbarungen unwirksam sind, weil sie nicht der gesetzlich vorgeschriebenen Form entsprechen. Ob der Rest des Kaufvertrages dann noch wirksam ist, hängt davon ab, ob die Parteien den Kauf auch ohne die nichtigen Abreden vorgenommen hätten. Ist anzunehmen, dass die nicht beurkundeten Abreden für die Parteien so wichtig waren, dass sie den Kaufvertrag ohne diese nicht geschlossen hätten, ist der Vertrag im Ganzen nichtig.

Unwirksam ist auch ein sogenanntes Scheingeschäft zwischen Verkäufer und Käufer. Ein solches Rechtsgeschäft liegt vor, wenn die Vertragsparteien nicht das beurkunden lassen, was sie vereinbart haben.

» Um Steuern und Gebühren zu sparen, wird im notariell beurkundeten Kaufvertrag ein geringerer als der wirklich vereinbarte Kaufpreis angegeben. Das hat zur Folge, dass beide Geschäfte nichtig sind: das beurkundete, weil es ein Scheingeschäft ist, das wirklich gewollte, weil ihm die gesetzlich vorgeschriebene Form fehlt.

Ohne rechtliche Folgen bleibt die unbewusste Falschbeurkundung. In diesem Fall wurde etwas beurkundet, was die Vertragsparteien so nicht wollten, sie aber übereinstimmend das Gleiche gemeint haben. In Betracht kommen vor allem mögliche Falschbezeichnungen im Grundstückskaufvertrag wie beispielsweise eine falsche Grundstücksnummer oder eine falsche Quadratmeterzahl des Grundstücks. Wichtig ist nur, dass die Vertragsparteien das Gleiche gewollt haben. Dann ist die Falschbezeichnung unschädlich und der Vertrag bleibt wirksam.

» Die Vertragsparteien haben sich über den Kauf des Grundstücks mit der Flurstücksnummer 8756 geeinigt. Notariell beurkundet wurde allerdings der Kauf des Grundstücks Nr. 7856. Der Vertrag enthält also aus Versehen einen Zahlendreher. Die Falschbezeichnung hat keine negativen Auswirkungen auf die Wirksamkeit des Kaufvertrags.

2.3 Erwerb des Eigentums

Eigentum an einem Grundstück zu erwerben ist deutlich komplizierter, als beispielsweise ein Auto oder eine Waschmaschine zu kaufen. Anders als bei alltäglichen Geschäften muss jeder Kaufvertrag, der eine Immobilie betrifft, notariell beurkundet werden (vgl. dazu 2.2.6). Der Kaufvertrag bildet allerdings nur das sogenannte Verpflichtungsgeschäft. Auf der Grundlage dieses Vertrages erfolgt dann die Eigentumsübertragung (das sogenannte Verfügungsgeschäft), gewissermaßen als zweiter Schritt. Das Eigentum an der Immobilie geht also nicht schon automatisch mit Abschluss des Kaufvertrages auf den Käufer über. Für die Übereignung von Immobilien bedarf es immer der Einigung über den Eigentumswechsel (sogenannte Auflassung) und der Eintragung des Käufers als neuer Eigentümer ins Grundbuch.

2.3.1 Auflassung

Neben dem Grundstückskaufvertrag, der die gegenseitigen Rechte und Pflichten der Vertragsparteien regelt, ist die sogenannte Auflassung zwingende Voraussetzung für den Eigentumsübergang. Darunter versteht man die Einigung des Eigentümers und des Erwerbers darüber, dass das Eigentum an dem Grundstück auf den Erwerber übergehen soll. Die Auflassung muss bei gleichzeitiger Anwesenheit des Verkäufers und des Käufers vor dem Notar erklärt werden. Sie kann weder unter einer Bedingung noch unter einer Befristung erklärt werden. Ausgeschlossen ist es also etwa, dass das Eigentum unter der Bedingung der vollständigen Zahlung des Kaufpreises übertragen wird.

Häufig wird die Auflassung in den Grundstückskaufvertrag aufgenommen. In diesem Fall entstehen den Vertragsparteien dann keine zusätzlichen Kosten. Die Auflassung kann allerdings auch in einer gesonderten Urkunde erklärt werden.

! Vom Zeitpunkt des Abschlusses des Grundstückskaufvertrags bis zur Eintragung ins Grundbuch können noch einige Wochen vergehen. In der Zwischenzeit kann der Erwerb des Grundstücks durch den Käufer unter Umständen erheblich beeinträchtigt oder sogar vollständig vereitelt werden. Hier kommen mehrere Gründe in Betracht: So kann es sich beispielsweise der Verkäufer anders überlegen, weil ein Dritter einen höheren Kaufpreis für das Grundstück zahlt, Gläubiger des Noch-Eigentümers greifen auf das Grundstück zu oder der Noch-Eigentümer gerät in Insolvenz. Diese Risiken können durch die Eintragung einer sogenannten Auflassungsvormerkung ausgeschlossen werden.

Die Vormerkung bewirkt, dass alle danach erfolgten Grundbucheintragungen gegenüber dem Erwerber unwirksam sind, soweit sie sein vorgemerktes Recht beeinträchtigen. Wegen der Einzelheiten zur Auflassungsvormerkung vgl. 2.5.1.

2.3.2 Eintragung im Grundbuch

Für den Übergangsübergang an einem Grundstück ist neben der Auflassung die Eintragung des Eigentumswechsels ins Grundbuch notwendig. Erst mit der Eintragung des Eigentumsübergangs ins Grundbuch wird der Erwerber Eigentümer des Grundstücks. Das Grundbuch ist ein öffentliches Verzeichnis, in dem die Eigentumsverhältnisse von Grundstücken geregelt sind. Es wird von den Amtsgerichten (Grundbuchämtern) geführt. Das Grundbuch nennt den oder die Eigentümer und enthält alle wesentlichen Inhalte zu Rechten und Lasten des Grundstücks (wegen der Einzelheiten vgl. 2.8.1).

Ein neuer Eigentümer wird vom Grundbuchamt nur auf Antrag eingetragen. Der Antrag bedarf grundsätzlich keiner Form. Er kann vom Verkäufer und vom Käufer gestellt werden. Im Regelfall wird der Antrag vom Notar zusammen mit der Auflassung in die Vertragsurkunde aufgenommen und die Urkunde dem Grundbuchamt vorgelegt.

Im Kaufvertrag werden die Auflassung und der Antrag auf Eintragung des Eigentumsübergangs im Grundbuch wie folgt formuliert:

Wir sind uns darüber einig, dass das Eigentum am Grundstück Flurstück Nr. 12345 der Gemarkung Baden-Baden vom Verkäufer auf den Käufer übergehen soll und bewilligen und beantragen, die Eigentumsveränderung im Grundbuch einzutragen.

Wenn der Eintragungsantrag dem Grundbuchamt vorliegt, prüft das Grundbuchamt, ob der Veräußerer im Grundbuch als Eigentümer eingetragen ist und ob alle für die Eintragung des Eigentumswechsels notwendigen Unterlagen vorliegen. Dazu gehören unter Umständen auch behördliche Genehmigungen (vgl. dazu 2.4). In jedem Fall muss dem Grundbuchamt die Unbedenklichkeitsbescheinigung des Finanzamts vorliegen, mit der die Zahlung der Grunderwerbsteuer durch den Käufer bestätigt wird. Zwar ist die Zahlung der Grunderwerbsteuer keine Voraussetzung für die Eigentumsumschreibung, die Grundbuchämter sind allerdings angewiesen, ohne Vorlage der Unbedenklichkeitsbescheinigung keine Eintragung vorzunehmen.

! Nach erfolgter Eintragung erhalten der Verkäufer und der Käufer eine Eintragungsnachricht. Dieser Auszug aus dem Grundbuch sollte daraufhin überprüft werden, ob die beantragte Eintragung richtig vollzogen wurde.

2.4 Genehmigung des Grundstückserwerbs

Unter Umständen bedarf die Veräußerung eines Grundstücks der behördlichen Genehmigung. Bis zur Erteilung dieser Genehmigung ist der Vertrag schwebend unwirksam. Der Käufer kann nicht die Übergabe und Übereignung des Grundstücks, der Verkäufer kann vom Käufer nicht die Zahlung des Kaufpreises verlangen. Wird die Genehmigung erteilt, wird der Grundstückskaufvertrag rückwirkend wirksam. Wird die Genehmigung nicht erteilt, wird der Vertrag endgültig unwirksam.

2.4.1 Genehmigung des Erwerbs land- und forstwirtschaftlicher Grundstücke

Die Veräußerung land- und forstwirtschaftlicher Grundstücke bedarf nach dem Grundstücksverkehrsgesetz grundsätzlich der Genehmigung. Die Genehmigung soll den Fortbestand land- und forstwirtschaftlicher Betriebe sichern, indem die Landwirtschaft vor dem Ausverkauf ihres Bodens geschützt wird.

Zuständig für die Genehmigung sind die nach Landesrecht zuständigen Behörden (z.B. Landkreise oder Stadtverwaltungen). Die Genehmigung ist u.a. zu erteilen, wenn der land- oder forstwirtschaftliche Betrieb geschlossen oder veräußert wird. Keine Genehmigung ist erforderlich, wenn Grundstücke veräußert werden, die im Geltungsbereich eines Bebauungsplans liegen. Darüber hinaus bestimmen die Ausführungsgesetze der Länder, dass die Veräußerung von Grundstücken bis zu einer bestimmten Größe keiner Genehmigung bedarf.

Die Entscheidung über die Genehmigung muss die Behörde innerhalb eines Monats nach Eingang des Antrags und des Kaufvertrags über das zu genehmigende Rechtsgeschäft treffen. Unter Umständen wird diese Frist verlängert. Die Eintragung des Eigentumswechsels ins Grundbuch darf erst vorgenommen werden, wenn dem Grundbuchamt die Unanfechtbarkeit der behördlichen Genehmigung nachgewiesen wird.

2.4.2 Genehmigung der Grundstücksteilung

Wie unter 2.2.3 dargelegt, kann auch eine noch nicht vermessene Teilfläche eines Grundstücks verkauft werden. Früher musste die Teilung eines Grundstücks genehmigt werden, wenn das zu teilende Grundstück innerhalb des räumlichen Geltungsbereichs eines Bebauungsplans oder innerhalb eines im Zusammenhang bebauten Ortsteils lag. Aktuell bedarf die Teilung eines bebauten Grundstücks nur noch in Nordrhein-Westfalen der Genehmigung der Aufsichtsbehörde (vgl. im Einzelnen 2.2.3). In diesem Fall darf das Grundbuchamt die Eintragung des Eigentumswechsels erst vornehmen, wenn der Genehmigungsbescheid vorliegt.

2.4.3 Genehmigung des Grundstücksverkaufs durch den Betreuer

Ein Betreuer darf ein Grundstück der von ihm betreuten Person nur mit Zustimmung des Betreuungsgerichts veräußern. Wird die betreuungsgerichtliche Genehmigung vor Abschluss des Grundstückskaufvertrags erteilt, wird der Vertrag zum Zeitpunkt des Abschlusses wirksam. Schließt der Betreuer den Vertrag ohne die erforderliche Genehmigung ab, so ist dieser schwebend unwirksam. Er wird wirksam, wenn das Betreuungsgericht die Genehmigung dem Betreuer erteilt und der Betreuer diese Genehmigung dem Käufer mitteilt. Hierbei kann der Betreuer dem beurkundenden Notar Vollmacht erteilen. Soweit das Betreuungsgericht die Erteilung einer Genehmigung verweigert, ist der Beschluss dem Betreuer gegenüber zu erklären. In diesem Fall wird das Grundstücksgeschäft rückwirkend unwirksam.

2.4.4 Genehmigung des Grundstücksverkaufs durch den gesetzlichen Vertreter

Für die eines Grundstücks eines Minderjährigen bedürfen die Eltern als gesetzliche Vertreter der Genehmigung des Familiengerichts. Die Genehmigung ist sowohl für den Grundstückskaufvertrag als auch für die Auflassung notwendig. Sie wird gegenüber den Eltern erklärt. Wird die gerichtliche Genehmigung erst nachträglich erteilt, so ist der Grundstückskaufvertrag bis zur Mitteilung der Genehmigung schwebend unwirksam.

2.4.5 Genehmigung des Grundstücksverkaufs durch den Ehegatten

Über sein Vermögen im Ganzen darf ein Ehegatte nur mit Einwilligung des anderen Ehegatten verfügen, wenn die Eheleute im gesetzlichen Güterstand der Zugewinngemeinschaft leben. Diese gesetzliche Regelung dient der Erhaltung der wirtschaftlichen Existenzgrundlage der Familie und schützt den anderen Ehegatten vor der Gefährdung seines Anspruchs auf den Zugewinnausgleich bei Beendigung der Ehe. Veräußert also ein Ehegatte sein Grundstück, dessen Wert nahezu sein gesamtes Vermögen ausmacht, bedarf er hierfür der Einwilligung des anderen Ehegatten. Die Genehmigung kann auch nachträglich erteilt werden. Keiner Einwilligung bedarf die Vermögensverfügung, wenn die Eheleute im Güterstand der Gütertrennung leben. In diesem Fall darf jeder Ehegatte frei über sein gesamtes Vermögen verfügen.

Der Genehmigung bedarf der Grundstückskaufvertrag nur, wenn er sich auf das Vermögen des Ehegatten im Ganzen erstreckt. Es genügt allerdings, wenn das Grundstück »nahezu« das ganze Vermögen des Ehegatten bildet. Bei einem kleineren Vermögen wird das Vermögen nicht im Ganzen übertragen, wenn dem Ehegatten 15 % seines ursprünglichen Gesamtvermögens verbleiben. Bei größeren Vermögen bedarf der Kaufvertrag der Zustimmung des anderen Ehegatten, wenn dem verfügenden Ehegatten weniger als 10 % seines ursprünglichen Vermögens verbleiben.

» Ehegatte A will sein Grundstück, das bereits vor der Ehe in seinem Eigentum stand, verkaufen. Nach dem Verkauf würden ihm noch 5 % seines Vermögens verbleiben. In diesem Fall bedarf die Veräußerung des Grundstücks der Zustimmung des anderen Ehegatten.

! Bis zur Erteilung der Zustimmung ist der abgeschlossene Kaufvertrag schwebend unwirksam. Er wird mit der Erteilung der Zustimmung rückwirkend wirksam. Verweigert der andere Ehegatte seine Zustimmung, wird das Grundstücksgeschäft endgültig unwirksam. In diesem Fall kann sich der andere Ehegatte auf die Unwirksamkeit berufen und das Grundstück vom Erwerber zurückfordern.

2.5 Sicherung der Ansprüche des Käufers

Nach Abschluss des Grundstückskaufvertrags hat der Käufer gegenüber dem Verkäufer Anspruch auf Übergabe und Übereignung des Grundstücks. Im Gegenzug muss er den vereinbarten Kaufpreis an den Verkäufer zahlen. Das Sicherungsinteresse des Käufers besteht dahin gehend, dass

- der Verkäufer nach Abschluss des Kaufvertrags daran gehindert wird, das Grundstück anderweitig wirksam zu veräußern und
- die Zahlung des Kaufpreises an den Verkäufer erst dann erfolgt, wenn ein lastenfreier Eigentumsübergang gesichert ist.

2.5.1 Sicherung der Übereignung des Grundstücks

Durch den Grundstückskaufvertrag wird der Verkäufer des Grundstücks verpflichtet, dem Erwerber das Grundstück zu übereignen. Das Eigentum am Grundstück geht aber erst mit der Eintragung des Eigentumsübergangs im Grundbuch auf den Erwerber über. Bis zur Eintragung können jedoch noch mehrere Wochen oder gar Monate ins Land ziehen. Und so lange kann der Verkäufer noch über sein Grundstück Verfügungen treffen und mit diesem nach seinem Belieben verfahren. Er kann das Grundstück noch anderweitig veräußern und das Eigentum an den Erwerber übertragen. Zwar verletzt der Verkäufer damit seine Pflichten aus dem zuerst abgeschlossenen Grundstückskaufvertrag und macht sich damit gegenüber dem Käufer schadensersatzpflichtig, das Eigentum am Grundstück kann der Käufer jedoch nicht mehr erlangen.

! Wenn Sie als Käufer eines Grundstücks gewährleistet wissen wollen, dass Sie auch tatsächlich das Eigentum an der gekauften Immobilie erlangen, müssen Sie sich absichern, indem eine sogenannte Auflassungsvormerkung ins Grundbuch eingetragen wird. Diese soll nicht nur vermeiden, dass der Verkäufer das Grundstück noch an eine andere Person übereignen kann, Sie schützt Sie als Käufer darüber hinaus beispielsweise auch für den Fall, dass der Verkäufer Insolvenz anmelden muss. In diesem Fall kann das Grundstück nicht mehr zwangsversteigert werden. Zudem kann der Verkäufer die Immobilie auch nicht mehr mit einem Kredit belasten.

Die Vormerkung bewirkt eine Art »Grundbuchsperre«. Sie verhindert zugunsten des Käufers, dass eine Weiterveräußerung des Grundstücks durch den Verkäufer an einen Dritten oder eine weitere Belastung des Grundstücks möglich ist. Eine Verfügung, die nach Eintragung der Vormerkung über das Grundstück oder das Recht betroffen wird, ist insoweit unwirksam, als sie den Anspruch vereiteln oder beeinträchtigen würde. Dies gilt auch, wenn die Verfügung im Wege der Zwangsvollstreckung oder durch den Insolvenzverwalter erfolgt.

Alle Verfügungen, die nach der Eintragung der Vormerkung getroffen werden, sind ungültig, wenn sie dem vorgemerkten Anspruch im Wege stehen. Der Käufer kann von jedem, der nach der Eintragung der Auflassungsvormerkung ins Grundbuch eingetragen wurde, die Löschung seines Rechts verlangen. Diese Eintragungen sind dem Käufer gegenüber unwirksam.

! Die Eintragung der Auflassungsvormerkung ins Grundbuch erfolgt auf Antrag des Käufers. Die Eintragung muss vom Verkäufer bewilligt werden; der Verkäufer muss also mit der Eintragung einverstanden sein. Die Bewilligung bedarf der notariellen Beurkundung. Im Regelfall wird die Bewilligung der Auflassungsvormerkung bereits in den Grundstückskaufvertrag aufgenommen. Dies ist aus Kostengründen auch sinnvoll. Die Formulierung im Grundstückskaufvertrag kann so lauten:

Der Verkäufer bewilligt und der Käufer beantragt, zugunsten des Käufers eine Vormerkung zur Sicherung des Eigentumsübergangsanspruchs in das Grundbuch einzutragen.

Wenn Sie als neuer Eigentümer ins Grundbuch eingetragen sind, hat die Vormerkung ihren Zweck erfüllt. Sie kann dann im Grundbuch gelöscht werden. Hierfür bedarf es eines Antrags des Käufers. Aus Kostengründen kann die Löschungsbewilligung bereits in den Grundstückskaufvertrag aufgenommen werden. Die Formulierung im Vertrag kann so lauten (in Verbindung mit dem Antrag und der Bewilligung auf Eintragung der Auflassungsvormerkung):

Verkäufer und Käufer bewilligen und beantragen zur Sicherung der Eigentumsübertragung auf den Käufer eine Vormerkung in das Grundbuch einzutragen und nach Umschreibung des Eigentums wieder zu löschen, sofern bis dahin keine Eintragungen vorgenommen oder beantragt worden sind, an denen der Käufer nicht mitgewirkt hat.

Achtung: Als Käufer müssen Sie darauf achten, dass zwischen dem Abschluss des Grundstückskaufvertrags und Ihrer Eintragung als neuer Eigentümer ins Grundbuch keine sonstigen Eintragungen (Zwischeneintragungen) erfolgt sind.

2.5.2 Sicherungen bei der Zahlung des Kaufpreises

Aus der Sicht des Käufers würde seine größte Sicherheit darin bestehen, dass der Kaufpreis erst fällig wird, wenn der Verkäufer dem Käufer das Grundstück übergeben hätte, der Eigentumswechsel ins Grundbuch eingetragen und alle Altbelastungen in den Abteilungen II und III des Grundbuchs gelöscht wären. Würde der Käufer dann den Kaufpreis zahlen, wäre dies für ihn ohne Risiko. Der Verkäufer dürfte sich allerdings auf eine solche Abrede nicht einlassen, weil sie seine Interessen nicht wahren würde. Schließlich könnte der Käufer nach dem Eigentumswechsel und vor der Zahlung des Kaufpreises das Grundstück wirksam weiterveräußern, den Kaufpreis kassieren und den fälligen Kaufpreis aus dem ersten Kaufvertrag nicht zahlen. Die Abrede im Kaufvertrag über die Fälligkeit des Kaufpreises muss demnach so erfolgen, dass sowohl den Sicherungsinteressen des Verkäufers als auch denen des Käufers entsprochen wird. Deshalb muss schrittweise vorgegangen werden. Verkäufer und Käufer erbringen jeweils schrittweise ihre geschuldete Leistung. Insgesamt muss der Kaufvertrag so angelegt sein, dass die Zahlung des Kaufpreises an den Verkäufer erst dann erfolgt, wenn ein lastenfreier Eigentumsübergang an den Käufer gewährleistet ist.

! Wenn zum Zeitpunkt der Fälligkeit des Kaufpreises keine ausreichenden Sicherungen vorliegen und der Vertrag im Nachhinein scheitert (z.B. weil eine noch erforderliche Genehmigung erteilt oder ein Vorkaufsrecht geltend gemacht wird), müssen Sie als Käufer den bereits gezahlten Kaufpreis zurückverlangen und gegebenenfalls gerichtlich einklagen und vollstrecken. Und bei einer Insolvenz des Verkäufers müssen Sie damit rechnen, dass Sie den Kaufpreis vollständig verlieren, ohne Eigentum an der Immobilie zu erlangen. Vor dieser Situation müssen Sie sich durch entsprechende Abreden im Grundstückskaufvertrag schützen.

Im Kaufvertrag sollte sich der Käufer vorbehalten, dass der Kaufpreis nur unter ganz bestimmten und bereits vorliegenden Voraussetzungen zu zahlen ist. Folgende Möglichkeiten bestehen:

- Die Abwicklung der Zahlung des Kaufpreises erfolgt über ein Notaranderkonto. In diesem Fall zahlt der Käufer den Kaufpreis auf ein vom Notar treuhänderisch verwaltetes Zahlungsverkehrskonto, das dem sicheren Transfer des Kaufpreises gegen Erfüllung der dem Verkäufer obliegenden Vertragspflichten dient. Käufer und Verkäufer vereinbaren dann in einem Treuhandvertrag, wann der Kaufpreis auf das Notaranderkonto einzuzahlen ist und unter welchen Voraussetzungen die Auszahlung erfolgt (z.B. bei Eintragung der Auflassungsvormerkung). Der Notar gewährleistet als Treuhänder die vertragsgemäße Verwendung des Kontoguthabens. Eine entsprechende Abrede im Grundstückskaufvertrag kann so lauten:

  1. Der Kaufpreis ist am ..... fällig und auf das Anderkonto des amtierenden Notars ..... zu überweisen.

  2. Der Notar wird angewiesen, über den hinterlegten Betrag erst zu verfügen, wenn folgende Voraussetzungen erfüllt sind:

  a) die Auflassungsvormerkung zugunsten des Käufers im Grundbuch eingetragen ist,

  b) die zur vertragsgemäßen Eigentumsumschreibung erforderlichen Genehmigungen vorliegen,

  c) die Bestätigung vorliegt, dass ein gesetzliches Vorkaufsrecht nicht besteht oder nicht ausgeübt wird,

  d) ...

- Die Abwicklung der Zahlung des Kaufpreises kann aber auch durch direkte Zahlung des Käufers an den Verkäufer erfolgen. Dann müssen allerdings zum Zeitpunkt der Kaufpreiszahlung sämtliche Sicherungsvoraussetzungen vorliegen. Auf der sicheren Seite ist der Käufer, wenn vonseiten des Notars geprüft wird, ob die Voraussetzungen für die Zahlung des Kaufpreises vorliegen und der Notar dem Käufer eine »Fälligkeitsanzeige« übermittelt und bestätigt, dass die im Kaufvertrag vereinbarten Sicherungsvoraussetzungen erfüllt sind. Eine entsprechende Abrede im Grundstückskaufvertrag kann so lauten:

1. Der Käufer zahlt den Kaufpreis bis zum ..... direkt an den Verkäufer. Die Zahlung hat auf folgendes Konto des Verkäufers zu erfolgen: .....

2. Die Zahlung muss jedoch nicht erfolgen vor Ablauf von 14 Tagen nach Absendung einer schriftlichen Mitteilung des Notars an den Käufer, dass die nachstehenden Voraussetzungen erfüllt sind, wobei für die Fristberechnung das Absendedatum auf dem Schreiben des Notars maßgeblich ist:

a) die Auflassungsvormerkung zugunsten des Käufers im Grundbuch eingetragen ist,

b) die zur vertragsgemäßen Eigentumsumschreibung erforderlichen Genehmigungen vorliegen,

c) die Bestätigung vorliegt, dass ein gesetzliches Vorkaufsrecht nicht besteht oder nicht ausgeübt wird,

d) ...

2.6 Haftung des Verkäufers bei nicht rechtzeitiger Erfüllung des Grundstückskaufvertrags

Der Verkäufer ist verpflichtet, dem Käufer das verkaufte Grundstück zu übergeben und ihn damit zum Besitzer zu machen (vgl. dazu 2.2.5). Ferner muss er dem Käufer das Eigentum am Grundstück verschaffen, das heißt, er muss die im Zusammenhang mit der Auflassung und Eintragung ins Grundbuch erforderlichen Erklärungen abgeben (vgl. dazu 2.3). Kommt der Verkäufer diesen Verpflichtungen nicht nach, kann der Käufer Klage auf Verschaffung des Besitzes und die Mitwirkung bei der Auflassung erheben. Erfüllt der Verkäufer seine Verpflichtungen nicht rechtzeitig, liegt Schuldnerverzug vor. In diesem Fall stehen dem Käufer kraft Gesetzes verschiedene Ansprüche zu, die er, je nach seiner Interessenlage, gegen den Verkäufer geltend machen kann (vgl. dazu 2.6.2).

2.6.1 Überblick über die rechtlichen Folgen, wenn der Verkäufer seine Pflichten nicht rechtzeitig erfüllt

Überträgt der Verkäufer dem Käufer nicht rechtzeitig den Besitz und das Eigentum am Grundstück, hat er dem Käufer den durch die Verzögerung entstanden Schaden zu ersetzen. Zur Übertragung des Besitzes und der Verschaffung des Eigentums am Grundstück ist der Verkäufer nach wie vor verpflichtet.

Der Käufer kann vom Kaufvertrag zurücktreten. Zuvor muss er allerdings dem Verkäufer grundsätzlich eine zweite Chance geben und ihm eine angemessene Frist setzen, innerhalb derer er seinen Verpflichtungen nachkommen soll. Nach Ablauf dieser Nachfrist kann der Käufer vom Grundstückskaufvertrag zurücktreten.

Wenn der Käufer vom Kaufvertrag zurückgetreten ist, kann er vom Verkäufer Schadensersatz statt der Leistung verlangen, wenn dieser die Nichterfüllung des Vertrags verschuldet hat.

2.6.2 Geltendmachung des Verzögerungsschadens

Erbringt der Verkäufer seine Leistungen nicht rechtzeitig, so kann der Käufer Ersatz seines durch die verspätete Leistung entstandenen Schadens verlangen. Voraussetzung ist, dass die gesetzlichen Voraussetzungen des Schuldnerverzugs erfüllt sind.

Voraussetzungen des Verzugs

Der Verkäufer kommt in Verzug, wenn er auf eine Mahnung des Gläubigers trotz Fälligkeit die von ihm geschuldete Leistung nicht erbringt. Das heißt,

- der Verkäufer hat die von ihm geschuldete Leistung nicht rechtzeitig erbracht,
- der Verkäufer hat die Verzögerung verschuldet und
- der Käufer hat dem Verkäufer durch eine Mahnung zu verstehen gegeben, dass die Leistungen unverzüglich zu erbringen sind.

Achtung: Beweispflichtig dafür, dass die Voraussetzungen vorliegen, dass also z.B. der Verkäufer ordnungsgemäß gemahnt wurde, ist der Käufer.

Fälligkeit der Leistung

Der Verkäufer kommt nur dann in Verzug, wenn die von ihm geschuldete Leistung fällig ist. Maßgebend ist in diesem Zusammenhang zunächst die zwischen dem Verkäufer und dem Käufer im Grundstückskaufvertrag getroffene Vereinbarung.

Verschulden des Verkäufers

Erbringt der Verkäufer die geschuldete Leistung nicht rechtzeitig, kommt er nur dann in Verzug, wenn er die Verzögerung verschuldet hat. Der Verkäufer haftet also nur, wenn er den Umstand, warum er die geschuldete Leistung nicht rechtzeitig erbringt, vorsätzlich oder fahrlässig zu verantworten hat.

» Schuldhaft handelt der Verkäufer etwa, wenn er den Übergabetermin vergisst oder wenn sich die Übergabe des Grundstücks verzögert, weil der Verkäufer – obwohl dazu vertraglich verpflichtet – das bestehende Pachtverhältnis noch nicht gekündigt hat.

> **!** Erbringt der Verkäufer zur fälligen Zeit nicht die von ihm geschuldete Leistung, so wird gesetzlich vermutet, dass er diese Verzögerung verschuldet hat. Das bedeutet, dass nicht Sie als Käufer beweisen müssen, dass der Verkäufer die Leistungsverzögerung zu verantworten hat, sondern der Verkäufer nachweisen muss, dass ihn an der Verzögerung kein Verschulden trifft.

Mahnung des Käufers

Damit der Verkäufer in Verzug gerät und der Käufer die ihm in diesem Zusammenhang zustehenden gesetzlichen Ansprüche geltend machen kann, muss er dem Verkäufer grundsätzlich erst eine Mahnung schicken. Das heißt, der Käufer muss den Verkäufer auffordern, unverzüglich die von ihm geschuldete Leistung zu erbringen bzw. auszuführen.

> **!** Wichtig ist, dass Sie als Käufer in der Mahnung eindeutig zum Ausdruck bringen, dass Sie trotz des Verzugs nach wie vor die vom Verkäufer geschuldeten Leistungen verlangen. Das kann in der Form geschehen, dass Sie dem Verkäufer eine neue Frist für die Erfüllung der Leistung setzen und ihm die Folgen androhen, wenn er die Leistung nicht innerhalb der gesetzten Frist ausführt. Sie können den Verkäufer aber auch nur höflich darauf hinweisen, dass er die geschuldete Leistung noch nicht erbracht hat und von ihm verlangen, seinen Verpflichtungen nachzukommen.

Den gesetzlichen Anforderungen entspricht die Mahnung bereits dann, wenn darin gegenüber dem Verkäufer zum Ausdruck gebracht wird, dass der Käufer nach wie vor die geschuldete Leistung verlangt. Eine Fristsetzung bei der Mahnung ist ebenso wenig notwendig wie der Hinweis auf die Rechtsfolgen, wenn der Verkäufer nicht rechtzeitig die geschuldete Leistung erbringt. Sinnvoll kann allerdings eine Fristsetzung deshalb sein, weil dann nach Ablauf dieser Frist eindeutig der Zeitpunkt feststeht, in dem der Verkäufer in Verzug mit seiner Leistung gekommen ist und dass der Käufer nunmehr seinen Verzögerungsschaden geltend machen kann.

! Die Mahnung bedarf keiner besonderen Form. Sie kann schriftlich oder mündlich erfolgen. Als Käufer müssen Sie allerdings gegebenenfalls beweisen, dass Sie den Verkäufer gemahnt haben. Eine schriftliche Mahnung sollten Sie deshalb per Einschreiben mit Rückschein an den Verkäufer schicken. Bei einer mündlichen Mahnung sollten Sie unbedingt einen Zeugen hinzuziehen.

In Ausnahmefällen kann der Käufer davon absehen, den Verkäufer zu mahnen, wenn er die von ihm geschuldete Leistung nicht rechtzeitig erbracht hat. In diesen Fällen kommt der Verkäufer also bereits dann in Verzug, wenn er den vereinbarten Leistungstermin nicht eingehalten hat.

Eine Mahnung ist insbesondere in folgenden Fällen entbehrlich:

- Der Käufer muss den Verkäufer nicht mahnen, wenn für die Leistung ein kalendermäßig festgesetztes Datum bestimmt ist.

  » »Der Verkäufer hat dem Käufer das Grundstück am 25.2.2022 zu übergeben.«

  Achtung: Die Mahnung ist allerdings nur dann entbehrlich, wenn die Zeit nach dem Kalender bestimmt ist. Nicht ausreichend ist es demnach, wenn vereinbart ist, dass der Verkäufer das Grundstück »in circa einem Monat« an den Käufer übergeben muss.

- Einer Mahnung bedarf es auch dann nicht, wenn der Leistung ein Ereignis vorauszugehen hat und eine angemessene Zeit für die Leistung in der Weise bestimmt ist, dass sie sich von dem Ereignis an nach dem Kalender berechnen lässt.

  » »Das Grundstück ist innerhalb von vier Wochen nach Zahlung des Kaufpreises in geräumtem Zustand zu übergeben«.

  Achtung: In diesem Fall ist eine Mahnung allerdings nur dann entbehrlich, wenn die vereinbarte Frist, innerhalb derer die Leistung zu erfolgen hat, »angemessen« ist. Die Vereinbarung einer zu kurzen Frist hat zur Folge, dass dann eine »angemessene« Frist läuft und sich in diesem Fall dann unter Umständen nicht eindeutig feststellen lässt, zu welchem Zeitpunkt der Verkäufer in Verzug gerät.

- Eine Mahnung ist auch dann nicht erforderlich, wenn der Verkäufer die Leistung ernsthaft und endgültig verweigert. Das ist der Fall, wenn die Verweigerung der Leistung als letztes Wort aufzufassen ist, der Verkäufer also die Leistung kategorisch ablehnt. In diesem Fall wäre die Mahnung offensichtlich zwecklos.

  Achtung: Nicht ausreichend ist, dass der Verkäufer zum Beispiel zweimal den zugesagten Termin der Übergabe des Grundstücks verstreichen lässt oder er erklärt, dass er den vereinbarten Termin nicht einhalten könne.

! Auch wenn eine Mahnung entbehrlich ist, sollten Sie den Verkäufer sicherheitshalber darauf hinweisen, dass Sie nach wie vor die geschuldete Leistung verlangen. Dass ein gesetzlich geregelter Grund vorliegt, der eine Mahnung entbehrlich macht, müssen nämlich Sie als Käufer beweisen. Erbringt also der Verkäufer die Leistung nicht rechtzeitig, sollten Sie ihm in jedem Fall eine Mahnung schicken; in diesem Fall sind Sie dann rechtlich auf der sicheren Seite.

Verzögerungsschaden

Liegen die Voraussetzungen des Schuldnerverzugs vor, hat Ihnen der Verkäufer den durch die Verzögerung der Leistung entstandenen Schaden zu ersetzen. Sie haben das Recht, finanziell so gestellt zu werden, wie wenn der Verkäufer rechtzeitig die Leistung erbracht hätte. Ersatzfähig ist allerdings nur Ihr materieller Schaden. Für den mit der Leistungsverzögerung verbundenen Ärger oder andere, nicht in Geld messbare Umstände werden Sie nicht entschädigt.

» Zum Verspätungsschaden gehören insbesondere Anwaltskosten, entgangener Gewinn aus der Weiterverwendung der Leistung und die Kosten für weitere Mahnungen (die Kosten der ersten Mahnung können dem Verkäufer nicht in Rechnung gestellt werden, weil er mit der Mahnung erst in Verzug geraten ist).

! Für den Ihnen durch den Verzug des Verkäufers entstandenen Verspätungsschaden sind Sie beweispflichtig. Sie müssen also konkret Ihre mit der Leistungsverzögerung verbundenen Aufwendungen nachweisen (z.B. durch Rechnungsbelege). Sinnvoll ist es, dass Sie dem Verkäufer eine Zahlungsfrist setzen. Zahlt der Verkäufer nicht fristgemäß, können Sie ihm Verzugszinsen in Höhe von fünf Prozentpunkten über dem Basiszinssatz in Rechnung stellen. Ihr Schadensersatzanspruch verjährt nach drei Jahren.

Achtung: Wenn Sie vom Verkäufer Ersatz Ihres Verspätungsschadens verlangen, ist dieser nach wie vor verpflichtet, die vereinbarte Leistung zu erbringen. Ihr Anspruch auf Vertragserfüllung wird also nicht dadurch berührt, dass Sie gegenüber dem Verkäufer den Verzögerungsschaden geltend machen.

2.6.3 Rücktritt vom Kaufvertrag

Wenn der Verkäufer die vereinbarte Leistung nicht rechtzeitig erbringt, können Sie vom Grundstückskaufvertrag zurücktreten. Der Rücktritt vom Vertrag kommt insbesondere dann in Betracht, wenn Sie wegen der Verzögerung kein Interesse mehr an der Aufrechterhaltung des Vertrags haben und Sie mit dem säumigen und unzuverlässigen Verkäufer nichts mehr zu tun haben wollen.

! Sie können auch dann vom Kaufvertrag zurücktreten, wenn den Verkäufer an der Verzögerung der Leistung kein Verschulden trifft, wenn der Verkäufer also weder vorsätzlich noch fahrlässig die vereinbarte Leistung nicht rechtzeitig erbracht hat. Das Verschulden des Verkäufers an der Verzögerung der Leistung ist keine Voraussetzung für Ihr Rücktrittsrecht.

Nachfrist setzen

Bevor Sie vom Grundstückskaufvertrag zurücktreten, müssen Sie dem Verkäufer eine zweite Chance geben, die vereinbarte Leistung doch noch zu erbringen. Grundsätzlich sind Sie erst dann zum Rücktritt berechtigt, wenn Sie dem Verkäufer eine angemessene Nachfrist gesetzt haben und diese Nachfrist erfolglos abgelaufen ist.

Achten Sie darauf, dass die Nachfrist »angemessen« lang ist. Ob dies der Fall ist, hängt von den konkreten Umständen des Einzelfalls ab. Auf keinen Fall können Sie verlangen, dass der Verkäufer die vereinbarte Leistung sofort oder unverzüglich erbringt. Bei der Fristsetzung müssen Sie auch die Belange des Verkäufers berücksichtigen. Die Frist muss hinreichend lang sein, um dem Verkäufer eine letzte Gelegenheit zu geben, seine Leistung zu erbringen. Seien Sie deshalb bei der Fristsetzung eher etwas großzügig. Ist die gesetzte Frist allerdings zu kurz, ist sie nicht unwirksam; in diesem Fall wird vielmehr eine angemessene Frist in Kraft gesetzt.

! Aus Beweisgründen sollten Sie die Nachfrist schriftlich setzen und den Brief an den Verkäufer per Einschreiben mit Rückschein schicken. Sie müssen dem Verkäufer deutlich machen, dass er eine letzte Chance erhält, die von ihm geschuldete Leistung zu erbringen. Ein höfliches Drängen genügt nicht. Anstelle einer Fristsetzung (nach Tagen, Wochen oder Monaten) genügt es auch, wenn Sie einen Endtermin bestimmen (z.B. Übergabe des Grundstücks bis zum 30.6.2017).

Entbehrlichkeit der Nachfrist

Unter Umständen können Sie vom Kaufvertrag auch zurücktreten, ohne dass Sie dem Verkäufer zuvor eine Nachfrist für die Erbringung der Leistung gesetzt haben.

Eine Fristsetzung ist entbehrlich, wenn die Leistung des Verkäufers (z.B. die Übergabe des Grundstücks) genau zu einer fest bestimmten Zeit oder innerhalb einer fest bestimmten Frist erbracht werden muss und Sie gegenüber dem Verkäufer von vornherein klar und eindeutig zum Ausdruck gebracht haben, dass Sie an der späteren Erbringung der Leistung kein Interesse mehr haben. Sie müssen also deutlich darlegen, dass für Sie die rechtzeitige Erbringung der Leistung so wesentlich ist, dass der Kaufvertrag damit »steht und fällt«.

Auch in folgenden Fällen können Sie vom Grundstückskaufvertrag zurücktreten, ohne dem Verkäufer zuvor nochmals eine zweite Chance für die Erbringung der geschuldeten Leistung zu geben:

- Die Nachfristsetzung ist entbehrlich, wenn der Verkäufer ernsthaft und endgültig die Leistung verweigert (in diesem Fall wäre eine Nachfristsetzung zwecklos) oder wenn
- besondere Umstände vorliegen, die unter Abwägung der beiderseitigen Interessen den sofortigen Rücktritt rechtfertigen.

! Sinnvoll kann es aber auch in diesen Fällen sein, dem Verkäufer eine Nachfrist zu setzen und damit einem Streit über eine unter Umständen doch notwendige Nachfristsetzung aus dem Weg zu gehen.

Rücktritt vom Vertrag

Hat der Verkäufer die vereinbarte Leistung auch nach Ablauf der Nachfrist nicht erbracht, können Sie vom Vertrag zurücktreten. Die Frist ist erfolglos abgelaufen, wenn der Verkäufer vor dem Ende der Frist die Leistung nicht erbracht hat. War keine Fristsetzung erforderlich, können Sie vom Vertrag zurücktreten, wenn der Verkäufer die vereinbarte Leistung nicht rechtzeitig erbracht hat.

! Erklären Sie den Rücktritt gegenüber dem Verkäufer aus Beweisgründen schriftlich und schicken Sie den Brief per Einschreiben mit Rückschein. Verweisen Sie ausdrücklich darauf, dass der Verkäufer weder auf Ihre Mahnung noch auf die Nachfristsetzung seiner Leistungspflicht nachgekommen ist.

Im Falle des Rücktritts vom Vertrag erlöschen die ursprünglichen Leistungsansprüche. Die bereits ausgetauschten Leistungen müssen zurückgewährt werden. Hat also beispielsweise der Käufer bereits den Kaufpreis gezahlt, muss der Verkäufer das Geld wieder herausgeben.

Achtung: Unter Umständen kann das Rücktrittsrecht ausgeschlossen sein. Das ist der Fall, wenn die Pflichtverletzung des Verkäufers unerheblich ist. Und ausgeschlossen ist der Rücktritt auch, wenn der Käufer dafür, dass der Verkäufer seine Leistung nicht erbringt, allein oder in weit überwiegendem Umfang verantwortlich ist.

2.6.4 Schadensersatz statt der Leistung

Nach dem Rücktritt vom Vertrag können Sie vom Verkäufer Schadensersatz statt der Leistung verlangen. In diesem Fall muss Ihnen der Verkäufer den durch die Nichterfüllung des Kaufvertrags entstandenen Schaden ersetzen.

» Der Käufer kann Ersatz des Schadens verlangen, der ihm wegen des nicht möglichen Weiterverkaufs des Grundstücks zu einem höheren Kaufpreis entstanden ist. Er kann auch Ersatz der von ihm zu tragenden Vertragskosten (z.B. Notarkosten) oder nutzlosen Kosten wie Finanzierungskosten oder Bankgebühren verlangen.

Ihre Rechte, vom Vertrag zurückzutreten und Schadensersatz zu verlangen, stehen Ihnen nebeneinander zu. Der Schadensersatzanspruch ist allerdings ausgeschlossen, wenn der Verkäufer den Umstand, dass er die vereinbarte Leistung nicht erbracht hat, nicht verschuldet hat. Der Verkäufer muss also nachweisen, dass ihn kein Verschulden trifft, dass er seiner Leistungspflicht (z.B. Übergabe des Grundstücks) nicht fristgemäß entsprochen hat.

! Aus Beweisgründen sollten Sie Ihren Schadensersatzanspruch schriftlich geltend machen. Beschreiben Sie konkret Ihren materiellen Schaden und belegen Sie Ihre mit der Leistungsverzögerung entstandenen Aufwendungen (z.B. durch Rechnungsbelege). Erläutern Sie auch den Zusammenhang zwischen der Verzögerung der Leistung und dem Ihnen entstandenen Schaden.

2.6.5 Aufwendungsersatz

Anstelle des Schadensersatzes statt der Leistung kann der Käufer Ersatz der Aufwendungen verlangen, die er im Vertrauen auf den Erhalt der Leistung gemacht hat und billigerweise machen durfte. In Betracht kommt insbesondere der Ersatz aller bei der bisherigen Vertragsabwicklung gemachten Aufwendungen.

2.7 Haftung des Verkäufers für Grundstücksmängel

Der Verkäufer muss dem Käufer das Grundstück frei von Mängeln übergeben und übereignen. Andernfalls kann der Käufer die gesetzlichen Gewährleistungsrechte geltend machen. Seine Haftung kann der Verkäufer nur im gesetzlich zulässigen Rahmen ausschließen oder beschränken.

2.7.1 Grundstücksmängel

Der Verkäufer haftet kraft Gesetzes für Mängel des Grundstücks. Er hat dem Käufer das Grundstück frei von Sach- und Rechtsmängeln zu verschaffen.

Sachmängel

Der Verkäufer haftet kraft Gesetzes für Mängel des Grundstücks. Das Grundstück weist keine Mängel auf, wenn es bei Gefahrübergang den subjektiven und objektiven Anforderungen entspricht.

- Das Grundstück entspricht den subjektiven Anforderungen, wenn es die vereinbarte Beschaffenheit hat und es sich für die nach dem Vertrag vorausgesetzte Verwendung eignet.
- Es entspricht – soweit nicht wirksam etwas anderes vereinbart wurde – den objektiven Anforderungen, wenn es sich für die gewöhnliche Verwendung eignet und eine Beschaffenheit aufweist, die bei Sachen derselben Art üblich ist und die der Käufer erwarten kann.

Fehlen der vereinbarten Beschaffenheit

Ein Sachmangel liegt vor, wenn dem Grundstück bei Übergabe die vereinbarte Beschaffenheit fehlt. Maßgebend in diesem Zusammenhang ist also die ausdrückliche oder stillschweigende Beschreibung einer Eigenschaft des Grundstücks im Kaufvertrag. In diesem Fall wird die festgelegte Eigenschaft der verkauften Sache zum Inhalt des Vertrags und damit zum Inhalt einer Beschaffenheitsvereinbarung. Die Vereinbarung einer Beschaffenheit setzt keine Zusicherung des Verkäufers voraus. Ausreichend ist eine einfache Vereinbarung, die Vertragsinhalt geworden ist. Die Beschaffenheitsvereinbarung kann im Kaufvertrag von vornherein oder nachträglich vereinbart werden. In jedem Fall setzt eine entsprechende Vereinbarung beim Grundstückskaufvertrag voraus, dass sie notariell beurkundet wurde.

» Im Kaufvertrag wurde das Grundstück als »Bauland« verkauft. Dabei handelt es sich um eine Beschaffenheitsvereinbarung. Ist das Grundstück etwa aus baurechtlichen Gründen nicht bebaubar, liegt ein Sachmangel vor.

Keine Eignung zur vorausgesetzten Verwendung

Soweit eine Beschaffenheit nicht vereinbart ist, liegt ein Sachmangel vor, wenn das Grundstück sich nicht für die nach dem Vertrag vorausgesetzte Verwendung eignet. Voraussetzung ist, dass vom Verkäufer und vom Käufer des Grundstücks ausdrücklich oder stillschweigend eine bestimmte Verwendung des Grundstücks vorausgesetzt wird. Für den Verkäufer muss demnach erkennbar geworden sein, dass der Käufer gerade dieses Grundstück für eine bestimmte Verwendung erwerben will. Verkäufer und Käufer müssen gemeinsam von einer bestimmten Verwendung ausgehen.

» Im Rahmen der Vertragsverhandlungen über ein Grundstück bringt der Käufer zum Ausdruck, dass er das Gelände bebauen will. Beide Vertragsparteien gehen von einer entsprechenden Verwendung aus. Kommt eine Bebauung nicht in Betracht, liegt ein Sachmangel vor, selbst wenn das Grundstück im Vertrag nicht als »Bauland« verkauft wurde.

Achtung: Hat der Käufer eine bestimmte Verwendungsabsicht geäußert, der Verkäufer dieser aber widersprochen oder sie lediglich zur Kenntnis genommen, ist die Verwendungsabsicht nicht Vertragsinhalt geworden. Einseitige Vorstellungen des Käufers über die Verwendung des Grundstücks genügen selbst dann nicht, wenn sie der Verkäufer erkennt.

Keine Eignung zur gewöhnlichen Verwendung

Haben Verkäufer und Käufer eine Beschaffenheit nicht vereinbart oder wird eine bestimmte Verwendung des Grundstücks nicht vorausgesetzt, so ist die Kaufsache mangelhaft, »wenn sie sich nicht für die gewöhnliche Verwendung eignet und nicht diejenige Beschaffenheit aufweist, die bei Sachen gleicher Art üblich ist und die der Käufer nach der Art der Sache erwarten kann«. Welche Beschaffenheit der Käufer nach der Art der Sache erwarten kann, bestimmt sich nach dem Erwartungshorizont eines Durchschnittskäufers. In diesem Zusammenhang sind auch öffentliche Werbeaussagen des Verkäufers und andere öffentliche Äußerungen über bestimmte Eigenschaften des Grundstücks zu berücksichtigen.

» Der Verkäufer wirbt in einer Anzeige mit bestimmten Eigenschaften des Grundstücks (z.B. Art der Bebaubarkeit). Entspricht das Grundstück nicht dieser Beschaffenheit, liegt ein Sachmangel vor.

Achtung: Öffentliche Werbeaussagen müssen hinreichend konkret eine Aussage zur Beschaffenheit des Grundstücks enthalten. Anpreisungen allgemeiner Art ohne Bezugnahme auf die Beschaffenheit des Grundstücks (z.B. »erstklassige Lage«) genügen nicht.

Einzelfälle

In folgenden Fällen kann bei einem Grundstück ein Sachmangel vorliegen:

- mangelhafte Bodenverhältnisse (z.B. Kontaminierung mit Schadstoffen),
- Altlasten (z.B. wilde Müllkippe; schon ein konkreter und naheliegender Verdacht bestehender Altlasten kann einen Sachmangel begründen),
- ungenügende Tragfähigkeit des Grundstücks,
- hoher Grundwasserspiegel,
- Vorhandensein alter Fundamentmauern,
- Baubeschränkungen,
- falsche Flächenangabe im Kaufvertrag,
- Überschwemmungs- und Versandungsgefahr,
- Belastung des Grundstücks mit einem öffentlichen Fußweg.

Rechtsmängel

Der Verkäufer ist nicht nur verpflichtet, das Grundstück frei von Sachmängeln zu verschaffen, er haftet auch für bestehende Rechtsmängel. Die Kaufsache ist frei von Rechtsmängeln, wenn Dritte in Bezug auf die Sache keine oder nur die im Kaufvertrag übernommenen Rechte gegen den Käufer geltend machen können. Einem Rechtsmangel steht es gleich, wenn im Grundbuch ein Recht eingetragen ist, das nicht besteht.

Zu den Rechtsmängeln gehören im Grundbuch eingetragene Belastungen wie Wege-, Leitungsrechte und sonstige Dienstbarkeiten, Reallasten, Hypotheken, Grundschulden und Rentenschulden (vgl. dazu 2.8.2), die der Käufer nach dem Kaufvertrag nicht übernehmen soll, die aber noch nicht gelöscht wurden. Das gilt auch, wenn das Recht nicht mehr besteht, aber noch im Grundbuch eingetragen ist.

Auch öffentlich-rechtliche Belastungen können einen Rechtsmangel darstellen (z.B. öffentlich-rechtliche Baulasten; vgl. dazu 2.8.3). Nicht zu den Rechtsmängeln gehören öffentliche Lasten und Abgaben. Der Verkäufer muss also das Grundstück nicht frei von der Belastung durch Grundsteuer oder kommunale Abgaben übereignen. Erschließungsbeiträge und sonstige Anliegerbeiträge muss der Verkäufer für die Maßnahmen tragen, die bis zum Tag des Abschlusses des Kaufvertrags bautechnisch begonnen sind, und zwar unabhängig vom Zeitpunkt des Entstehens der Beitragsschuld; im Grundstückskaufvertrag können jedoch abweichende Vereinbarungen getroffen werden.

2.7.2 Mängelrechte des Käufers

Ist das Grundstück mangelhaft, kann der Käufer gegenüber dem Käufer die gesetzlichen Gewährleistungsrechte geltend machen. In Betracht kommen

- Anspruch auf Nacherfüllung,
- Rücktritt vom Kaufvertrag,

- Minderung des Kaufpreises,
- Schadensersatz,
- Aufwendungsersatz.

Unabhängig von den nachfolgend aufgeführten gesetzlichen Mängelrechten kann der Käufer die mangelhafte Kaufsache als nicht vertragsgemäß zurückweisen und die Zahlung des Kaufpreises so lange verweigern, bis der Verkäufer den Kaufvertrag ordnungsgemäß erfüllt.

Anspruch auf Nacherfüllung

Ist das Grundstück mangelhaft, kann der Käufer in erster Linie Nacherfüllung verlangen. Diese umfasst die Nachbesserung und die Nachlieferung. Im Rahmen der Nachbesserung kann der Käufer die Beseitigung des Mangels, im Rahmen der Nachlieferung die Lieferung einer einwandfreien Sache verlangen. Im Falle eines mangelhaften Grundstücks scheidet die Nachlieferung aus. Damit kann der Käufer im Grunde nur die Beseitigung von Mängeln an dem Grundstück verlangen.

» Der Verkäufer muss Altlasten oder vorhandene Fundamentmauern beseitigen.

Alle im Zusammenhang mit der Nacherfüllung verbundenen Kosten (Transport-, Wege-, Arbeits- und Materialkosten) hat der Verkäufer zu tragen.

Achtung: Die Beseitigung eines Mangels darf der Verkäufer verweigern, wenn diese nur mit unverhältnismäßigen Kosten verbunden ist. Dabei sind insbesondere der Wert der Sache in mangelfreiem Zustand und die Bedeutung des Mangels zu berücksichtigen.

Nur die übrigen Gewährleistungsrechte kann der Käufer geltend machen, wenn dem Verkäufer die Beseitigung des Mangels unmöglich ist. Das ist beispielsweise der Fall, wenn das Grundstück wegen baurechtlicher Vorschriften vom Käufer nicht wie im Kaufvertrag vereinbart bebaut werden kann.

! Als Käufer dürfen Sie die Übergabe des Grundstücks zurückweisen und die Zahlung des Kaufpreises verweigern, wenn das Grundstück mangelhaft ist. Dann können Sie Nacherfüllung verlangen und den Kaufpreis zurückbehalten, bis der Verkäufer seiner Pflicht zur Beseitigung des Mangels nachgekommen ist. Hat der Verkäufer ordnungsgemäß nacherfüllt, entfällt Ihr Zurückbehaltungsrecht und Sie müssen den vereinbarten Kaufpreis zahlen.

Rücktritt vom Kaufvertrag

Der Käufer kann wegen der mangelhaften Leistung des Verkäufers vom Grundstückskaufvertrag zurücktreten, wenn er dem Verkäufer eine angemessene Frist zur Nacherfüllung gesetzt hat und diese erfolglos abgelaufen ist. Angemessen ist die Frist, wenn die Nacherfüllung innerhalb der gesetzten Frist objektiv möglich ist, wenn also der Verkäufer in der Lage ist, sie mit der gebotenen Eile einzuhalten.

Keine Nachfrist muss der Käufer u.a. setzen, wenn

- die Nachbesserung unmöglich ist,
- der Verkäufer die Nachbesserung ernsthaft und endgültig verweigert,
- die Nachbesserung fehlgeschlagen ist, sie also nicht zur Beseitigung des Mangels geführt hat,
- die Nachbesserung dem Käufer unzumutbar ist.

Ist dem Verkäufer die Beseitigung des Grundstücksmangels unmöglich (z.B. wenn der vereinbarten Bebauung des Grundstücks durch den Käufer baurechtliche Vorschriften entgegenstehen), kann der Käufer sofort vom Kaufvertrag zurücktreten. Eine Fristsetzung ist nicht erforderlich. Die Nachfristsetzung ist auch dann entbehrlich, wenn die Beseitigung des Mangels fehlgeschlagen ist. Das ist dann der Fall, wenn mit einer Nachbesserung innerhalb der angemessenen Frist nicht mehr zu rechnen und es deshalb sinnlos ist, den Ablauf der Frist abzuwarten. Grundsätzlich gilt eine Nachbesserung nach dem erfolglosen zweiten Versuch als fehlgeschlagen. Auch wenn dem Käufer die Nachbesserung unzumutbar ist, kann er sofort vom Kaufvertrag zurücktreten. Das kann beispielsweise der Fall sein, wenn das Vertrauen des Käufers in eine ordnungsgemäße Nachbesserung gestört ist, weil ihn der Verkäufer arglistig über den Mangel getäuscht hat.

Achtung: Unter Umständen kann das Rücktrittsrecht ausgeschlossen sein. Das ist der Fall, wenn die Pflichtverletzung des Verkäufers unerheblich ist. Und ausgeschlossen ist der Rücktritt auch, wenn der Käufer dafür, dass der Verkäufer seine Leistung nicht erbringt, allein oder in weit überwiegendem Umfang verantwortlich ist.

! Erklären Sie den Rücktritt gegenüber dem Verkäufer aus Beweisgründen schriftlich und schicken Sie den Brief per Einschreiben mit Rückschein. Verweisen Sie ausdrücklich darauf, dass der Verkäufer weder auf Ihre Mahnung noch auf die Nachfristsetzung seiner Leistungspflicht nachgekommen ist.

Im Falle des Rücktritts vom Vertrag erlöschen die ursprünglichen Leistungsansprüche. Die bereits ausgetauschten Leistungen müssen zurückgewährt werden. Der Käufer muss also das Grundstück an den Verkäufer zurückgeben und erhält im Gegenzug den gezahlten Kaufpreis zurück.

Minderung des Kaufpreises

Statt vom Kaufvertrag zurückzutreten, ist der Käufer berechtigt, den Kaufpreis herabzusetzen. Dafür müssen die gleichen Voraussetzungen wie für den Rücktritt vom Kaufvertrag vorliegen (vgl. oben). Insbesondere muss zunächst eine angemessene Nachfrist zur Nachbesserung erfolglos abgelaufen sein.

! Im Gegensatz zum Rücktritt vom Vertrag kann der Kaufpreis auch bei einem unerheblichen Mangel gemindert werden. Entschließen Sie sich als Käufer zur Minderung des Kaufpreises, können Sie nicht mehr vom Kaufvertrag zurücktreten. Rücktritt und Minderung schließen sich insoweit aus.

Bei der Minderung ist der Kaufpreis in dem Verhältnis herabzusetzen, in welchem zur Zeit des Vertragsschlusses der Wert der Sache in mangelfreiem Zustand zu dem wirklichen Wert gestanden haben würde. Die Berechnung der Minderung folgt demnach nach folgender Formel:

$$\text{Geminderter Kaufpreis} = \frac{\text{Wert des mangelhaften Grundstücks} \times \text{ursprünglicher Kaufpreis}}{\text{Wert des mangelfreien Grundstücks}}$$

- Der Wert des mangelfreien Grundstücks ist der Wert, den das Grundstück im Zeitpunkt des Vertragsschlusses gehabt hätte, wenn es nicht mangelhaft gewesen wäre.
- Der Wert des Grundstücks in mangelhaftem Zustand bestimmt sich nach dem tatsächlichen Wert des Grundstücks bei Vertragsschluss unter Berücksichtigung aller wertmindernden Veränderungen, die in den Verantwortungsbereich des Verkäufers fallen.
- Soweit erforderlich, ist die Minderung durch Schätzung zu ermitteln. Dabei muss der Wert des Grundstücks in mangelfreiem und der Wert in mangelhaftem Zustand geschätzt und mit dem Kaufpreis ins Verhältnis gesetzt werden.

» Das Grundstück hat in mangelfreiem Zustand einen Wert von 160.000,– €. Der Wert des Grundstücks in mangelhaftem Zustand beträgt 120.000,– €. Der Kaufpreis beträgt 170.000,– €. Der geminderte Kaufpreis beträgt 127.500,– €.

! Die Minderung muss vom Käufer gegenüber dem Verkäufer erklärt werden. Die Erklärung bedarf keiner besonderen Form. Sie kann auch mündlich erklärt werden. Es ist nicht erforderlich, dass der Käufer die Höhe der Minderung beziffert. Die Höhe der Minderung ergibt sich aus dem Gesetz.

Durch die Erklärung des Käufers wird der Kaufpreis in Höhe des Minderungsbetrags herabgesetzt. Hat der Käufer den Kaufpreis noch nicht oder noch nicht vollständig gezahlt, so erlischt der Kaufpreisanspruch in dieser Höhe. Wurde der Kaufpreis bereits vollständig gezahlt, hat der Käufer Anspruch auf Rückzahlung in Höhe des überzahlten Betrags.

Anspruch auf Schadensersatz

Der Käufer kann vom Verkäufer Schadensersatz verlangen. Die Voraussetzungen des Schadensersatzanspruchs hängen davon ab, welchen Schaden der Käufer geltend machen will.

Schadensersatz statt der Leistung

Der Käufer kann bei einem Mangel anstatt Erfüllung des Kaufvertrags Schadensersatz verlangen. Voraussetzung ist, dass der Verkäufer die mangelhafte Leistung verschuldet hat. Das Verschulden des Verkäufers wird kraft Gesetzes vermutet. Das bedeutet, dass nicht der Käufer beweisen muss, dass den Verkäufer ein Verschulden trifft, sondern dass der Verkäufer nachweisen muss, dass er nicht schuldhaft gehandelt hat.

Der Käufer muss dem Verkäufer grundsätzlich erfolglos eine angemessene Nachfrist zur Beseitigung des Mangels gesetzt haben. Eine Nachfrist muss der Käufer nicht setzen, wenn die Nachbesserung fehlgeschlagen ist oder ihm diese unzumutbar ist (vgl. dazu auch oben). Auch wenn es sich um einen nicht behebbaren Mangel handelt (z.B. wenn der vereinbarten Bebauung des Grundstücks durch den Käufer baurechtliche Vorschriften entgegenstehen), muss der Käufer dem Verkäufer keine Frist zur Behebung des Mangels setzen.

Der Käufer kann verlangen, vom Verkäufer so gestellt zu werden, wie er stünde, wenn dieser ihm ein mangelfreies Grundstück übergeben hätte. Bei der Berechnung seines Schadens hat er zwei Möglichkeiten:

- Der Käufer kann das Grundstück behalten und als Schadensersatz die Differenz zwischen dem Wert des mangelhaften und des mangelfreien Grundstücks verlangen.

» Der Verkäufer hat dem Käufer ein Grundstück für 100.000,– € verkauft und ihm verschwiegen, dass das Grundstück mit Altlasten belastet ist. Wenn das Grundstück ohne die Altlasten 150.000,– € Wert ist, kann der Käufer das Grundstück behalten und, wenn er den Kaufpreis von 100.000,– € bereits gezahlt hat, vom Verkäufer Schadensersatz in Höhe von 50.000,– € verlangen.

- Der Käufer hat aber auch die Möglichkeit, das gekaufte Grundstück an den Verkäufer zurückzugeben, den Kaufpreis zurückzufordern und darüber hinaus Ersatz des entgangenen Gewinns zu verlangen. In diesem Fall stellt sich der Käufer so, wie wenn er vom Kaufvertrag zurückgetreten wäre und zusätzlich Schadensersatz verlangen könnte.

» Im oben genannten Fall kann der Käufer das Grundstück an den Verkäufer zurückübereignen, die Rückzahlung des Kaufpreises von 100.000,– € und Schadensersatz in Höhe von 50.000,– € verlangen.

Schadensersatz wegen Mangelfolgeschäden

Die mangelhafte Leistung des Verkäufers kann dazu führen, dass dem Käufer ein Schaden entsteht, der über die mangelbedingte Wertminderung des Grundstücks hinausgeht. Diese mittelbaren Schäden, die dem Käufer durch das mangelhafte Grundstück entstehen können, werden als sogenannte Mangelfolgeschäden bezeichnet.

» Durch das mangelhafte Grundstück wird der Käufer verletzt, dessen Eigentum beschädigt oder der Käufer hat das Grundstück weiterverkauft und muss jetzt wegen des Grundstücksmangels haften.

Voraussetzung für den Schadensersatzanspruch des Käufers ist, dass der Verkäufer den Sach- oder Rechtsmangel am Grundstück verschuldet hat. Er muss also erkannt oder fahrlässig nicht erkannt haben, dass das Grundstück einen Mangel hat. Den Umstand, dass kein Verschulden vorliegt, muss der Verkäufer beweisen.

Der Verkäufer muss dem Käufer den Mangelfolgeschaden ersetzen (z.B. Ersatz des wegen des Mangels beschädigten Eigentums des Käufers).

Schadensersatz wegen Verzögerung der Mängelbeseitigung

Falls das Grundstück einen Mangel hat, der vom Verkäufer später behoben wird, kann dem Käufer allein durch die Verzögerung der Übergabe des mangelfreien Grundstücks und durch die deshalb notwendige Beseitigung des Mangels ein Schaden entstehen.

» Weil der Verkäufer nach der Übergabe des Grundstücks noch eine Altlast entfernen muss, kann der Käufer das Grundstück erst verspätet verpachten. Dem Käufer entsteht damit ein Pachtausfall, den er als Verzögerungsschaden gegenüber dem Verkäufer geltend machen kann.

! Den Verzögerungsschaden kann der Käufer auch neben dem Rücktritt vom Kaufvertrag oder der Minderung verlangen. Das gilt auch, wenn er vom Verkäufer Ersatz des Mangelfolgeschadens geltend macht.

Anspruch auf Aufwendungsersatz

Statt Schadensersatz kann der Käufer – neben dem Rücktritt vom Kaufvertrag oder der Minderung des Kaufpreises – Ersatz der Aufwendungen verlangen, die er im Vertrauen auf den Erhalt der mangelfreien Leistung gemacht hat oder billigerweise machen durfte.

» Der Käufer kann als Aufwendungsersatz z.B. die ihm im Zusammenhang mit dem Erwerb des Grundstücks entstandenen Beurkundungskosten und Maklergebühren verlangen.

Verjährung der Mängelrechte

Der Käufer muss bei der Geltendmachung seiner Mängelrechte auf die Verjährungsfrist achten. Beim Kauf eines unbebauten Grundstücks beträgt die Verjährungsfrist zwei Jahre. Sie beginnt mit der Übergabe des Grundstücks an den Käufer zu laufen. Die zweijährige Verjährungsfrist gilt sowohl für Sach- als auch für Rechtsmängel.

Achtung: Hat der Verkäufer einen Mangel arglistig verschwiegen, verjähren die Mängelrechte des Verkäufers nach drei Jahren. In diesem Fall beginnt die Verjährungsfrist nicht mit der Übergabe des Grundstücks, sondern erst mit dem Schluss des Jahres zu laufen, in dem der Anspruch entstanden ist und der Käufer davon und von der Person des Schuldners Kenntnis erlangt hat.

Der Käufer hat die Möglichkeit, durch bestimmte Maßnahmen die Verjährung hinauszuschieben. Man spricht in diesem Zusammenhang von der Hemmung der Verjährung. Der wichtigste Hemmungsgrund ist die Erhebung einer Klage. Daneben wird der Ablauf der

Verjährung durch Verhandlungen zwischen dem Verkäufer und dem Käufer über das Vorliegen eines Mangels gehemmt, bis einer der Vertragspartner die Fortsetzung der Verhandlungen verweigert. Ab diesem Zeitpunkt läuft dann die Verjährungsfrist weiter. Die Hemmung der Verjährung durch Verhandlungen zwischen dem Verkäufer und Käufer setzt voraus, dass der Verkäufer zu einem Meinungsaustausch über das Vorliegen eines Mangels am Grundstück bereit ist. Das ist nicht der Fall, wenn der Verkäufer von vornherein das Verlangen des Käufers zurückweist. Der Zeitraum, in der die Verjährung gehemmt ist, wird in die Verjährungsfrist nicht einberechnet. Die Frist läuft erst nach dem Ende der Hemmung, je nach Hemmungsgrund unter Hinzurechnung einer weiteren Zeit, weiter.

! Zwar können Sie nach Ablauf der Verjährungsfrist wegen eines Grundstücksmangels nicht mehr vom Kaufvertrag zurücktreten oder den Kaufpreis mindern, Sie können allerdings die Zahlung des Kaufpreises insoweit verweigern, als Sie aufgrund des Rücktritts oder der Minderung dazu berechtigt wären. Entdecken Sie also erst nach Eintritt der Verjährung den Mangel, so können Sie sich auf diesen berufen und die Zahlung des Kaufpreises an den Verkäufer verweigern.

2.7.3 Ausschluss der Haftung

Wie unter 2.7.1 dargelegt, haftet der Verkäufer kraft Gesetzes für Mängel des Grundstücks. Er hat dem Käufer das Grundstück frei von Sach- und Rechtsmängeln zu verschaffen. Andernfalls kann der Käufer die unter 2.7.2 genannten Mängelrechte gegen den Verkäufer geltend machen. Allerdings sind in bestimmten Fällen die Ansprüche des Käufers kraft Gesetzes ausgeschlossen. Außerdem kann die Haftung des Verkäufers für Mängel auch vertraglich im gesetzlich zulässigen Rahmen ausgeschlossen sein.

Gesetzlicher Haftungsausschluss

Die Rechte des Grundstückskäufers wegen eines Mangels sind ausgeschlossen, wenn er bei Vertragsschluss den Mangel kennt. Das gilt auch, wenn ihm der Mangel wegen grober Fahrlässigkeit unbekannt geblieben ist, es sei denn, der Verkäufer hat den Mangel arglistig verschwiegen. Ein im Grundbuch eingetragenes Recht hat der Verkäufer allerdings auch dann zu beseitigen, wenn es der Käufer kennt.

Kenntnis des Mangels

Der Verkäufer haftet nicht für Grundstücksmängel, die dem Käufer bei Vertragsschluss bekannt sind. Dieses Wissen muss sich allerdings auch auf den Umfang und die rechtliche Tragweite des Mangels erstrecken. Nicht ausreichend ist ein bloßer Verdacht. Der Käufer muss die Umstände kennen, die den Mangel begründen. Im Falle einer Beschaffenheitsvereinbarung (vgl. dazu 2.7.1) kommt es darauf an, dass der Käufer weiß, dass der Kaufsache die vereinbarte Beschaffenheit fehlt. Haben Verkäufer und Käufer eine bestimmte Verwendungsmöglichkeit des Grundstücks vertraglich vorausgesetzt, ist maßgebend, ob der Käufer weiß, dass das Grundstück nicht wie beabsichtigt verwendet werden kann.

Maßgebender Zeitpunkt für die Kenntnis des Mangels ist der Abschluss des Kaufvertrags über das Grundstück, also der Tag der notariellen Beurkundung. Alle Mängel, die dem Käufer an diesem Tag bekannt sind, schließen die Haftung des Verkäufers aus. Erfährt der Käufer danach von einem Grundstücksmangel, bleiben ihm seine Mängelrechte erhalten.

Grob fahrlässige Unkenntnis

Kennt der Käufer den Grundstücksmangel nicht, ist ihm aber der Mangel nur aufgrund grober Fahrlässigkeit verborgen geblieben, stehen ihm die gesetzlichen Mängelrechte nicht zu. Auch die grob fahrlässige Unkenntnis des Käufers vom Grundstücksmangel muss zum Zeitpunkt des Abschlusses des Kaufvertrags vorliegen.

Grob fahrlässig handelt der Käufer, wenn er schon einfachste, ganz naheliegende Überlegungen nicht angestellt und das nicht beachtet hat, was im gegebenen Fall jedem einleuchten musste.

» Grobe Fahrlässigkeit kann vorliegen, wenn bei einer Besichtigung des Grundstücks vor dem Abschluss des Kaufvertrags so deutliche Hinweise auf vorhandene Altlasten vorhanden waren, dass sich nähere Nachforschungen geradezu aufgedrängt hätten. Sie kann auch vorliegen, wenn der Käufer das Grundstück vor dem Kauf nicht besichtigt hat.

Grobe Fahrlässigkeit erfordert, dass die Unkenntnis des Käufers auf einer besonders schweren Vernachlässigung der im Verkehr erforderlichen Sorgfalt beruht. Grob fahrlässig handelt der Käufer grundsätzlich nicht, wenn er von einer genauen Untersuchung des Grundstücks oder von der Heranziehung eines Sachverständigen absieht. Der Käufer darf sich auch auf Angaben des Verkäufers verlassen, ohne weitere Informationen einzuholen.

Achtung: Selbst wenn der Käufer wegen grober Fahrlässigkeit den Grundstücksmangel nicht erkannt hat, stehen ihm die gesetzlichen Mängelrechte gleichwohl zu, wenn sich der Verkäufer arglistig verhalten hat. Das ist insbesondere der Fall, wenn der Verkäufer den Grundstücksmangel arglistig verschwiegen hat. In diesem Fall muss der Verkäufer trotz des grob fahrlässigen Verhaltens des Käufers für den Grundstücksmangel einstehen. Voraussetzung für das arglistige Verschweigen des Mangels ist, dass der Verkäufer den Grundstücksmangel kennt oder ihn für möglich hält, diesen aber verschweigt, weil andernfalls der Käufer den Kaufvertrag nicht bzw. nicht mit dem Inhalt abgeschlossen hätte, wenn er den Mangel gekannt hätte. Eine Aufklärungspflicht des Verkäufers besteht nicht nur bei Fragen des Käufers, sondern auch bei Umständen, die für den Käufer offensichtlich von ausschlaggebender Bedeutung sind.

» Arglistiges Verschweigen liegt vor, wenn dem Verkäufer Altlasten auf dem Grundstück bekannt sind, er diese aber dem Käufer nicht mitteilt. Gleiches gilt, wenn dem Verkäufer Hindernisse für eine vom Käufer beabsichtigte Bebauung des Grundstücks bekannt sind, er diese aber dem Käufer gegenüber nicht offenbart.

! Auch wenn der Verkäufer eine Garantie für die Beschaffenheit des Grundstücks übernommen hat, können Sie sich als Käufer auf die Richtigkeit dieser Erklärung verlassen. Deshalb stehen Ihnen die gesetzlichen Mängelrechte auch dann zu, wenn Sie den Grundstücksmangel grob fahrlässig nicht erkannt haben.

Rechtsfolgen

Hat der Käufer den Grundstücksmangel bei Vertragsschluss gekannt oder ist ihm der Mangel wegen grober Fahrlässigkeit unbekannt geblieben, ohne dass der Verkäufer den Mangel arglistig verschwiegen hat, sind die gesetzlichen Gewährleistungsrechte des Käufers ausgeschlossen. Der Käufer kann also weder Nachbesserung verlangen, vom Vertrag zurücktreten, Ansprüche auf Schadensersatz und Ersatz vergeblicher Aufwendungen verlangen.

Vertraglicher Haftungsausschluss

Häufig versucht der Verkäufer durch eine entsprechende Klausel im Kaufvertrag seine Haftung für Sach- und Rechtsmängel auszuschließen bzw. zu begrenzen.

» Durch die Klausel »Das Grundstück ist verkauft, wie es steht und liegt. Die Haftung des Verkäufers für Sachmängel ist ausgeschlossen« schließt der Verkäufer seine gesetzliche Haftung für Grundstücksmängel vertraglich aus. Bei der Klausel »Die Gewährleistungsansprüche des Käufers beschränken sich auf das Recht der Nachbesserung« kann der Käufer bei einem Grundstücksmangel nicht vom Vertrag zurücktreten oder den Kaufpreis mindern, sondern vom Verkäufer lediglich die Beseitigung des Mangels verlangen.

! Ein vertraglicher Gewährleistungsausschluss ist grundsätzlich wirksam. Auf den Haftungsausschluss kann sich der Käufer jedoch nicht berufen, wenn er den Grundstücksmangel arglistig verschwiegen hat (vgl. dazu oben) oder wenn er eine Garantie für die Beschaffenheit des Grundstücks übernommen hat.

2.8 Belastungen des Grundstücks

Auf dem Grundstück können verschiedene Lasten liegen, über die der Käufer vor dem Erwerb unbedingt Bescheid wissen muss. Neben Belastungen, die im Grundbuch eingetragen sind, muss auch auf Belastungen außerhalb des Grundbuchs geachtet werden.

2.8.1 Grundbuch

Grundstücke werden bevorzugt als Sicherheiten für Kredite in der Form einer Hypothek oder Grundschuld verpfändet. Ferner können andere dingliche Belastungen und Verfügungsbeschränkungen bestehen. Für den Rechtsverkehr ist es daher wichtig, die wesentlichen Rechtsverhältnisse eines Grundstücks zuverlässig und verbindlich festzuhalten. Diesem Zweck dient das Grundbuch. Es ist ein bei den Amtsgerichten geführtes Register für die Grundstücke eines Gemeindebezirks, der in mehrere Grundbuchbezirke unterteilt sein kann. Jedes Grundstück erhält im Grundbuch eine besondere Stelle (Grundbuchblatt).

! Beschaffen Sie sich unbedingt vor dem Abschluss des Grundstückskaufvertrags einen Grundbuchauszug für das Grundstück, das Sie erwerben möchten. Nur so erfahren Sie die tatsächliche Größe des Grundstücks und können feststellen, ob es eventuell Belastungen (z.B. Grundschulden, Dienstbarkeiten) gibt. Da diese Lasten unter Umständen Einfluss auf den Wert des Grundstücks haben können, müssen Sie sich vor dem Kauf informieren.

Aufbau

Die Grundbuchblätter werden nach einem einheitlichen Muster geführt und folgendermaßen gegliedert.

Aufschrift

Die Aufschrift, auch Deckblatt genannt, bezeichnet das Amtsgericht, welches das Grundbuch führt, den Grundbuchbezirk und die Nummer des Blattes. Im Fall eines Erbbaurechts wird über das Blatt in Klammern das Wort »Erbbaugrundbuch«, im Fall von Wohnungseigentum die Beschreibung »Wohngrundbuch«, »Teileigentumsgrundbuch« oder »Wohnungserbbaugrundbuch« notiert.

Bestandsverzeichnis

Im Bestandsverzeichnis sind unter je einer laufenden Nummer die Grundstücke aufgeführt, die dem Eigentümer im Grundbuchbezirk gehören. Dabei werden die Grundstücke mit den von den Katasterämtern mitgeteilten Angaben nach Gemarkung, Flur und Flurstück bezeichnet. Zusätzlich werden Wirtschaftsart (z.B. Betriebsfläche und Freifläche, Landwirtschaftsfläche), Lage (z.B. Straße und Hausnummer) und Größe des Grundstückes ausgewiesen. Im Bestandsverzeichnis werden mit dem Grundstück verbundene Rechte (z.B. Überfahrtsrechte, die den jeweiligen Eigentümern eines Grundstückes an einem anderen Grundstück zustehen) vermerkt.

Abteilung I

In der Abteilung I wird der Eigentümer des Grundstücks eingetragen. Mehrere Eigentümer werden unter Angabe der sie verbindenden Rechtsverhältnisse eingetragen (z.B. Miteigentümer zu je 1/2 oder Erbengemeinschaft). Ferner wird die Rechtsgrundlage vermerkt, auf der der Eigentumserwerb beruht (z.B. Auflassung, Erbschaft oder Zuschlag im Zwangsversteigerungsverfahren).

! Als Käufer sollten Sie vor Abschluss des Kaufvertrags prüfen, ob Ihr Vertragspartner als Eigentümer des Grundstücks eingetragen ist. Von einem Nichteigentümer können Sie das Grundstück nicht erwerben. Zwar kann Ihr Vertragspartner bereits Eigentümer sein, ohne dass das Grundbuch aktualisiert wurde (z.B. als Erbe), dies sollten Sie jedoch vorab klären.

Abteilung II

In der Abteilung II werden alle Lasten und Beschränkungen eingetragen, soweit es sich nicht um Grundpfandrechte handelt, die in der Abteilung III eingetragen werden. In Betracht kommen u.a.

- Rechte Dritter (z.B. Wegerechte, Verlegung von Leitungen, Nießbrauch, Reallast, Erbbaurecht);
- Bau-/Nutzungsbeschränkungen (z.B. Verbot einer bestimmten Bebauung oder Nutzung des Grundstücks);
- dingliches Vorkaufsrecht;
- Verfügungsbeschränkungen (z.B. Vermerk über die Eröffnung des Insolvenzverfahrens oder über die Anordnung der Nachlassverwaltung);
- einstweilige Sicherungen (z.B. Vormerkungen, Widersprüche).

! Ist ins Grundbuch beispielsweise eine Auflassungsvormerkung eingetragen (vgl. dazu 2.5.1), sollten Sie darauf drängen, dass der Verkäufer diese zunächst aus dem Grundbuch beseitigen lässt. Denn diese »ältere« Rechtsposition geht der Ihren vor.

Abteilung III

In der Abteilung III sind die Belastungen des Grundstücks durch Grundpfandrechte (Hypotheken, Grundschulden, Rentenschulden) einschließlich der sich auf diese Rechte beziehenden Vormerkungen, Widersprüche und Veränderungen verzeichnet.

Rang von Grundstücksrechten

Das Rangverhältnis der im Grundbuch eingetragenen Grundstücksrechte ist insbesondere im Zwangsversteigerungsverfahren von Bedeutung, denn ein nachrangiges Recht kann erst zum Zuge kommen, wenn ein ihm im Rang vorgehendes Recht befriedigt ist. Für das Rangverhältnis mehrerer Rechte gilt Folgendes:

- Innerhalb derselben Abteilung ist für das Rangverhältnis unter mehreren Rechten die Reihenfolge der Eintragungen im Grundbuch maßgebend.

> » Im Grundbuch in der dritten Abteilung ist an erster Rangstelle zugunsten von A eine Grundschuld von 50.000,– € und an zweiter Stelle eine Grundschuld zugunsten von B über 10.000,– € eingetragen. Bei der Verteilung des Erlöses aus einem Zwangsversteigerungsverfahren wird zunächst A und dann aus dem Resterlös B befriedigt.

- Der Rang von Rechten in verschiedenen Abteilungen bestimmt sich nach dem Datum der Eintragungen.

> » Ein am 20.10.1980 in der zweiten Abteilung eingetragener Nießbrauch geht im Rang einer am 8.11.2004 eingetragenen Grundschuld vor.

Selbstverständlich kann das Rangverhältnis nachträglich geändert werden. Zu der Rangänderung sind die Einigung des zurücktretenden und des vortretenden Berechtigten und die Eintragung in das Grundbuch erforderlich. Bei Hypotheken-, Grund- und Rentenschulden ist die Zustimmung des Eigentümers erforderlich.

Öffentlicher Glaube

Als ein öffentliches Register mit sehr strengen Eintragungsvoraussetzungen müssen die Beteiligten im Rechtsverkehr auf die Richtigkeit des Grundbuchinhalts vertrauen können. Darüber hinaus muss bei immer möglichen unrichtigen Eintragungen im Grundbuch derjenige geschützt werden, der in gutem Glauben an die Richtigkeit des Grundbuchs rechtsgeschäftliche Verfügungen vorgenommen hat.

Kraft Gesetzes gilt die widerlegbare Vermutung, dass die Eintragungen im Grundbuch als richtig gelten:

- Ist im Grundbuch für jemand ein Recht eingetragen, so wird vermutet, dass ihm dieses Recht zusteht.

  » Ist A im Grundbuch als Eigentümer eines Grundstücks eingetragen, so wird gesetzlich vermutet, dass er der Eigentümer des Grundstücks ist.

- Ist im Grundbuch ein Recht gelöscht, so wird vermutet, dass das Recht nicht mehr besteht.

  » Ist die für A in der dritten Abteilung des Grundbuchs eingetragene Grundschuld gelöscht, besteht die gesetzliche Vermutung, dass die Grundschuld nicht mehr besteht.

Achtung: Derjenige, der die Unrichtigkeit einer Eintragung im Grundbuch behauptet, muss die gesetzliche Vermutung der Richtigkeit des Grundbuchs widerlegen. Er muss also den Nachweis führen, dass der Buchstand im Grundbuch der materiellen Rechtslage widerspricht.

Gesetzlich geschützt ist derjenige, der sich auf die Richtigkeit des Grundbuchs verlassen hat: Zugunsten desjenigen, welcher ein Recht an einem Grundstück oder ein Recht an einem Recht durch Rechtsgeschäft erwirbt, gilt der Inhalt des Grundbuchs als richtig. Mit dem gutgläubigen Erwerb eines Rechts verliert der wahre Berechtigte sein Recht, wenn er nicht im Grundbuch eingetragen ist.

» A ist unberechtigt im Grundbuch als Grundstückseigentümer eingetragen. Tatsächlich steht das Grundstück im Eigentum von B. A verkauft das Grundstück an C; dieser wird als neuer Eigentümer im Grundbuch eingetragen. C konnte auf die Richtigkeit der Grundbucheintragung vertrauen. Er ist Eigentümer des Grundstücks geworden, es sei denn, dass er wusste, dass der Grundbucheintrag unrichtig war.

Einsichtnahme in das Grundbuch

In das Grundbuch kann jeder, der ein berechtigtes Interesse darlegt, Einsicht nehmen. Das Recht auf Einsichtnahme erstreckt sich auch auf Urkunden, auf die im Grundbuch zur Ergänzung einer Eintragung Bezug genommen ist sowie auf die noch nicht erledigten Eintragungsanträge. Der Grundstückseigentümer wird durch die Einsichtnahme in seinen Rechten nicht berührt; deshalb steht ihm auch kein Beschwerderecht zu.

2.8.2 Einzelne dingliche Lasten im Grundbuch

Auf einem Grundstück können vielfältige dingliche Lasten ruhen. Von einer dinglichen Belastung spricht man, wenn eine Verpflichtung mit dem Eigentum an einem Grundstück verknüpft ist und deshalb den jeweiligen Eigentümer des Grundstücks trifft.

Hypothek

Die Hypothek ist ein sogenanntes Grundpfandrecht. Sie dient der Sicherheit eines Kreditinstituts für den Fall, dass der Darlehensnehmer nicht dazu in der Lage ist, den Kredit zurückzuzahlen. Durch die Hypothek haftet das Grundstück einschließlich der auf ihm errichteten Gebäude für die gesamte Forderung. Sie erstreckt sich auch auf das Zubehör und auf die Erzeugnisse, solange sich diese Gegenstände auf dem Grundstück befinden und im Eigentum des Grundstückseigentümers stehen. Ist das Grundstück vermietet oder verpachtet, so erstreckt sich die Hypothek auch auf die Miet- oder Pachtforderung.

Wird die mit der Hypothek abgesicherte Forderung nicht getilgt, steht dem Eigentümer die Zwangsvollstreckung seines Grundstücks durch den Gläubiger bevor. Das heißt, der Gläubiger einer Hypothek hat das Recht, gegebenenfalls nach einer Kündigung der Hypothek das Grundstück einschließlich der mithaftenden Gegenstände zu seinen Gunsten zu verwerten und den Erlös zur Befriedigung seiner Forderung zu verwenden. Dies erfolgt im Wege der Zwangsvollstreckung in das Grundstück. Der Gläubiger kann das Grundstück öffentlich versteigern lassen. Der Erlös aus der Zwangsversteigerung wird dann unter den Grundpfandgläubigern, deren Rechte wegen der Versteigerung untergehen, entsprechend ihrer Rangstelle im Grundbuch verteilt.

Die Hypothek entsteht durch Einigung zwischen dem Gläubiger der Forderung und dem Eigentümer des Grundstücks und Eintragung der Hypothek im Grundbuch. Bei der Eintragung der Hypothek müssen der Gläubiger, der Geldbetrag der Forderung und, wenn die Hypothek verzinslich ist, der Zinssatz angegeben werden. Im Regelfall handelt es sich bei einer Hypothek um eine sogenannte Briefhypothek. Das heißt, über die Hypothek wird eine Urkunde, der Hypothekenbrief, ausgestellt. Erst wenn dem Gläubiger dieser Brief vom Eigentümer ausgehändigt wurde, erwirbt er die Hypothek. Allerdings kann die Erteilung des Briefes ausgeschlossen werden. Dann besteht eine sogenannte Buchhypothek. In diesem Falle erwirbt der Gläubiger die Hypothek durch die Auszahlung des Darlehens.

Grundschuld

Wie die Hypothek ist auch die Grundschuld ein sogenanntes Grundpfandrecht, also ein dingliches Verwertungsrecht zur Absicherung von Krediten. Kann der Kreditnehmer sein Darlehen nicht tilgen, kann der Kreditgeber das Geld im Wege einer Zwangsversteigerung aus dem Grundstück erhalten.

Obwohl im allgemeinen Sprachgebrauch die Hypothek wesentlich geläufiger ist als die Grundschuld, werden Hypotheken heutzutage kaum noch vergeben. In der Praxis ist die Grundschuld das wichtigere Sicherungsmittel bei der Gewährung eines Kredits. Das liegt daran, dass die Grundschuld verkehrsfähiger ist als die Hypothek. Die Hypothek ist nämlich immer an den Bestand der Darlehnsforderung geknüpft. Erlischt die Forderung, erlischt automatisch auch die Hypothek. Die Grundschuld hingegen besteht auch dann, wenn die Forderung, die sie sichern soll, nicht entstanden ist oder nicht mehr besteht, weil sie bereits getilgt wurde. Von den Banken und Sparkassen wird die Grundschuld gegenüber der Hypothek auch deshalb als Sicherungsmittel bevorzugt, weil sie ohne die Forderung abgetreten und deshalb einfacher als die Hypothek übertragen werden kann.

Auf die Grundschuld finden die gesetzlichen Vorschriften über die Hypothek entsprechende Anwendung, soweit diese nicht eine Forderung voraussetzen. Wie die Hypothek kann also auch die Grundschuld Brief- oder Buchgrundschuld sein. Die Briefgrundschuld wird durch Einigung zwischen dem Grundstückseigentümer und dem Gläubiger darüber, dass die Grundschuld entstehen soll, durch Eintragung der Rechtsänderung ins Grundbuch und durch Übergabe des Grundschuldbriefs, die Buchgrundschuld durch Einigung und Eintragung ins Grundbuch begründet.

Ist ein Darlehen vollständig getilgt, kann der Eigentümer des Grundstücks deren Löschung im Grundbuch beantragen. Hier bedarf es einer öffentlich beglaubigten Löschungsbewilligung des Kreditgebers. Sinnvoller als die Löschung der Grundschuld kann es sein, die Grundschuld im Grundbuch bestehen zu lassen. Das hat den Vorteil, dass die Grundschuld in der Zukunft erneut als Kreditsicherheit genutzt werden kann. Liegt der Grundschuld keine Forderung mehr zugrunde, besteht sie als sogenannte Eigentümergrundschuld. Die Grundschuld steht dann dem Eigentümer an seinem eigenen Grundstück zu.

! Der Grundstückseigentümer kann eine Eigentümergrundschuld auch durch einseitige Erklärung gegenüber dem Grundbuchamt und Eintragung im Grundbuch bestellen. In diesem Fall wird die Grundschuld auf den eigenen Namen des Grundstückseigentümers in das Grundbuch eingetragen. Damit kann sich der Eigentümer die finanziell günstigere Rangstelle für weitere Belastungen offenhalten.

Achtung: Häufig wird in einem Kreditvertrag vereinbart, dass die Zahlungen des Schuldners nicht auf die Grundschuld, sondern lediglich auf die persönliche Darlehensschuld verrechnet werden. Das hat zwangsläufig zur Folge, dass zwar der Kredit, nicht aber die Grundschuld getilgt wird. Für Sie als Käufer des Grundstücks ist dieser Umstand von Bedeutung, wenn Sie beim Grundstückserwerb die Grundschuld unter Anrechnung auf den Kaufpreis übernehmen. Vor Abschluss des Kaufvertrags sollten Sie deshalb unbedingt den Inhalt der Grundbuchzweckerklärung einsehen. Eine solche Erklärung besteht zu jedem Darlehensvertrag, dessen Rückzahlung durch eine Sicherheit abgesichert wird. Sie ist grundsätzlich notwendig, um eine Verknüpfung zwischen der Grundschuld und der zugrunde liegenden Forderung herzustellen. Informieren Sie sich vor Abschluss des Kaufvertrags über den Inhalt der Grundschuldzweckerklärung, die Tilgungsbestimmungen und den Stand der Tilgung.

Rentenschuld

Die Rentenschuld ist eine besondere Form der Grundschuld. Wie die Grundschuld ist auch die Rentenschuld nicht vom Bestand einer Forderung abhängig. Im Gegensatz zur Grundschuld, die auf einen einmaligen Geldbetrag gerichtet ist, haftet bei der Rentenschuld das Grundstück dahin gehend, dass zu regelmäßig wiederkehrenden Terminen eine bestimmte Geldsumme zu zahlen ist. Bei der Bestellung der Rentenschuld muss der Betrag bestimmt werden, durch dessen Zahlung die Rentenschuld abgelöst werden kann. Die Ablösesumme muss ins Grundbuch eingetragen werden.

Das Recht zur Ablöse steht nur dem Eigentümer zu. Dem Gläubiger kann das Ablöserecht nicht eingeräumt werden. Die Kündigungsfrist des Eigentümers beträgt sechs Monate, wenn nichts anderes vereinbart ist.

Grunddienstbarkeit

Eine Grunddienstbarkeit ist ein dingliches Nutzungsrecht an einem Grundstück (dienendes Grundstück) zugunsten des jeweiligen Eigentümers eines anderen (herrschenden) Grundstücks. Die Belastung erfolgt also nicht zugunsten einer bestimmten Person, sondern zugunsten des jeweiligen Eigentümers eines anderen Grundstücks. Bei der Veräußerung des herrschenden Grundstücks geht also die Berechtigung aus der Grunddienstbarkeit auf den Erwerber über. Die Grunddienstbarkeit entsteht durch Einigung zwischen dem Eigentümer des belasteten Grundstücks und dem Eigentümer des herrschenden Grundstücks und Eintragung im Grundbuch.

Zwingende Voraussetzung für den Inhalt der Grunddienstbarkeit ist, dass sie in einer Belastung eines Grundstücks besteht, die für das herrschende Grundstück und nicht nur für dessen Eigentümer einen Vorteil bietet. Im Übrigen kann eine Grunddienstbarkeit recht unterschiedliche Inhalte haben:

- Das Grundstück kann zugunsten des jeweiligen Eigentümers eines anderen Grundstücks in der Weise belastet werden, dass dieser das Grundstück in einzelnen Beziehungen nutzen darf, die der Eigentümer aufgrund seines Eigentumsrechts sonst verbieten könnte.

> » Der jeweilige Eigentümer des herrschenden Grundstücks kann berechtigt werden, ein Gebäude auf die Grenze zu bauen, das belastete Grundstück zu befahren und/oder zu begehen, Leitungen (z.B. Wasser-, Stromleitungen) über das belastete Grundstück zu fahren oder dem belasteten Grundstück Wasser zu entnehmen.

- Die Belastung des Grundstücks kann in der Weise erfolgen, dass der Eigentümer bestimmte Handlungen nicht vornehmen darf, die er sonst kraft seines Eigentumsrechts vornehmen dürfte.

» Verbot einer bestimmten Bebauung, Verbot, eine Einfriedigung zu entfernen, Verbot des Anbaus ohne Benutzung der Nachbarwand, Verbot, zur Sicherung der Aussicht ein Gebäude über eine bestimmte Höhe hinaus zu errichten.

- Schließlich kann eine Grunddienstbarkeit auch in der Weise bestellt werden, dass der Eigentümer des belasteten Grundstücks Rechte, die ihm an sich zustehen, nicht ausüben darf.

» Durch eine Grunddienstbarkeit kann ausgeschlossen werden, dass der Eigentümer die Beseitigung von Beeinträchtigungen verlangen darf, die seinem Grundstück durch übermäßige Gerüche, Geräusche oder Erschütterungen zugeführt werden.

Das dem jeweiligen Eigentümer des herrschenden Grundstücks eingeräumte Recht darf nur in der Weise ausgeübt werden, wie es vereinbart und im Grundbuch eingetragen wurde. Das Recht darf stets nur so ausgeübt werden, dass der Eigentümer des dienenden Grundstücks und das Grundstück nicht über das Vereinbarte hinaus beeinträchtigt werden. Die Interessen des Eigentümers sind zu wahren, nur das unbedingt Notwendige ist gestattet. Schäden, die durch die Ausübung entstehen, sind zu beseitigen.

! Die Grunddienstbarkeit erlischt u.a. durch Aufhebung. Diese erfordert neben der Erklärung des Berechtigten, dass er das Recht aufgibt, die Löschung im Grundbuch. Beachten Sie also als Käufer, dass die Grunddienstbarkeit nur mit Zustimmung des Berechtigten aufgehoben werden kann. Informieren Sie sich vor Abschluss des Kaufvertrags über den Inhalt der Grunddienstbarkeit in der Eintragungsbewilligung. Dort finden Sie genaue Angaben über den Inhalt und den Umfang der Dienstbarkeit. Die Eintragungsbewilligung finden Sie in der Grundakte, die parallel zum Grundbuch geführt wird.

Beschränkt persönliche Dienstbarkeit

Eine beschränkt persönliche Dienstbarkeit ist eine Dienstbarkeit, die nicht wie die Grunddienstbarkeit dem jeweiligen Eigentümer des herrschenden Grundstücks zusteht, sondern nur zugunsten einer bestimmten Person bestellt ist. Die persönlich beschränkte Dienstbarkeit ist nicht übertragbar und nicht vererblich. Die Ausübung dieser Dienstbarkeit kann nur dann einem Dritten überlassen werden, wenn dies ausdrücklich gestattet ist.

Wie die Grunddienstbarkeit kann die beschränkt persönliche Dienstbarkeit darauf ausgerichtet sein, dass der Berechtigte das belastete Grundstück in einzelnen Beziehungen nutzen darf (z.B. Fahr- und/oder Wegerecht), der Eigentümer des belasteten Grundstücks einzelne Handlungen nicht vornehmen darf (z.B. Beschränkung der Bebaubarkeit) oder dass dem Eigentümer des belasteten Grundstücks einzelne Abwehrrechte nicht zustehen (z.B. Duldung übermäßiger Immissionen). Wegen der Einzelheiten vgl. die obigen Ausführungen über die Grunddienstbarkeit.

Die beschränkte persönliche Dienstbarkeit entsteht durch Einigung des Eigentümers des belasteten Grundstücks und des Berechtigten und durch Eintragung im Grundbuch.

Dingliches Wohnungsrecht

Das dingliche Wohnungsrecht ist eine besondere Form der beschränkt persönlichen Dienstbarkeit. Es gewährt dem Berechtigten das Recht, ein Gebäude oder einen Teil eines Gebäudes unter Ausschluss des Eigentümers als Wohnung zu nutzen. Ist das Recht auf einen Teil des Gebäudes beschränkt, darf der Berechtigte die zum gemeinschaftlichen Gebrauch der Bewohner bestimmten Anlagen und Einrichtungen mitbenutzen; dazu gehören z.B. der Hof, die Kellerräume, die Waschküche und die zentralen Ver- und Entsorgungsanlagen. Die durch die Benutzung verursachten Nebenkosten muss der Berechtigte tragen.

Achtung: Hauptzweck der Benutzung muss das Wohnen in genau festgelegten Räumlichkeiten eines Gebäudes sein, sofern sich das Wohnrecht nicht erkennbar auf alle Räume bezieht. Die Auswahl der Räume darf nicht dem Eigentümer überlassen bleiben.

» Die Eltern übergeben ihr Anwesen an ihre Kinder und behalten sich das lebenslange und unentgeltliche Wohnungsrecht an den von ihnen bewohnten Räumen vor.

Das dingliche Wohnungsrecht entsteht durch Einigung des Eigentümers und des Wohnungsberechtigten und Eintragung im Grundbuch.

Der Wohnungsberechtigte ist befugt, Familienangehörige, Hauspersonal und Pflegepersonen in die Wohnung aufzunehmen. Anderen Personen darf der Berechtigte die Wohnung nur überlassen, wenn ihm dies ausdrücklich gestattet ist.

Der Wohnungsberechtigte trägt nach dem Gesetz die gewöhnlichen Erhaltungs-, Reparatur- und privaten Kosten sowie die laufenden öffentlichen Kosten (Wasser, Müll, Licht, Heizung etc.). Der Eigentümer trägt die Kosten für außergewöhnliche Ausbesserungen, ist aber nicht verpflichtet, außergewöhnliche Ausbesserungen vorzunehmen (z.B. Neueindeckung des Daches).

Das dingliche Wohnungsrecht kann weder vererbt noch übertragen werden. Es erlischt mit dem Tod des Berechtigten oder mit dem Ablauf der vereinbarten Zeit. Wurde das Wohnungsrecht zugunsten von Eheleuten bestellt, erlischt es mit dem Tod des zuletzt versterbenden Ehegatten.

! Informieren Sie sich vor Abschluss des Kaufvertrags über den genauen Inhalt und den Umfang des eingetragenen Wohnungsrechts in der Eintragungsbewilligung. Dort finden Sie genaue Angaben über den Inhalt und den Umfang der Belastung. Die Eintragungsbewilligung finden Sie in der Grundakte, die parallel zum Grundbuch geführt wird.

Achtung: Vom dinglichen Wohnungsrecht ist die beschränkte persönliche Dienstbarkeit (Wohnrecht) zu unterscheiden. Eine solche liegt vor, wenn dem Berechtigten lediglich ein Mitbenutzungsrecht eingeräumt wird. Im Unterschied zum dinglichen Wohnungsrecht darf die Wohnung im Falle einer beschränkten persönlichen Dienstbarkeit vom Berechtigten nur in eigener Person genutzt werden. Die Aufnahme von Familienangehörigen oder sonstiger Personen ist nicht zulässig.

Nießbrauch

Der Eigentümer einer Sache hat das Recht, über die Sache zu verfügen, sie zu nutzen und die Früchte daraus (z.B. Mieteinnahmen) zu ziehen. Durch den Nießbrauch kann der Eigentümer das Recht zur Nutzung der Sache und zur Fruchtziehung auf eine andere Person übertragen. Das Recht, über die Sache rechtlich zu verfügen, bleibt damit beim Eigentümer; er kann deshalb die Sache auch jederzeit veräußern. Dem Nießbraucher steht dagegen das Recht auf die Nutzung und die Fruchtziehung zu. Als Nießbraucher muss allerdings immer eine bestimmte Person bestellt werden. Ein Nießbrauch für den jeweiligen Eigentümer eines anderen Grundstücks kann nicht bestellt werden. Zulässig ist es auch, mehrere Personen als Nießbraucher zu bestellen.

Wie alle anderen Belastungen des Grundstücks wird der Nießbrauch an einem Grundstück durch Einigung des Eigentümers mit dem Nießbraucher bestellt. Ferner bedarf es der Eintragung des Nießbrauchs im Grundbuch.

Der Nießbraucher ist zum Besitz der Sache und zur Nutzung des Grundstücks berechtigt. Allerdings kann der Nießbrauch in der Weise beschränkt werden, dass einzelne Nutzzungen ausgeschlossen sind. So kann etwa der Nießbraucher berechtigt sein, ein Haus, nicht aber den dazugehörigen Garten zu nutzen. Das Nutzungsrecht des Nießbrauchers erstreckt sich auch darauf, die Sache zu vermieten oder zu verpachten. Dem Nießbraucher stehen auch die Früchte des Grundstücks zu. Bei einem Nießbrauch an einem Gartengrundstück darf er die Obstbäume abernten. Im Falle der Vermietung oder Verpachtung stehen ihm die Miet- bzw. Pachteinnahmen zu.

Der Nießbraucher hat für die Erhaltung der Sache in ihrem wirtschaftlichen Bestand zu sorgen. Er hat auf seine Kosten die notwendigen Maßnahmen (z.B. Ausbesserungen, Erneuerungen) vorzunehmen, sofern diese zur gewöhnlichen Unterhaltung der Sache gehören. Außergewöhnliche Ausbesserungs- und Erneuerungsmaßnahmen muss er nur vornehmen, wenn er dazu kraft ausdrücklicher Vereinbarung verpflichtet ist. Der Nießbraucher ist nicht berechtigt, das Grundstück umzugestalten oder wesentlich zu verändern.

Für die Dauer des Nießbrauchs muss der Nießbraucher die Sache gegen Brandschaden und sonstige Unfälle auf seine Kosten versichern, wenn die Versicherung einer ordnungsmäßigen Wirtschaft entspricht. Die Versicherung muss so abgeschlossen werden, dass die Forderungen gegen den Versicherer dem Eigentümer zustehen.

Wenn der Nießbrauch für eine bestimmte Zeit bestellt wurde, endet er mit dem Ablauf der Zeit. Andernfalls endet er mit dem Tod des Nießbrauchers.

! Informieren Sie sich vor Abschluss des Kaufvertrags über den Inhalt und den Umfang des Nießbrauchs. Dieser geht aus der Eintragungsbewilligung hervor. Dort können Sie erfahren, welche Nutzungen Ihnen für die Dauer des Nießbrauchs vorenthalten sind. Ferner sollten Sie sich beim Verkäufer danach erkundigen, ob Rechte und Pflichten des Nießbrauchers unter Umständen vom Gesetz abweichend geregelt sind (z.B. hinsichtlich der Kosten für Erhaltungsmaßnahmen).

Reallast

Die Reallast ist die Belastung eines Grundstücks in der Weise, dass an denjenigen, zu dessen Gunsten die Belastung erfolgt, wiederkehrende Leistungen aus dem Grundstück zu entrichten sind. Die Reallast entsteht durch Einigung des Grundstückseigentümers und des Berechtigten und Eintragung im Grundbuch. Für die Eintragung ist die Erteilung einer Eintragungsbewilligung des Eigentümers des belasteten Grundstücks erforderlich.

Anders als bei der Rentenschuld (vgl. oben) müssen die Leistungen bei der Reallast nicht in Geld bestehen; sie müssen auch nicht regelmäßig erbracht werden. Die Leistungen können zeitlich unbegrenzt oder für eine bestimmte Zeit zu entrichten sein. Bei den geschuldeten Leistungen muss es sich um aktive Handlungen handeln. Die Verpflichtung zu einer Unterlassung kann nicht Gegenstand einer Reallast sein.

» Inhalt der Reallast kann die Zahlung einer Rente, die Übernahme von Pflegeleistungen, die Lieferung von Nahrung und Energie oder die Aufrechterhaltung eines bestimmten Gebäudezustands (z.B. Unterhaltung von Einrichtungen auf dem Grundstück) sein. In der Praxis wird die Reallast häufig im Zusammenhang mit dem Altenteilsrecht eingesetzt. Der bisherige Eigentümer übergibt schon zu Lebzeiten das Grundstück an seinen Nachfolger, sichert seinen bislang aus dem Grundstück bestrittenen Bedarf aber durch Reallasten in Form von Sachleistungen, monatlichen Versorgungsrenten oder Pflegeleistungen ab.

Achtung: Bei der Reallast haftet der Eigentümer nicht nur mit dem Grundstück, sondern mit seinem gesamten Vermögen. Der Eigentümer muss also gegebenenfalls sein gesamtes Vermögen dafür einsetzen, um die Reallast zu erfüllen.

Eine Reallast kann zugunsten einer bestimmten Person oder zugunsten des jeweiligen Eigentümers eines Grundstücks (also nicht gebunden an eine Person) bestellt werden. Die zugunsten einer bestimmten Person bestehende (subjektiv-persönliche) Reallast kann grundsätzlich übertragen und damit auch gepfändet werden. Wird die Reallast zugunsten des jeweiligen Eigentümers eines anderen Grundstücks bestellt, geht sie mit dem Eigentum an diesem Grundstück auf den neuen Eigentümer über.

! Informieren Sie sich vor Abschluss des Kaufvertrags über den Inhalt und den Umfang der Reallast. Dieser geht aus der Eintragungsbewilligung hervor. Beachten Sie auch, dass Sie als Käufer bei einer Reallast nicht nur mit dem Grundstück, sondern persönlich auch mit Ihrem gesamten Vermögen haften. Für alle Leistungen, die nach der Eigentumsübertragung fällig werden, müssen Sie also gegebenenfalls mit Ihrem gesamten Vermögen einstehen.

Dingliches Vorkaufsrecht

Unter einem Vorkaufsrecht ist ein Recht zu verstehen, kraft dessen der Berechtigte bei einem Verkauf an einen Dritten in den Kaufvertrag anstelle des Käufers eintreten kann. Ein dingliches Vorkaufsrecht kann nur bei Grundstücken vereinbart werden. In diesem Fall wird ein Grundstück in der Weise belastet, dass derjenige, zu dessen Gunsten die Belastung erfolgt, dem Eigentümer gegenüber zum Vorkauf berechtigt ist.

Die Bestellung des dinglichen Vorkaufsrechts erfolgt durch Einigung zwischen dem Grundstückseigentümer und dem Vorkaufsberechtigten. Es kann auch zugunsten des jeweiligen Eigentümers eines anderen Grundstücks bestellt werden.

Achtung: Grundsätzlich beschränkt sich das Vorkaufsrecht des Berechtigten auf den ersten Verkaufsfall durch den Eigentümer. Übt der Berechtigte bei diesem Verkauf sein Vorkaufsrecht nicht aus, kann er es bei einem weiteren Verkaufsfall nicht mehr geltend machen. Allerdings kann ein Vorkaufsrecht auch für mehrere oder für alle Verkaufsfälle begründet werden.

Der Berechtigte kann sein Vorkaufsrecht immer erst nach Abschluss eines formgültigen Kaufvertrags ausüben. Durch die Ausübung des Vorkaufsrechts kommt ein selbstständiger Kaufvertrag zwischen dem Verkäufer und dem Vorkaufsberechtigten zustande. Der Vertrag hat den gleichen Inhalt wie der Vertrag zwischen dem Verkäufer und dem Käufer. War der Käufer bereits Eigentümer geworden, kann der Vorkaufsberechtigte von ihm die Zustimmung zur Eintragung ins Grundbuch verlangen. Der Käufer kann die Zustimmung zur Eintragung und die Herausgabe des Grundstücks verweigern, bis ihm vom Vorkaufsberechtigten der Kaufpreis erstattet wurde.

Das Vorkaufsrecht erlischt, wenn der Eigentümer sein Grundstück verkauft und der Berechtigte nicht von seinem Recht Gebrauch gemacht hat, es sei denn, das Vorkaufsrecht wurde für mehrere oder alle Verkaufsfälle bestellt. Das Vorkaufsrecht zugunsten einer bestimmten Person erlischt mit deren Tod. Es ist nicht übertragbar und vererbbar. Allerdings kann die Übertragbarkeit und Vererbbarkeit ausdrücklich vereinbart werden; in diesem Fall muss eine entsprechende Eintragung im Grundbuch erfolgen.

! Informieren Sie sich vor Abschluss des Kaufvertrags über den Inhalt des Vorkaufsrechts. Dieser geht aus der Eintragungsbewilligung hervor. Der Vorkaufsberechtigte kann es sich zwei Monate lang überlegen, ob er sein Vorkaufsrecht ausüben will. Die Frist beginnt erst zu laufen, wenn dem Vorkaufsberechtigten der Inhalt des Kaufvertrags mitgeteilt wurde. Dazu ist der Verkäufer verpflichtet. Aber auch als Käufer können Sie dem

Berechtigten den Kaufvertrag mitteilen und so das Verfahren beschleunigen. Treffen Sie aber in jedem Fall keine Dispositionen, die Sie nicht mehr rückgängig machen können, wenn noch nicht feststeht, dass der Berechtigte von seinem Vorkaufsrecht Gebrauch macht.

2.8.3 Belastungen des Grundstücks außerhalb des Grundbuchs

Belastungen kann ein Grundstück auch außerhalb des Grundbuchs unterliegen. In Betracht kommen insbesondere das Notwegerecht, der Überbau, die Baulast und ein gesetzliches Vorkaufsrecht.

Notweg

Fehlt einem Grundstück die zur umfassenden Nutzung notwendige Verbindung mit einem öffentlichen Weg, so kann der betroffene Grundstückseigentümer vom Eigentümer des Nachbargrundstücks verlangen, dass er bis zur Herstellung eines Anschlusses das benachbarte Grundstück und dessen Verbindung zu einem öffentlichen Weg nutzen darf.

Achtung: Bloße Unannehmlichkeiten oder Zeitverzögerungen bei der Benutzung einer vorhandenen Zufahrt durch Rettungsfahrzeuge begründen keinen Anspruch gegen den Grundstücksnachbarn. Dagegen können persönliche Umstände wie Alter, Gebrechlichkeit oder Krankheit einen Anspruch begründen.

Der Anspruch auf einen Notweg setzt die ordnungsgemäße Benutzung des Grundstücks voraus, dem die Verbindung zu einer öffentlichen Verkehrsfläche fehlt. Die ordnungsgemäße Nutzung richtet sich nach objektiven Gesichtspunkten. Maßgebend ist die angemessene, den wirtschaftlichen Verhältnissen des Grundstücks entsprechende Nutzung. Handelt es sich um ein Wohngrundstück, setzt die ordnungsgemäße Benutzung des Grundstücks in der Regel voraus, dass es mit einem Kraftfahrzeug erreichbar ist. Ausreichend ist es aber, dass mit einem Kraftfahrzeug unmittelbar an das Grundstück herangefahren und der Eingangsbereich von dieser Stelle aus in zumutbarer Weise – auch mit sperrigen Gegenständen – erreicht werden kann.

Der Eigentümer, über dessen Grundstück der Notweg verläuft, hat Anspruch auf eine finanzielle Entschädigung. Die Höhe der Geldrente richtet sich nach dem Nachteil des Verbindungsgrundstücks. Grundlage für die Berechnung kann der Nutzungswert (Mietertrag) oder der Verkehrswert der beanspruchten Fläche sein.

Überbau

Grundsätzlich muss der Eigentümer eines Grundstücks die Verletzung seines Eigentums durch andere nicht hinnehmen und kann Beseitigung verlangen. Eine Ausnahme besteht im Falle eines Überbaus. So besteht kraft Gesetzes eine Duldungspflicht des durch den Überbau in seinen Eigentumsrechten verletzten Eigentümers für den Fall, dass der Grundstücksnachbar bei der Errichtung eines Gebäudes über die Grenze baut, ohne dass ihm Vorsatz oder grobe Fahrlässigkeit zur Last fällt und der Grundstückseigentümer nicht sofort Widerspruch erhoben hat.

Achtung: Die Duldungspflicht gilt nur für Gebäude, nicht aber für Zäune, Mauern oder einen seitlich offenen Carport. Und die Duldungspflicht gilt nur gegenüber dem Eigentümer, nicht gegenüber dem Mieter oder Pächter eines Grundstücks.

Die Duldungspflicht des Eigentümers des überbauten Grundstücks setzt voraus, dass nur zum Teil über die Grenze gebaut worden ist. Das Gebäude darf also nicht vollständig auf fremdem Grund liegen. Ferner ist Voraussetzung für die Duldungspflicht, dass der Überbau weder vorsätzlich noch grob fahrlässig erfolgt ist. Ein Verschulden des Architekten wird dem Bauherrn zugerechnet, nicht jedoch ein Verschulden des beauftragten Bauunternehmers und seines Personals.

Der Überbauer hat an den Berechtigten eine angemessene Geldrente jährlich im Voraus zu entrichten. Grundlage für deren Berechnung sind der Verkehrswert der überbauten Fläche und die durch den Überbau bewirkte Beeinträchtigung bei der Benutzung des nicht überbauten Grundstücks. Im Übrigen kann der Rentenberechtigte jederzeit verlangen, dass der Überbauer ihm den überbauten Grundstücksteil abkauft.

Baulast

Das Eigentum an einem Grundstück kann nicht nur durch Rechte privater Personen an dem Grundstück eingeschränkt sein. Auch die Baubehörde kann Inhaberin von Rechten sein, die auf einem Grundstück dinglich lasten. So kann sich der Grundstückseigentümer durch Abgabe einer Erklärung gegenüber der Bauaufsichtsbehörde zu einem sein Grundstück betreffendes Handeln (Tun, Dulden, Unterlassen) verpflichten. Eine solche Baulast stellt eine freiwillig übernommene Pflicht zur Herstellung oder Duldung von Verhältnissen dar, die zum Beispiel Voraussetzung für die Rechtmäßigkeit eines Bauvorhabens sein können. Eine Baulast wird in der Regel immer dann erforderlich, wenn ein geplantes Bauvorhaben auf dem Baugrundstück selbst nicht baurechtskonform hergestellt werden kann und deshalb ein oder mehrere andere umliegende Grundstücke zur Herstellung der Genehmigungsfähigkeit herangezogen werden müssen.

» Die Abstandsflächen für ein Bauvorhaben können auf dem Baugrundstück nicht untergebracht werden. Der Nachbar gestattet die Eintragung einer Baulast, dass sich die fehlende Abstandsfläche auf sein Grundstück erstrecken kann. Oder es können erforderliche Stellplätze für Kraftfahrzeuge auf dem Baugrundstück nicht oder nicht ausreichend ausgewiesen werden; in diesem Fall kann die Bauaufsichtsbehörde gestatten, dass diese Einrichtungen auf dem Nachbargrundstück hergestellt werden, wenn dies öffentlich-rechtlich durch die Eintragung einer Baulast gesichert wird.

! Öffentlich-rechtliche Baulasten, die auf einem Grundstück ruhen, sind im Baulastenverzeichnis eingetragen. Wenn Sie ein Grundstück erwerben möchten, sollten Sie also nicht nur das Grundbuch einsehen, sondern zusätzlich das Baulastenverzeichnis.

Gesetzliches Vorkaufsrecht

Gemeinden steht zur Sicherung ihrer Bauleitplanung in bestimmten Fällen ein gesetzliches Vorkaufsrecht zu. Wie beim dinglichen Vorkaufsrecht (vgl. dazu 2.8.2) ist Voraussetzung für die Ausübung des Vorkaufsrechts durch die Gemeinde, dass ein Kaufvertrag vorliegt.

Die Ausübung des Vorkaufsrechtes durch die Gemeinde bedeutet, dass sie als Käuferin in den bestehenden Kaufvertrag zu denselben Bedingungen eintritt, und damit grundsätzlich auch in die Verpflichtung, den Kaufpreis zu bezahlen. Die Kommune hat das Wahlrecht, das Grundstück lediglich zum Verkehrswert zu erwerben, dann aber mit der Folge, dass der Verkäufer vom Vertrag zurücktreten kann.

Der Gemeinde steht ein allgemeines Vorkaufsrecht an bebauten und unbebauten Grundstücken in folgenden Bereichen des Gemeindegebiets zu:

- im Geltungsbereich eines Bebauungsplans, soweit es sich um Grundstücke handelt, für die eine Nutzung für öffentliche Zwecke (Verkehrs-, Grün-, Gemeinbedarfs-, Versorgungs- und Entsorgungsflächen) festgesetzt ist,
- in einem Umlegungsgebiet,
- in einem förmlich festgelegten Sanierungsgebiet und städtebaulichen Entwicklungsbereich,
- im Geltungsbereich einer Erhaltungssatzung.

Darüber hinaus steht der Gemeinde auch ein Vorkaufsrecht beim Verkauf von unbebauten Grundstücken zu, soweit es sich um Flächen handelt,

- für die im Flächennutzungsplan eine Nutzung als Wohnbaufläche oder Wohngebiet dargestellt ist,
- die nach dem Bebauungsplan, im Vorgriff auf einen Bebauungsplan oder im unbeplanten Innenbereich vorwiegend mit Wohngebäuden bebaut werden können.

Über das allgemeine Vorkaufsrecht hinaus kann die Gemeinde durch Satzung ein besonderes Vorkaufsrecht begründen:

- für unbebaute Grundstücke im Geltungsbereich eines Bebauungsplans,
- für Grundstücke in Gebieten, in denen sie städtebauliche Maßnahmen (z.B. die Aufstellung eines Bebauungsplans oder die Ausweisung eines städtebaulichen Entwicklungsbereichs) in Betracht zieht.

Das Vorkaufsrecht darf nur dann ausgeübt werden, wenn das Wohl der Allgemeinheit dies rechtfertigt. Es muss also ein öffentliches Interesse vorliegen, das das Vorkaufsrecht erforderlich macht. Das Vorkaufsrecht wird durch Bescheid gegenüber dem Grundstückseigentümer ausgeübt. Die Gemeinde muss die Ausübung des Vorkaufsrechts begründen. Das Vorkaufsrecht darf nur innerhalb von zwei Monaten nach Mitteilung des Kaufvertragsabschlusses an die Gemeinde ausgeübt werden. Mit der Ausübung des Vorkaufsrechts kommt der Kaufvertrag zwischen dem Begünstigten und dem Verkäufer zustande.

Das Grundbuchamt darf bei Kaufverträgen den Käufer als Eigentümer in das Grundbuch nur eintragen, wenn ihm die Nichtausübung oder das Nichtbestehen des Vorkaufsrechts nachgewiesen ist. Besteht ein Vorkaufsrecht nicht oder wird es nicht ausgeübt, hat die Gemeinde auf Antrag eines Beteiligten darüber unverzüglich ein Zeugnis auszustellen. Das Zeugnis gilt als Verzicht auf die Ausübung des Vorkaufsrechts.

Unter Umständen kann der Käufer die Ausübung des Vorkaufsrechts abwenden. Das ist der Fall, wenn die Verwendung des Grundstücks nach den baurechtlichen Vorschriften oder den Zielen und Zwecken der städtebaulichen Maßnahme bestimmt oder mit ausreichender Sicherheit bestimmbar ist, der Käufer in der Lage ist, das Grundstück binnen angemessener Frist dementsprechend zu nutzen, und er sich vor Ablauf der Frist hierzu verpflichtet.

3 Sie wollen ein Erbbaurecht kaufen

Anstelle des Erwerbs eines Grundstücks besteht unter Umständen die Möglichkeit, ein sogenanntes Erbbaurecht zu erwerben. In diesem Fall gestattet der Eigentümer des Grundstücks dem Erbbauberechtigten, auf dem Grundstück ein Eigenheim zu errichten und das Grundstück zu nutzen. Erbbaurechte werden vor allem von Kirchen, Gemeinden und Stiftungen vergeben.

3.1 Begriff des Erbbaurechts

Als Erbbaurecht bezeichnet man eine Belastung des Grundstücks des Inhalts, dass demjenigen, zu dessen Gunsten die Belastung erfolgt (Erbbauberechtigter), das veräußerliche und vererbliche Recht zusteht, auf oder unter der Oberfläche des Grundstücks ein Bauwerk zu haben. Normalerweise erstreckt sich das Eigentum an einem Grundstück auch auf dessen wesentliche Bestandteile, also die mit dem Grund und Boden fest verbundenen Sachen. Dazu gehören insbesondere Gebäude (vgl. dazu 2.2.3). Der Eigentümer des Grundstücks ist in diesem Fall kraft Gesetzes auch Eigentümer des Gebäudes, und zwar auch dann, wenn das Gebäude durch eine andere Person gebaut wurde.

Beim Erbbaurecht wird das Eigentum am Grundstück vom Eigentum am Gebäude getrennt. Der Eigentümer des Grundstücks räumt dem Erbbauberechtigten für eine bestimmte Dauer (im Regelfall zwischen 75 und 99 Jahren) das Recht ein, sein Grundstück mit einem Gebäude zu bebauen, was auch im Grundbuch eingetragen wird. Der Erbbauberechtigte ist dann alleiniger Eigentümer des Gebäudes. Während der Laufzeit des Vertrags kann der Erbbauberechtigte das Erbbaurecht als grundstücksgleiches Recht weiterverkaufen, beleihen, vererben oder verschenken. Gleiches gilt auch für den Grundstückseigentümer. Für die Nutzung des Grundstücks zahlt der Erbbauberechtigte jährlich einen sogenannten Erbbauzins. Dieser beträgt in der Regel einen bestimmten Prozentsatz des Grundstückswertes. Nach Ablauf der Laufzeit fällt das Grundstück – inklusive des Hauses, das auf dem Grundstück gebaut wurde – an den Grundstückseigentümer zurück, sofern der Vertrag nicht verlängert wird. Für eine vorhandene Immobilie muss der Grundstückseigentümer dem Erbbauberechtigten eine Entschädigung zahlen, die mindestens zwei Drittel des dann aktuellen Gebäudewertes betragen muss. Gesetzliche Regelungen über das Erbbaurecht enthält das Erbbaurechtsgesetz vom 15.1.1919.

! Das Verständnis für die Rechtsnatur des Erbbaurechts wird erleichtert, wenn man sich das Erbbaurecht als eigenes Grundstück vorstellt, das gewissermaßen über dem eigentlichen Grundstück »schwebt«. Das Erbbaurecht ist ein künstliches Grundstück. Auf diesem fiktiven Grundstück als Grundlage steht das Gebäude des Eigentümers des Erbbaurechts.

Mögliche Vorteile für den Erbbauberechtigten:

- Es muss nur der Hausbau und nicht zusätzlich noch ein teures Grundstück finanziert werden. Entsprechend geringer ist die Kreditsumme für das Baudarlehen. Damit wird weniger Eigenkapital benötigt, weil zu den Kosten des Hausbaus nicht noch der Grundstückskaufpreis hinzukommt.
- Der Vorteil für den Erbbauberechtigten liegt in der Höhe der Differenz zwischen dem niedrigen Erbbauzins und dem marktüblichen Hypothekenzins. Der Vorteil ist umso größer, je höher der Unterschied zwischen Erbbau- und Hypothekenzinsen ausfällt. In einer Niedrigzinsphase erscheint das Erbbaurecht wenig verlockend. Das kann sich aber ganz schnell ändern, wenn die Zinsen am Kapitalmarkt steigen. Schon bei der nächsten Kreditverlängerung nach Ablauf der ersten Bindungsfrist können die Kreditzinsen deutlich höher liegen.

Achtung: In der aktuellen Niedrigzinsphase ist das Erbbaurecht weniger interessant. Weil sich die Bauzinsen auf einem sehr geringen Niveau von teilweise unter 2 % bewegen, ist der Erbbauzins fast immer (deutlich) höher.

- Häufig bieten Kirchen für kinderreiche Familien oder Familien mit behinderten Familienmitgliedern Baugrundstücke zu besonders guten Konditionen an.
- Der Erbbauzins ist steuerlich absetzbar, wenn das erbaute Haus nicht selbst bewohnt, sondern vermietet wird.

Mögliche Nachteile für den Erbbauberechtigten:

- Ein Nachteil ist die sehr lange Laufzeit, die im privaten Bereich bis zu 99 Jahren betragen kann. Über diesen langen Zeitraum muss der Erbbauzins gezahlt und kalkuliert werden.
- Die Höhe des Erbbauzinses steht im Regelfall nicht über die gesamte Laufzeit des Erbbaurechts fest. Vielmehr wird sich der Grundstückseigentümer das Recht vorbehalten, diesen während der Vertragsdauer zu erhöhen. Zwar ist eine Anhebung frühestens alle drei Jahre möglich, aber nach Ablauf dieses Zeitraumes kann die Erhöhung teilweise drastisch ausfallen.
- Will der Erbbauberechtigte das Gebäude verkaufen, muss er mit einem geringeren Kaufpreis rechnen, weil Immobilien auf Erbbaurechtsgrundstücken nicht so gefragt sind wie Immobilien mit eigenen Grundstücken.
- Bei umfangreichen baulichen Veränderungen ist der Erbbauberechtigte auf die Zustimmung des Grundstückseigentümers angewiesen.

3.2 Entstehung des Erbbaurechts

Das Erbbaurecht entsteht durch eine Vereinbarung zwischen dem Grundstückseigentümer und dem künftigen Erbbauberechtigten, durch Einigung der Beteiligten über die Bestellung und Eintragung im Grundbuch.

3.2.1 Erbbaurechtsvertrag

Voraussetzung für die Entstehung des Erbbaurechts ist zunächst ein Vertrag zwischen dem Eigentümer des Grundstücks und dem künftigen Erbbauberechtigten. Im Prinzip gelten die gleichen Regeln wie beim Grundstückskaufvertrag (vgl. dazu im Einzelnen 2.2). Der Vertrag bedarf der notariellen Beurkundung. Andernfalls ist er unwirksam. Ausnahmsweise ist auch ein ohne Beachtung der gesetzlichen Formvorschrift geschlossener Vertrag mit seinem gesamten Inhalt gültig, wenn die Einigung über das Entstehen des Erbbaurechts vorliegt und die Eintragung der Belastung des Grundstücks im Grundbuch erfolgt (vgl. dazu unten).

3.2.2 Einigung

Neben dem Erbbaurechtsvertrag, der die gegenseitigen Pflichten der Vertragsparteien regelt, ist die Einigung des Eigentümers und des Berechtigten über das Entstehen des Erbbaurechts erforderlich. Häufig wird die Einigung in den Erbbaurechtsvertrag aufgenommen. In diesem Fall entstehen den Vertragsparteien dann keine zusätzlichen Kosten. Die Einigung kann allerdings auch in einer gesonderten Urkunde erklärt werden. Wegen der Einzelheiten wird auf die entsprechenden Ausführungen beim Grundstückskauf unter 2.3.1 verwiesen.

Im Gegensatz zur dinglichen Einigung über die Übertragung des Eigentums an einem Grundstück (Auflassung) darf sich die Einigung über die Entstehung eines Erbbaurechts nicht auf die Entstehung des Rechts als solches beschränken, sondern muss auch Umfang und Inhalt des Erbbaurechts umfassen. Ausreichend ist es in diesem Zusammenhang, wenn sich die Einigung auf die Bestimmung des belasteten Grundstücks, die Beschreibung des Bauwerks, welches Bestandteil des Erbbaurechts sein soll, und die Festlegung der Dauer des Erbbaurechts bezieht.

3.2.3 Eintragung im Grundbuch

Neben der Einigung der Beteiligten ist zur Entstehung des Erbbaurechts die Eintragung des Erbbaurechts in das Grundbuch erforderlich (wegen der Einzelheiten vgl. 2.3.2). Das Erbbaurecht wird in der Abteilung II des Grundbuchs eingetragen. Mit der Eintragung entsteht das Erbbaurecht. Außerdem wird für das Erbbaurecht noch ein eigenes Grundbuchblatt, das Erbbaugrundbuch, angelegt. Darin wird der Inhalt des Erbbaurechts eingetragen.

Achtung: Das Erbbaurecht kann nur an erster Rangstelle eingetragen werden. Damit ist gewährleistet, dass es auch im Fall einer Zwangsversteigerung des Grundstücks dem Erbbauberechtigten erhalten bleibt und dessen Gläubiger eine sichere Beleihungsgrundlage haben. Ist die erste Rangstelle bereits besetzt, muss die dort eingetragene Belastung entweder gelöscht oder im Rang hinter das Erbbaurecht zurücktreten. Unzulässig sind auch mit dem Erbbaurecht eingetragene gleichrangige Rechte. Das Erbbaurecht entsteht nicht, wenn es nicht erstrangig eingetragen wird.

3.3 Inhalt des Erbbaurechts

Zwingende Voraussetzung für die Belastung eines Grundstücks mit einem Erbbaurecht ist, dass auf dem Grundstück ein Bauwerk errichtet werden soll. Darüber hinaus können der Grundstückseigentümer und der Erbbauberechtigte weitere Vereinbarungen treffen.

3.3.1 Gesetzlicher Mindestinhalt

Notwendiger Inhalt eines Erbbaurechts ist, dass einem Dritten, der nicht Eigentümer des Grundstücks ist, das Recht eingeräumt wird, auf oder unter der Oberfläche eines Grundstücks ein Bauwerk zu haben. Im Regelfall wird dem Berechtigten das Recht eingeräumt, ein Gebäude zu errichten. Das Erbbaurecht kann auch auf einen für das Bauwerk nicht erforderlichen Teil des Grundstücks erstreckt werden, sofern das Bauwerk wirtschaftlich die Hauptsache bildet.

! In der Vereinbarung mit dem Grundstückseigentümer sollte der Erbbauberechtigte darauf achten, dass die Art und der Umfang der Bebauung möglichst genau angegeben werden, um Streitigkeiten mit dem Eigentümer bzw. mit einem etwaigen Käufer des Grundstücks zu vermeiden. Sinnvoll ist es in diesem Zusammenhang auch, die Nutzung des Gebäudes (z.B. für Wohnzwecke) zu regeln und klarzustellen, ob auch eine gewerbliche Nutzung zulässig sein soll.

Achtung: Nicht zulässig ist die Beschränkung des Erbbaurechts auf einen Teil des Gebäudes, insbesondere ein Stockwerk. Und auch die Beschränkung des Erbbaurechts durch auflösende Bedingungen ist nicht wirksam. Auch kann sich der Grundstückseigentümer auf eine Vereinbarung, durch die sich der Erbbauberechtigte verpflichtet, beim Eintreten bestimmter Voraussetzungen das Erbbaurecht aufzugeben und seine Löschung im Grundbuch zu beantragen, nicht berufen.

Zwar wird das Erbbaurecht im Regelfall zeitlich begrenzt, eine Befristung auf eine bestimmte Zeit ist jedoch nicht zwingend. Auch ein ewiges Erbbaurecht ist zulässig. Soll das Erbbaurecht nur für eine bestimmte Dauer bestellt werden, muss dies entsprechend festgelegt werden, jedoch nicht unbedingt datumsmäßig. Nicht zulässig ist es allerdings, auf den Tod des Erbbauberechtigten oder den Grundstückseigentümer abzustellen, weil es sich hierbei nicht um eine Befristung, sondern um eine unzulässige Bedingung handelt (vgl. oben).

3.3.2 Weitere mögliche Inhalte

Neben der zwingenden Voraussetzung für die Bestellung eines Erbbaurechts, dass der Grundstückseigentümer einem Dritten das Recht gewährt, auf seinem Grundstück ein Bauwerk zu haben, können die Beteiligten vertraglich weitere Vereinbarungen treffen und die jeweiligen Rechte und Pflichten sowie die Folgen bei einem Verstoß gegen diese Pflichten festlegen.

Vereinbarungen über die Errichtung, die Instandhaltung und die Verwendung des Bauwerks

Zwar gewährt das Erbbaurecht dem Erbbauberechtigten das Recht, auf dem Erbbaugrundstück ein Bauwerk zu haben, diesem Recht steht jedoch nicht die Verpflichtung des Erbbauberechtigten gegenüber, das Bauwerk auch tatsächlich zu errichten. Eine entsprechende Verpflichtung kann vertraglich geregelt werden. Dies gilt auch für die Verpflichtung des Berechtigten, das Bauwerk instand zu halten und diese Instandhaltungspflicht zum Inhalt des Erbbaurechts zu machen, weil für den Berechtigten eine entsprechende Verpflichtung nicht bereits kraft Gesetzes besteht. Auch Regelungen über die Pflicht zu einer bestimmten Ausgestaltung des Bauwerks und über dessen Verwendung können Inhalt des Erbbaurechts werden.

Vereinbarungen über die Versicherung des Bauwerks und seinen Wiederaufbau im Fall der Zerstörung

Häufig enthalten Erbbaurechtsverträge Bestimmungen über die Verpflichtung des Erbbauberechtigten, das Bauwerk gegen Brandschäden und sonstige Gefahren zu versichern und es im Fall der Zerstörung wieder aufzubauen. Entsprechende Verpflichtungen bestehen für den Erbbauberechtigten kraft Gesetzes nicht, sie können aber vertraglich geregelt werden. In diesem Fall gehören entsprechende Vereinbarungen dann zum Inhalt des Erbbaurechts.

Achtung: Ist der Erbbauberechtigte nach dem Erbbaurechtsvertrag zum Wiederaufbau des zerstörten Bauwerks verpflichtet und ist diese Pflicht zum Inhalt des Erbbaurechts geworden, so besteht die Verpflichtung zum Wiederaufbau unabhängig davon, ob den Erbbauberechtigten ein Verschulden an der Zerstörung des Bauwerks trifft und ob er wegen der Zerstörung einen Versicherungsanspruch oder einen Schadensersatzanspruch gegen Dritte hat.

Vereinbarungen über die Tragung der öffentlichen und privatrechtlichen Lasten und Abgaben

Zu den öffentlichen Lasten und Abgaben gehören zum Beispiel die Grundsteuer, die Gebäudesteuer, Erschließungsbeiträge nach dem Baugesetzbuch und Anliegerbeiträge nach dem Kommunalabgabengesetz für die Versorgung des Grundstücks mit Wasser. Werden zwischen dem Grundstückseigentümer keine besonderen Vereinbarungen getroffen, hat der Grundstückseigentümer die auf das Grundstück entfallenden Lasten und Abgaben zu tragen. Im Regelfall ist dies jedoch nicht gewollt, sodass entsprechende Vereinbarungen in den Erbbaurechtsvertrag aufgenommen werden.

Vereinbarungen über privatrechtliche Lasten sind seltener notwendig. Handelt es sich um Grundpfandrechte, die allein auf dem Grundstück lasten, ist allein der Grundstückseigentümer Schuldner der Zins- und Tilgungsleistungen. Belasten die Grundpfandrechte nur das Erbbaurecht, treffen allein den Erbbauberechtigten die finanziellen Verpflichtungen. Diese gesetzlichen Regelungen dürften im Regelfall dem Willen der Beteiligten entsprechen.

Vereinbarungen über eine Verpflichtung des Erbbauberechtigten, das Erbbaurecht dem Eigentümer zu übertragen (sogenannter Heimfall)

Unter dem sogenannten Heimfall versteht man die Verpflichtung des Erbbauberechtigten, das Erbbaurecht auf den Grundstückseigentümer oder auf einen vom Eigentümer bezeichneten Dritten zu übertragen. Dabei entscheidet der Grundstückseigentümer, ob er vom Heimfall Gebrauch macht oder nicht. Macht der Eigentümer vom Heimfall Gebrauch, berührt das den Bestand des Erbbaurechts nicht. Das Erbbaurecht bleibt also nach wie vor bestehen. Die Voraussetzungen, die den Heimfall auslösen, können im Erbbaurechtsvertrag grundsätzlich beliebig vereinbart werden.

» **Beispiel:** Den Heimfall können der Tod des Erbbauberechtigten oder des Grundstückseigentümers, die Zahlungsunfähigkeit des Berechtigten oder die Insolvenzeröffnung, die Vernachlässigung, die Veränderung oder der Untergang des Bauwerks auslösen.

! Zahlungsverzug des Erbbauberechtigten kann den Heimfallanspruch nur dann begründen, wenn der Erbbauberechtigte mit dem Erbbauzins mindestens in Höhe von zwei Jahresbeiträgen im Rückstand ist.

Der Heimfallanspruch verjährt in sechs Monaten von dem Zeitpunkt an, in dem der Grundstückseigentümer von dem Vorhandensein der Voraussetzungen Kenntnis erlangt, ohne Rücksicht auf diese Kenntnis in zwei Jahren vom Eintreten der Voraussetzungen an.

Macht der Eigentümer von seinem Heimfallanspruch Gebrauch, muss der Erbbauberechtigte das Erbbaurecht an den Eigentümer übertragen. In diesem Fall hat der Erbbauberechtigte Anspruch auf eine angemessene Vergütung für seinen Rechtsverlust. Über die Höhe dieser Vergütung und über die Art ihrer Zahlung können die Beteiligten eine Vereinbarung treffen.

! Grundsätzlich kann auch der Ausschluss der Vergütung vereinbart werden. Ist allerdings das Erbbaurecht zur Befriedigung der Wohnbedürfnisse minderbemittelter Bevölkerungskreise bestellt, so muss die Vergütung mindestens angemessen sein. Und das ist sie nur dann, wenn sie wenigstens zwei Drittel des gemeinen Werts des Erbbaurechts zur Zeit der Übertragung beträgt.

Vereinbarungen über eine Verpflichtung des Erbbauberechtigten zur Zahlung von Vertragsstrafen

Im Erbbaurechtsvertrag können die Vertragspartner Vertragsstrafen für den Fall vereinbaren, dass der Erbbauberechtigte seinen Verpflichtungen nicht nachkommt. Die Vertragsstrafe soll also die Erfüllung der Verpflichtungen des Berechtigten sichern. Eine entsprechende Regelung muss die jeweilige Pflichtverletzung und die damit verbundene Geldstraße zumindest bestimmbar bezeichnen. Schuldner der Vertragsstrafe ist der Erbbauberechtigte, der die strafbewehrte Handlung begangen hat. In der Praxis werden Vertragsstrafen regelmäßig nur im Zusammenhang mit der nicht fristgerechten Leistung des Erbbauzinses vereinbart.

! Der Anspruch auf eine Vertragsstrafe verjährt in sechs Monaten von dem Zeitpunkt an, in dem der Grundstückseigentümer von dem Vorhandensein der Voraussetzungen Kenntnis erlangt, ohne Rücksicht auf diese Kenntnis in zwei Jahren vom Eintreten der Voraussetzungen an.

Vereinbarungen über die Einräumung eines Vorrechts für den Erbbauberechtigten auf Erneuerung des Erbbaurechts nach dessen Ablauf

Ist im Erbbaurechtsvertrag ein »Vorrecht auf Erneuerung« vereinbart, berechtigt dies den ursprünglichen Erbbauberechtigten, nach Erlöschen des Erbbaurechts durch Zeitauflauf vom Eigentümer den Abschluss eines neuen Erbbaurechtsvertrags zu verlangen. Voraussetzung für das Vorrecht ist, dass der Eigentümer mit einem Dritten einen Erbbaurechtsvertrag über dasselbe Grundstück abgeschlossen hat und das neue Erbbaurecht demselben wirtschaftlichen Zweck wie das erloschene dient. Das Vorrecht erlischt drei Jahre nach Ablauf der Zeit, für die das Erbbaurecht bestellt war.

Vereinbarungen über eine Verpflichtung des Grundstückseigentümers, das Grundstück an den jeweiligen Erbbauberechtigten zu verkaufen

Der Grundstückseigentümer kann dem Erbbauberechtigten für die Dauer des Erbbaurechts hinsichtlich des Erbbaugrundstücks ein Erwerbsrecht einräumen und diese Vereinbarung zum Inhalt des Erbbaurechts machen. Die wesentlichen Kaufbedingungen müssen vertraglich festgelegt werden bzw. zumindest bestimmbar sein. Ist der Kaufpreis nicht bestimmt, gilt der angemessene Kaufpreis als vereinbart. Bei der Festlegung des angemessenen Kaufpreises ist die Belastung des Grundstücks mit dem Erbbaurecht nicht zu berücksichtigen.

Der Kaufvertrag kommt durch die einseitige Erklärung des Erbbauberechtigten gegenüber dem Grundstückseigentümer, dass er das Ankaufrecht ausübe, zustande. Der Anspruch des Erbbauberechtigten auf Erwerb des Eigentums am Grundstück kann durch Eintragung einer Vormerkung im Grundbuch gesichert werden.

Vereinbarungen über die Veräußerung und Belastung des Erbbaurechts

Als Inhalt des Erbbaurechts kann auch vereinbart werden, dass der Erbbauberechtigte zur Veräußerung oder zur Belastung seines Erbbaurechts der Zustimmung des Grundstückseigentümers bedarf.

Grundstückseigentümer und Erbbauberechtigter können die Veräußerung des Erbbaurechts durch den Erbbauberechtigten von der Zustimmung des Grundstückseigentümers abhängig machen und eine entsprechende Vereinbarung treffen. Damit kann der Grundstückseigentümer unter Umständen die Veräußerung des Erbbaurechts an einen unzuverlässigen Erwerber verhindern. Solange die Zustimmung des Grundstückseigentümers fehlt, ist die Veräußerung des Erbbaurechts unwirksam.

! Der Erbbauberechtigte hat gegenüber dem Grundstückseigentümer einen Anspruch auf Erteilung der Zustimmung zur Veräußerung des Erbbaurechts, wenn anzunehmen ist, dass durch die Veräußerung der mit der Bestellung des Erbbaurechts verfolgte Zweck nicht wesentlich beeinträchtigt oder gefährdet wird, und wenn die Persönlichkeit des Erwerbers Gewähr für eine ordnungsgemäße Erfüllung der sich aus dem Inhalt des Erbbaurechts ergebenden Verpflichtungen bietet. Die ohne ausreichenden Grund verweigerte Zustimmung des Grundstückseigentümers kann durch das Amtsgericht, in dessen Bezirk sich das Grundstück befindet, ersetzt werden.

Als Inhalt des Erbbaurechts kann auch vereinbart werden, dass der Erbbauberechtigte zur Belastung des Erbbaurechts mit einer Hypothek, Grund- oder Rentenschuld oder einer Reallast der Zustimmung des Grundstückseigentümers bedarf (wegen der Einzelheiten zu diesen Belastungen vgl. 2.8.2). In diesem Fall kann auch eine Änderung des Inhalts der Hypothek, Grund- oder Rentenschuld oder der Reallast, die eine weitere Belastung des Erbbaurechts enthält, nicht ohne die Zustimmung des Grundstückseigentümers erfolgen. Solange die Zustimmung zur Belastung des Erbbaurechts fehlt, ist diese unwirksam.

! Der Erbbauberechtigte hat gegenüber dem Grundstückseigentümer einen Anspruch auf Erteilung der Zustimmung zur Belastung des Erbbaurechts, wenn die Belastung mit den Regeln einer ordnungsgemäßen Wirtschaft vereinbar oder der mit der Bestellung des Erbbaurechts verfolgte Zweck nicht wesentlich beeinträchtigt oder gefährdet wird. Die ohne ausreichenden Grund verweigerte Zustimmung des Grundstückseigentümers kann durch das Amtsgericht, in dessen Bezirk sich das Grundstück befindet, ersetzt werden.

Vereinbarungen über die Entschädigung, die der Eigentümer beim Erlöschen des Erbbaurechts durch Zeitablauf an den Erbbauberechtigten für das Bauwerk zu zahlen hat

Das Erbbaurecht erlischt mit Ablauf der für seine Bestellung vereinbarten Zeit. In diesem Fall steht dem Erbbauberechtigten für den Verlust seines Eigentums am Bauwerk eine Entschädigung zu, die sich nach dem gemeinen Wert des Bauwerks richtet (vgl. dazu auch 3.9.2). Grundstückseigentümer und Erbbauberechtigter können im Erbbaurechtsvertrag Vereinbarungen über die Höhe dieser Vergütung und die Art ihrer Zahlung treffen.

! Grundsätzlich kann auch der Ausschluss der Vergütung vereinbart werden. Ist allerdings das Erbbaurecht zur Befriedigung der Wohnbedürfnisse minderbemittelter Bevölkerungskreise bestellt, so muss die Entschädigung mindestens zwei Drittel des gemeinen Werts betragen, den das Bauwerk bei Ablauf des Erbbaurechts hat. Auf eine abweichende Vereinbarung kann sich der Grundstückseigentümer nicht berufen.

Achtung: Achten Sie auf den Unterschied: Beim Heimfall ist das Erbbaurecht zu vergüten (vgl. oben), bei Ablauf des Erbbaurechts ist das Bauwerk zu entschädigen.

3.4 Wirkungen des Erbbaurechts

Das durch Eintragung ins Grundbuch entstehende Erbbaurecht verschafft dem Erbbauberechtigten das Recht, auf dem Grundstück ein Bauwerk zu haben. Wird das Bauwerk errichtet, wird es nicht wesentlicher Bestandteil des Grundstücks, sondern wesentlicher Bestandteil des Erbbaurechts. Nicht der Grundstückseigentümer, sondern der Erbbauberechtigte ist Eigentümer des Bauwerks. Entsprechendes gilt auch, wenn auf dem Grundstück das Bauwerk zum Zeitpunkt des Entstehens des Erbbaurechts bereits vorhanden ist.

Auch in diesem Fall wird das Bauwerk wesentlicher Bestandteil des Erbbaurechts; gleichzeitig erwirbt der Erbbauberechtigte das Eigentum am Bauwerk.

Achtung: Das Bauwerk kann nicht Gegenstand besonderer Rechte sein. Der Erbbauberechtigte kann also über das Bauwerk selbst nicht gesondert verfügen, es also beispielsweise verkaufen. Das Bauwerk ist vielmehr wesentlicher Bestandteil des Erbbaurechts.

Das Erbbaurecht erlischt nicht dadurch, dass das Bauwerk untergeht. Der Erbbauberechtigte ist bei einer Zerstörung des Bauwerks nur berechtigt, nicht aber verpflichtet, das Bauwerk auf seine Kosten wieder aufzubauen. Allerdings kann im Erbbauvertrag eine entsprechende Verpflichtung geregelt sein, die dann Inhalt des Erbbaurechts wird (vgl. dazu 3.3.2).

3.5 Erbbauzins

Der Erbbauzins ist das laufende Entgelt, das der Erbbauberechtigte dem Grundstückseigentümer dafür zu zahlen hat, dass er auf dem Grundstück ein Bauwerk haben darf. Die Höhe des Erbbauzinses unterliegt der freien Vereinbarung der Vertragspartner. Häufig wird die Höhe des anfänglichen Erbbauzinses nach einem Prozentsatz (meist 3 % bis 5 %) des Verkehrswerts des Grundstücks bemessen. Letztlich sind jedoch die Nutzungsmöglichkeiten des Erbbauberechtigten und die Marktverhältnisse vor Ort für die Höhe des Erbbauzinses maßgebend.

3.5.1 Sicherung des Anspruchs

Zur Sicherung des Anspruchs auf Zahlung des Erbbauzinses kann eine Reallast (vgl. dazu 2.8.2) als Belastung des Erbbaurechts im Erbbaugrundbuch eingetragen werden. Eine Rangstelle für die Reallast ist gesetzlich nicht vorgeschrieben. Berechtigter kann nur der jeweilige Eigentümer des mit dem Erbbaurecht belasteten Grundstücks sein. Sofern nicht ausdrücklich etwas anderes vereinbart wurde, enthält die Vereinbarung über den Erbbauzins zugleich die Einigung über die Bestellung einer Erbbauzinsreallast, die mit der Eintragung im Erbbaugrundbuch entsteht.

Achtung: Der Grundstückseigentümer kann das Erbbaurecht im Wege der Zwangsvollstreckung verwerten, wenn der Erbbauzins vom Erbbauberechtigten nicht gezahlt wird.

3.5.2 Wertsicherungsklausel

Der Erbbauzins ist in der Regel über eine Wertsicherungsklausel aufgrund der langen Laufzeit des Vertrags inflationsbedingt wertgesichert. Im Wesentlichen gibt es zwei Möglichkeiten der Wertsicherung: die Gleitklausel oder der Leistungsvorbehalt. Der Unterschied besteht darin, dass der Erbbauzins sich bei einer Gleitklausel nach Eintritt einer zuvor vereinbarten Bedingung (z.B. der Entwicklung des Preisindexes für die Gesamtlebenshaltung eines Vierpersonenhaushalts mit mittlerem Einkommen im Bundesgebiet) »automatisch« verändert, während bei einem Leistungsvorbehalt zusätzlich eine nachträgliche Einigung der Parteien erforderlich ist.

Während Leistungsvorbehaltsklauseln ohne jede Beschränkung vereinbart werden können, müssen Gleitklauseln grundsätzlich den Anforderungen des Preisangaben- und Preisklauselgesetzes genügen. Das gilt allerdings nicht für Gleitklauseln in Erbbaurechtsbestellungsverträgen mit einer Laufzeit von mindestens 30 Jahren. Diese Verträge unterliegen nicht dem Preisangaben- und Preisklauselgesetz.

Achtung: Wertsicherungsklauseln unterliegen gesetzlichen Beschränkungen, wenn das aufgrund eines Erbbaurechts errichtete Bauwerk Wohnzwecken dient. In diesem Fall ist der Anspruch auf Erhöhung des Erbbauzinses nur zulässig, wenn er »unter Berücksichtigung aller Umstände des Einzelfalls nicht unbillig ist«. Ein Erhöhungsanspruch ist regelmäßig als unbillig anzusehen, wenn und soweit die nach der vereinbarten Bemessungsgrundlage zu errechnende Erhöhung über die seit Vertragsschluss eingetretene Änderung der allgemeinen wirtschaftlichen Verhältnisse hinausgeht. Im Einzelfall kann aber bei Berücksichtigung aller Umstände, insbesondere einer Änderung des Grundstückswerts infolge eigener zulässigerweise bewirkter Aufwendungen des Grundstückseigentümers oder der Vorteile, welche eine Änderung des Grundstückswerts oder die ihr zugrunde liegenden Umstände für den Erbbauberechtigten mit sich bringen, ein über diese Grenze hinausgehender Erhöhungsanspruch billig sein.

Der Erbbauberechtigte kann die Zahlung des Teils der Erbbauzinserhöhung, der unbillig ist, verweigern. Die Anpassungsklausel selbst bleibt allerdings wirksam.

Ein Anspruch auf Erhöhung des Erbbauzinses darf frühestens nach Ablauf von drei Jahren seit Vertragsabschluss und, wenn eine Erhöhung des Erbbauzinses bereits erfolgt ist, frühestens nach Ablauf von drei Jahren seit der jeweils letzten Erhöhung des Erbbauzinses geltend gemacht werden.

Beispiel: Im Erbbaurechtsvertrag kann folgende Formulierung für eine Erbbauzinsanpassungsklausel verwendet werden:

Die Vertragsparteien sind verpflichtet, den Erbbauzins jeweils an die veränderten wirtschaftlichen Verhältnisse anzupassen. Jede Vertragspartei kann eine Neufestsetzung des Erbbauzinses verlangen, wenn

- *seit Vertragsschluss bzw. der letzten Neufestsetzung mindestens drei Jahre vergangen sind und*
- *der vom Statistischen Bundesamt festgestellte »Verbraucherpreisindex für Deutschland« (Basisjahr 2000 = 100 %) sich gegenüber dem Stand im Monat der Beurkundung dieses Vertrages um mehr als 10 Prozentpunkte erhöht oder vermindert hat. Im Fall eines erneuten Anpassungsverlangens ist der Stand des Preisindex in dem Monat maßgebend, der bei vorangehenden Anpassungen des Erbbauzinses zugrunde gelegt worden ist.*

3.6 Belastungen des Erbbaurechts mit Grundpfandrechten

Der Erbbauberechtigte kann das Erbbaurecht grundsätzlich mit allen Rechten belasten, mit denen auch ein Grundstück belastet werden kann (vgl. dazu 2.8.2).

Die Belastung des Erbbaurechts mit Hypotheken, Grundschulden und Rentenschulden ist grundsätzlich ohne Weiteres möglich. Allerdings kann als Inhalt des Erbbaurechts auch vereinbart werden, dass der Erbbauberechtigte zur Belastung des Erbbaurechts mit diesen Grundpfandrechten der Zustimmung des Grundstückseigentümers bedarf (vgl. dazu 3.3.2). Solange die Zustimmung zur Belastung des Erbbaurechts fehlt, ist diese unwirksam.

! Der Erbbauberechtigte hat gegenüber dem Grundstückseigentümer einen Anspruch auf Erteilung der Zustimmung zur Belastung des Erbbaurechts, wenn die Belastung mit den Regeln einer ordnungsgemäßen Wirtschaft vereinbar oder der mit der Bestellung des Erbbaurechts verfolgte Zweck nicht wesentlich beeinträchtigt oder gefährdet wird. Die ohne ausreichenden Grund verweigerte Zustimmung des Grundstückseigentümers kann durch das Amtsgericht, in dessen Bezirk sich das Grundstück befindet, ersetzt werden.

3.7 Veräußerung des Erbbaurechts

Das Erbbaurecht kann wie ein Grundstück veräußert werden. Dabei ist zwischen der schuldrechtlichen Vereinbarung und der dinglichen Übertragung zu unterscheiden.

3.7.1 Schuldrechtliche Vereinbarung

Für die Veräußerung des Erbbaurechts bedarf es zunächst einer schuldrechtlichen Vereinbarung. Der Vertrag beinhaltet die Verpflichtung des Erbbauberechtigten zur Übertragung des Erbbaurechts und die Pflicht des Erwerbers zur Zahlung der vereinbarten Vergütung. Dieser Vertrag entspricht dem Kaufvertrag über ein Grundstück. Es gelten deshalb die unter 2.2 aufgeführten Regelungen.

Der Vertrag, durch den sich der Erbbauberechtigte verpflichtet, das Erbbaurecht zu übertragen, bedarf der notariellen Beurkundung. Andernfalls ist die Vereinbarung unwirksam. Nur wenn die Einigung über den Rechtsübergang und die Eintragung des Rechtsübergangs ins Grundbuch erfolgt sind, wird der Formmangel geheilt und der ohne notarielle Beurkundung abgeschlossene Vertrag gültig.

Als Inhalt des Erbbaurechts kann auch vereinbart werden, dass der Erbbauberechtigte zur Veräußerung seines Erbbaurechts der Zustimmung des Grundstückseigentümers bedarf (vgl. dazu 3.3.2). Solange die Zustimmung des Grundstückseigentümers fehlt, ist die Veräußerung des Erbbaurechts unwirksam. Erst mit Erteilung der Zustimmung wird der Vertrag rückwirkend wirksam.

! Der Erbbauberechtigte hat gegenüber dem Grundstückseigentümer einen Anspruch auf Erteilung der Zustimmung zur Veräußerung des Erbbaurechts, wenn anzunehmen ist, dass durch die Veräußerung der mit der Bestellung des Erbbaurechts verfolgte Zweck nicht wesentlich beeinträchtigt oder gefährdet wird, und wenn die Persönlichkeit des Erwerbers Gewähr für eine ordnungsgemäße Erfüllung der sich aus dem Inhalt des Erbbaurechts ergebenden Verpflichtungen bietet. Die ohne ausreichenden Grund verweigerte Zustimmung des Grundstückseigentümers kann durch das Amtsgericht, in dessen Bezirk sich das Grundstück befindet, ersetzt werden.

3.7.2 Dingliche Übertragung

Die Übertragung des Erbbaurechts bedarf zunächst der Einigung über den Übergang des Erbbaurechts an den Erwerber. Diese entspricht der Auflassung beim Grundstückserwerb (vgl. dazu 2.3.1). Im Gegensatz zum Grundstückserwerb muss diese Erklärung aber nicht bei gleichzeitiger Anwesenheit beider Vertragsparteien abgegeben werden.

Achtung: Bedarf die Veräußerung des Erbbaurechts nach einer entsprechenden Vereinbarung im Erbbaurechtsvertrag der Zustimmung des Grundstückseigentümers, so ist auch die Einigung über die Übertragung des Erbbaurechts erst wirksam, wenn der Grundstückseigentümer ihr zugestimmt hat.

Die Übertragung des Erbbaurechts wird mit der Eintragung des neuen Inhabers ins Erbbaugrundbuch abgeschlossen. Auch insoweit gelten die entsprechenden Ausführungen zum Grundstückserwerb (vgl. dazu 2.3.2).

3.7.3 Folgen der Übertragung

Mit der Eintragung des Wechsels des Erbbauberechtigten ins Grundbuch geht das Erbbaurecht mit dem gesetzlichen und vertraglichen Inhalt (vgl. dazu 3.3) auf den Erwerber über. Gleichzeitig erwirbt der Erwerber das Eigentum am Bauwerk als wesentlicher Bestandteil des Erbbaurechts.

3.8 Rechte des Erbbauberechtigten bei Pflichtverletzungen des Grundstückseigentümers

Die Rechte des Erbbauberechtigten bei Pflichtverletzungen des Grundstückseigentümers entsprechen denen bei Störungen der Vertragsabwicklung beim Grundstückserwerb.

- Der Grundstückseigentümer haftet für die rechtzeitige Erfüllung des Erbbaurechtsvertrags. Andernfalls kann der Berechtigte den Verzögerungsschaden geltend machen oder unter Umständen auch vom Vertrag zurücktreten und Schadensersatz statt der Leistung verlangen (wegen der Einzelheiten vgl. 2.6).
- Der Grundstückseigentümer haftet bei der Bestellung eines Erbbaurechts für Sach- und Rechtsmängel. Verletzt der Grundstückseigentümer seine Pflicht, das Erbbaurecht frei von Sach- und Rechtsmängeln zu übertragen, stehen dem Erbbauberechtigten die gesetzlichen Gewährleistungsrechte zu. Wegen der Einzelheiten der Haftung des Veräußerers für Sach- und Rechtsmängel vgl. 2.7.

3.9 Beendigung des Erbbaurechts

Das Erbbaurecht endet im Regelfall durch Zeitablauf. Es kann aber auch vor seinem Ablauf aufgehoben werden.

Achtung: Das Erbbaurecht endet nicht durch Verzicht oder durch Vereinbarung einer auflösenden Bedingung. Auch die Zerstörung des Bauwerks berührt den Bestand des Erbbaurechts nicht.

3.9.1 Aufhebung

Das Erbbaurecht kann nur mit Zustimmung des Grundstückseigentümers aufgehoben werden. Die Zustimmung ist dem Grundbuchamt oder dem Erbbauberechtigten gegenüber zu erklären; sie ist unwiderruflich.

Achtung: Mit der Eintragung der Löschung des Erbbaurechts im Grundstücksgrundbuch erlischt das Erbbaurecht. Gleichzeitig erlöschen alle Belastungen des Erbbaurechts. Das Bauwerk wird wesentlicher Bestandteil des Grundstücks und fällt damit in das Eigentum des Grundstückseigentümers. Ein gesetzlicher Anspruch auf Entschädigung (wie beim Erlöschen durch Zeitablauf, vgl. dazu 3.9.2) steht dem Erbbauberechtigten nicht zu.

3.9.2 Zeitablauf

Das Erbbaurecht erlischt regelmäßig nach Ablauf der vereinbarten Zeit. Mit dem Erlöschen des Erbbaurechts geht das Eigentum an dem errichteten Bauwerk automatisch auf den Grundstückseigentümer über. An die Stelle des Erbbaurechts tritt für den Erbbauberechtigten die Entschädigungsforderung, soweit ihm eine solche zusteht. Die Miet- und Pachtverträge, die der Erbbauberechtigte abgeschlossen hat, bleiben auch bei Erlöschen des Erbbaurechts bestehen.

Entschädigung für das Bauwerk

Erlischt das Erbbaurecht durch Zeitablauf, so hat der Grundstückseigentümer dem Erbbauberechtigten eine Entschädigung für das Bauwerk zu leisten. Über die Höhe der Entschädigung bzw. ihren Ausschluss können im Erbbaurechtsvertrag als Inhalt des Erbbaurechts Vereinbarungen getroffen werden (vgl. dazu 3.3.2). Ist allerdings das Erbbaurecht zur Befriedigung des Wohnbedürfnisses minderbemittelter Bevölkerungskreise bestellt, so muss die Entschädigung mindestens zwei Drittel des gemeinen Wertes betragen, den das Bauwerk bei Ablauf des Erbbaurechts hat. Auf eine abweichende Vereinbarung kann sich der Grundstückseigentümer nicht berufen.

Abwendung der Entschädigung

Der Grundstückseigentümer kann seine Verpflichtung zur Zahlung der Entschädigung dadurch abwenden, dass er dem Erbbauberechtigten das Erbbaurecht vor dessen Ablauf für die voraussichtliche Standdauer des Bauwerks verlängert. Lehnt der Erbbauberechtigte die Verlängerung ab, so erlischt sein Anspruch auf Entschädigung. Das Erbbaurecht kann zur Abwendung der Entschädigungspflicht wiederholt verlängert werden.

4 Sie wollen ein Haus kaufen

Beim Vertrag über den Erwerb eines Grundstücks mit Haus stellt sich die Frage, ob die gesetzlichen Regelungen über den Kaufvertrag oder den Werkvertrag Anwendung finden. Für den Erwerb des Grundstücks selbst gelten die gesetzlichen Regelungen des Kaufvertragsrechts. Für das auf dem Grundstück stehende Haus gilt ebenfalls Kaufvertragsrecht, wenn es sich um eine gebrauchte Immobilie (sogenannte Bestandsimmobilie) handelt. Beim Erwerb eines neuen Hauses gelten dagegen die gesetzlichen Regelungen über den Werkvertrag.

Die Frage, ob für den Erwerb des Hauses Kauf- oder Werkvertragsrecht Anwendung findet, hat insbesondere für die Haftung des Verkäufers für Sach- und Rechtsmängel Bedeutung.

4.1 Erwerb einer Bestandsimmobilie

Beim Erwerb eines gebrauchten Hauses gilt sowohl für den Erwerb des Grundstücks als auch des Hauses Kaufvertragsrecht. Beim Erwerb des Hauses ist auch dann Kaufvertragsrecht anzuwenden, wenn das Haus saniert oder modernisiert wurde und es sich dabei um weniger einschneidende Maßnahmen handelt (z.B. neue Dacheindeckung, neuer Außenputz). Sind die Eingriffe in die Bausubstanz allerdings gravierend, werden also beispielsweise umfangreiche bauliche Veränderungen an Innen- und Außenwänden vorgenommen, gelten die werkvertraglichen Regelungen (vgl. dazu im Einzelnen 4.2).

4.1.1 Erwerb des Eigentums

Wie beim Grundstückskauf muss auch der Kaufvertrag über ein Hausgrundstück notariell beurkundet werden. Andernfalls ist er unwirksam. Wegen der Einzelheiten zum Kaufvertrag kann auf die entsprechenden Ausführungen beim Grundstückskauf unter 2.2 verwiesen werden.

Wie beim Grundstückskauf bildet auch der Kaufvertrag über ein Hausgrundstück nur das sogenannte Verpflichtungsgeschäft, während auf der Grundlage dieses Vertrages dann die Eigentumsübertragung (das sogenannte Verfügungsgeschäft) erfolgt. Auch für die Übereignung eines Hausgrundstücks bedarf es immer der Einigung über den Eigentumswechsel (sogenannte Auflassung) und der Eintragung des Käufers als neuer Eigentümer ins Grundbuch.

- Unter der Auflassung versteht man die Einigung des Eigentümers und des Erwerbers darüber, dass das Eigentum am Hausgrundstück auf den Erwerber übergehen soll. Die Auflassung muss bei gleichzeitiger Anwesenheit des Verkäufers und des Käufers vor dem Notar erklärt werden (wegen der Einzelheiten vgl. 2.3.1).
- Für den Übergangsübergang an einem Hausgrundstück ist neben der Auflassung die Eintragung des Eigentumswechsels ins Grundbuch notwendig. Erst mit der Eintragung des Eigentumsübergangs ins Grundbuch wird der Erwerber Eigentümer des Grundstücks. Auch in diesem Zusammenhang kann auf die entsprechenden Ausführungen zum Grundstückserwerb unter 2.3.2 verwiesen werden.

! Achten Sie beim Kauf eines Hausgrundstücks darauf, dass Sie durch entsprechende Vereinbarungen Ihre Ansprüche sichern. Es kann insoweit auf die entsprechenden Ausführungen beim Grundstückskauf verwiesen werden (vgl. dazu 2.5).

4.1.2 Haftung des Verkäufers bei nicht rechtzeitiger Erfüllung des Grundstückskaufvertrags

Der Verkäufer ist verpflichtet, dem Käufer das verkaufte Hausgrundstück zu übergeben und ihn damit zum Besitzer zu machen (vgl. dazu im Einzelnen 2.2.5). Ferner muss er dem Käufer das Eigentum am Hausgrundstück verschaffen, das heißt, er muss die im Zusammenhang mit der Auflassung und Eintragung ins Grundbuch erforderlichen Erklärungen abgeben (vgl. dazu 2.3). Kommt der Verkäufer diesen Verpflichtungen nicht nach, kann der Käufer Klage auf Verschaffung des Besitzes und die Mitwirkung bei der Auflassung erheben. Erfüllt der Verkäufer seine Verpflichtungen nicht rechtzeitig, liegt Schuldnerverzug vor. In diesem Fall stehen dem Käufer kraft Gesetzes verschiedene Ansprüche zu, die er, je nach seiner Interessenlage, gegen den Verkäufer geltend machen kann.

Wie beim Grundstückskauf kann der Käufer bei Vorliegen der unter 2.6.2 genannten Voraussetzungen insbesondere Ersatz seines durch die verspätete Leistung entstandenen Schadens verlangen. Wenn der Verkäufer die vereinbarte Leistung nicht rechtzeitig erbringt, kann der Käufer vom Kaufvertrag zurücktreten. Der Rücktritt vom Vertrag kommt insbesondere dann in Betracht, wenn der Käufer wegen der Verzögerung kein Interesse mehr an der Aufrechterhaltung des Kaufvertrags hat und er mit dem säumigen und unzuverlässigen Verkäufer nichts mehr zu tun haben will. Für die Voraussetzungen des Rücktritts vom Kaufvertrag und die Einzelheiten über die Durchführung des Rücktritts gelten die entsprechenden Ausführungen zum Rücktritt vom Grundstückskaufvertrag (vgl. dazu 2.6.3). Nach dem Rücktritt vom Vertrag kann der Käufer vom Verkäufer Schadensersatz statt der Leistung verlangen. In diesem Fall muss der Verkäufer dem Käufer den durch die Nichterfüllung des Kaufvertrags entstandenen Schaden ersetzen. Auch in diesem Fall gelten die entsprechenden Ausführungen zum Grundstückskaufvertrag (vgl. dazu 2.6.4). Anstelle des Schadensersatzes statt der Leistung kann der Käufer Ersatz der Aufwendungen verlangen, die er im Vertrauen auf den Erhalt der Leistung gemacht hat und billigerweise machen durfte. In Betracht kommt insbesondere der Ersatz aller bei der bisherigen Vertragsabwicklung gemachten Aufwendungen (vgl. dazu 2.6.5).

4.1.3 Haftung des Verkäufers für Mängel

Wie beim Grundstückskauf haftet der Verkäufer auch beim Verkauf eines Hausgrundstücks für Sach- und Rechtsmängel nach den gesetzlichen Regelungen über das Kaufrecht. Wegen der Einzelheiten, insbesondere auch der Mängelrechte des Käufers, vgl. 2.7.

! Auch die im Rahmen des Grundstückskaufs dargestellten Grundsätze über die Verjährung der Mängelrechte gelten für den Erwerb eines Hausgrundstücks. Allerdings beträgt die Verjährungsfrist für die Ansprüche und Rechte des Käufers fünf Jahre. Sie beginnt mit der Übergabe des Grundstücks an den Käufer zu laufen. Wegen der Einzelheiten vgl. 2.7.2.

4.2 Besonderheiten beim Erwerb eines neuen Hauses

Bauen in Eigenregie ist nicht nur die teuerste, sondern auch die zeitaufwendigste Variante. Eine Alternative dazu ist der Erwerb eines Hausgrundstücks, also eines bereits mit einem Eigenheim bebauten Grundstücks. Vor allem standardisierte Haustypen wie Doppel- und Reihenhäuser werden regelmäßig von einem Bauträger angeboten (wegen der Besonderheiten des Immobilienkaufs von einem Bauträger vgl. auch 6.). In diesem Fall stellt sich dann die Frage, ob für den Erwerb Kauf- oder Werkvertragsrecht Anwendung findet.

Für den Kauf eines neuen Hauses gelten in Bezug auf den Erwerb des Grundstücks kaufrechtliche Regelungen (vgl. dazu 4.1), hinsichtlich der Sachmängelhaftung des Verkäufers (in der Regel eines Bauträgers) für das Haus gelten jedoch die werkvertragsrechtlichen Bestimmungen des Bürgerlichen Gesetzbuchs. Das gilt auch, wenn das Haus beim Abschluss des Kaufvertrags bereits vollständig fertiggestellt war.

Achtung: Die nachfolgenden Ausführungen gelten auch für den Erwerb einer sanierten und modernisierten Bestandsimmobilie, wenn in die Bausubstanz gravierend eingegriffen und wesentliche bauliche Veränderungen vorgenommen wurden. Vor allem in den Fällen einer Altbausanierung, wenn sich also der Bauträger im Vertrag mit dem Erwerber zu einer Totalsanierung des Bestandsobjekts verpflichtet hat, findet Werkvertragsrecht Anwendung.

Das Werkvertragsrecht kennt als Vertragspartner den Besteller (als Auftraggeber) und den Unternehmer (als Auftragnehmer). Gleichwohl wird im Folgenden, auch wenn es um einen Werkvertrag geht, weiterhin vom Käufer (im Sinne des Werkvertrags also vom Besteller) und vom Verkäufer (im Sinne des Werkvertrags vom Unternehmer) gesprochen.

4.2.1 Abnahme

Eine Besonderheit des Werkvertragsrechts besteht darin, dass das hergestellte Werk, in diesem Fall das Bauwerk, vom Käufer (Auftraggeber) abgenommen werden muss. Das Wesen der Abnahme besteht darin, dass durch sie die Übergabe der Immobilie an den Käufer erfolgt und dieser das Werk als im Wesentlichen vertragsgerecht anerkennt. Mit der Abnahme durch den Käufer wird die vertragsgerechte Erfüllung des Kaufvertrags durch den Verkäufer bestätigt.

Die Abnahme kann ausdrücklich erklärt werden, indem der Käufer zum Beispiel ein Abnahmeprotokoll unterschreibt. Sie kann aber auch stillschweigend erfolgen, indem die Rechnung des Verkäufers beglichen wird, oder indem der Käufer das Haus eine Zeit lang bewohnt, ohne Mängel zu rügen oder anderweitig zum Ausdruck zu bringen, dass er die Immobilie nicht als vertragsgemäß anerkennt.

Achtung: Wenn der Käufer die Leistung des Verkäufers ohne Vorbehalt akzeptiert und die Immobilie abnimmt, hat er schlechtere Karten, wenn er später die Leistung beanstanden will, weil sie mangelhaft ist. Schließlich hat er ja die Leistung des Verkäufers als korrekt akzeptiert.

Die Abnahme ist rechtlich in mehrfacher Hinsicht von Bedeutung:

- Nach der Abnahme der Immobilie muss der Käufer den vereinbarten Kaufpreis zahlen.
- Welche Rechte der Käufer gegen den Verkäufer hat, wenn dessen Leistung mangelhaft ist, richtet sich danach, ob er den Mangel vor oder nach der Abnahme beanstandet (vgl. dazu 4.2.2).

- Bis zur Abnahme hat der Verkäufer zu beweisen, dass seine Leistung nicht mangelhaft ist. Nach Abnahme des Werks geht die Beweislast für sämtliche Mängel auf den Käufer über.
- Mit der Abnahme beginnt die Frist, innerhalb derer der Käufer seine gesetzlichen Gewährleistungsrechte gegen den Verkäufer geltend machen muss (vgl. dazu 4.2.2).

Der Verkäufer hat einen Anspruch auf die Abnahme seiner Leistung, wenn diese mangelfrei ist. Andernfalls darf der Käufer die Abnahme verweigern. Die Abnahme darf allerdings nicht verweigert werden, wenn nur unwesentliche Mängel vorliegen. Unwesentlich ist ein Mangel, wenn es dem Käufer unter Abwägung aller Umstände nicht zuzumuten ist, die Leistung als im Wesentlichen vertragsgemäß anzunehmen und sich mit den unter 4.2.2 genannten Mängelrechten zu begnügen. Maßgebende Kriterien für die Beurteilung sind u.a. die Auswirkungen des Mangels auf den vertraglich vorausgesetzten Verwendungszweck und die Gebrauchstauglichkeit des Bauwerks.

» **Beispiel:** Kein wesentlicher Mangel liegt bei kleinen Unebenheiten im Treppenpodest oder bei reinen Schönheitsfehlern bei Türschwellen vor. Dagegen ist von einem wesentlichen Mangel auszugehen, wenn von den vertraglichen Vorgaben für die Estrichhöhe abgewichen wird oder die vertraglich vereinbarten Schalldämmwerte unterschritten werden.

Auch mehrere unwesentliche Mängel können sich addieren, sodass wieder ein wesentlicher Mangel vorliegt. Gegebenenfalls muss der Verkäufer beweisen, dass kein Mangel vorliegt bzw. dass der Mangel nur unwesentlich ist.

! Wenn Ihnen der Verkäufer ein Abnahmeprotokoll vorlegt, sollten Sie dessen Inhalt genau überprüfen, bevor Sie es unterschreiben. Besondere Vorsicht ist geboten, wenn Ihnen eine vorgefertigte Erklärung vorgelegt wird. Wenn Mängel vorliegen, müssen diese im Abnahmeprotokoll aufgeführt werden. Wenn

Sie nämlich ein mangelhaftes Werk annehmen, obwohl Sie den Mangel kennen, stehen Ihnen die gesetzlichen Gewährleistungsrechte nur zu, wenn Sie sich Ihre Rechte wegen dieses Mangels bei der Abnahme vorbehalten haben. Bei größeren Mängeln sollten Sie auf jeden Fall die Abnahme ausdrücklich verweigern.

Achtung: Wenn der Käufer die Immobilie nicht innerhalb einer vom Verkäufer bestimmten angemessenen Frist abnimmt, obwohl er dazu verpflichtet ist, gilt kraft Gesetzes die Abnahme als erfolgt. Von einer angemessenen Frist ist auszugehen, wenn der Käufer angemessen Gelegenheit hat, das Bauwerk nach seiner konkreten Beschaffenheit unter gewöhnlichen Verhältnissen zu prüfen und abzunehmen. Bei Bauwerken gelten zwölf Werktage als angemessene Frist.

4.2.2 Haftung des Verkäufers für Sach- und Rechtsmängel

Für Sach- und Rechtsmängel des Grundstücks haftet der Verkäufer nach den unter 2.7 dargestellten Regeln. Die Haftung für Baumängel des Hauses richtet sich nach den gesetzlichen Regelungen des Werkvertragsrechts. Gleichwohl wird im Folgenden – wie bereits oben dargelegt – nicht vom Besteller und vom Unternehmer, sondern weiterhin vom Käufer und Verkäufer gesprochen.

Baumängel

Ein Baumangel liegt vor, wenn das Bauwerk nicht die vereinbarte Beschaffenheit hat. Als Beschaffenheitsvereinbarung kommen beispielsweise die Art der Ausführung der Leistungen, die Beschaffenheit und die Qualität der hierfür bestimmten Materialien in Betracht (z.B. Fensterglas mit bestimmten Wärmedämmwerten). Weist das Bauwerk nicht die vereinbarte Beschaffenheit auf, liegt ein Sachmangel vor. Soweit eine Beschaffenheit nicht vereinbart ist, ist das Bauwerk mangelhaft, wenn es sich nicht für die nach dem Vertrag vorausgesetzte Verwendung eignet (z.B. Unbewohnbarkeit von Räumen), sonst, wenn es sich nicht für die gewöhnliche Verwendung eignet und eine Beschaffenheit aufweist, die bei Bauwerken der gleichen Art üblich und dies der Käufer nach der Art des Werks erwarten darf.

In folgenden Fällen kann ein Baumangel vorliegen:

- mangelnde Bewohnbarkeit der Räume,
- zu geringe Tiefe der Fundamentierung eines Hauses,
- feuchter Keller bzw. mangelhafte Isolierung der Kellerwände,
- Befall mit Hausschwamm,
- falsche Angaben über das Baujahr einer Bestandsimmobilie,
- funktionsunfähige Heizanlage,
- nicht funktionierende Entwässerungsanlage,
- austretender Asbeststaub,
- gegenüber der vertraglich vereinbarten zu geringe Wohnfläche.

Um einen Mangel handelt es sich auch bei einem Rechtsmangel. Ein solcher liegt vor, wenn dritte Personen Rechte in Bezug auf das Haus gegen den Käufer geltend machen (wegen Einzelheiten vgl. 2.7.1).

Rechte des Käufers vor der Abnahme

Die besten Karten hat der Käufer eines neuen Hauses, wenn er die mit Mängeln behaftete Immobilie nicht abnimmt. In diesem Fall hat nämlich der Verkäufer seine wichtigste vertragliche Pflicht nicht erfüllt, dem Käufer ein mangelfreies Objekt zu übergeben und zu übereignen. Im Gegenzug kann der Käufer die Zahlung des vereinbarten Kaufpreises verweigern. Verweigert der Käufer die Zahlung wegen der mangelhaften Leistung, behauptet aber der Verkäufer, die Leistung sei mangelfrei, muss der Verkäufer beweisen, dass kein Mangel vorliegt.

Achtung: Der Käufer darf die Abnahme nicht verweigern, wenn nur unwesentliche Mängel vorliegen (vgl. dazu 4.2.1). Verweigert der Käufer die Zahlung wegen der mangelhaften Leistung, behauptet aber der Verkäufer, es handele sich nur um einen unwesentlichen Mangel, muss der Verkäufer beweisen, dass kein wesentlicher Mangel vorliegt.

Rechte des Käufers nach der Abnahme

Nach der Abnahme der Immobilie kann der Käufer die ihm zustehenden gesetzlichen Gewährleistungsrechte geltend machen, wenn die Leistung des Verkäufers mangelhaft ist. Für die jeweiligen Rechte müssen teilweise unterschiedliche Voraussetzungen vorliegen.

Zurückbehaltungsrecht

Auch nach der Abnahme der Leistung und der Fälligkeit des Kaufpreises ist der Käufer berechtigt, die Zahlung eines angemessenen Teils des Kaufpreises zu verweigern, wenn das Bauwerk wesentliche Mängel aufweist. Angemessen ist in der Regel das Doppelte der für die Beseitigung des Mangels erforderlichen Kosten. Auch ein höherer Betrag kann gerechtfertigt sein, insbesondere, wenn bereits mehrere Nachbesserungsversuche fehlgeschlagen sind.

Anspruch auf Nacherfüllung

Der Käufer des Hausgrundstücks hat Anspruch auf Nacherfüllung, wenn die Immobilie mangelhaft ist. Nacherfüllung kommt als Nachbesserungsanspruch, das heißt Beseitigung der vorhandenen Mängel, und als Anspruch auf Neuherstellung eines vertragsgemäßen Bauwerks in Betracht. Das Recht, zwischen diesen beiden Formen der Nacherfüllung zu wählen, steht – anders als beim Kaufrecht – dem Hersteller des Bauwerks zu. Beim Erwerb eines Hauses kommt in aller Regel nur die Nachbesserung, also die Beseitigung vorhandener Baumängel in Betracht. Ist die Mängelbeseitigung nur mit unverhältnismäßigen Kosten verbunden, darf der Verkäufer der Immobilie sie verweigern. In diesem Fall hat der Käufer nur die Möglichkeit, den Kaufpreis zu mindern, vom Kaufvertrag zurückzutreten und Schadensersatz zu verlangen.

! Die zum Zweck der Nacherfüllung erforderlichen Aufwendungen, insbesondere Transport-, Wege-, Arbeits- und Materialkosten, hat der Verkäufer zu tragen.

Anspruch auf Selbstvornahme

Mit der Selbstvornahme hat der Käufer die Möglichkeit, den Mangel selbst zu beseitigen oder beseitigen zu lassen und Ersatz der erforderlichen Aufwendungen zu verlangen. Voraussetzung hierfür ist allerdings, dass dem Verkäufer eine angemessene Frist zur Nacherfüllung gesetzt wurde und diese Frist erfolglos abgelaufen ist. Nur wenn der Verkäufer die Nacherfüllung zu Recht verweigert hat, sind die Ansprüche auf Selbstvornahme und Ersatz der erforderlichen Aufwendungen ausgeschlossen.

Das Selbstvornahmerecht des Verkäufers setzt nicht voraus, dass der Verkäufer mit der Mängelbeseitigung in Verzug ist. Es genügt der erfolglose Ablauf einer durch den Käufer dem Verkäufer gesetzten Frist zur Nacherfüllung. Ausnahmsweise ist eine Fristsetzung sogar entbehrlich, so etwa, wenn der Verkäufer die Nacherfüllung endgültig und ernsthaft verweigert, die Nacherfüllung fehlgeschlagen oder diese dem Käufer nicht zumutbar ist.

Wird der Mangel ganz oder teilweise in Eigenleistung beseitigt, kann der Käufer vom Verkäufer neben Fahrt- und Materialkosten auch eine Erstattung für seinen Aufwand an Arbeitszeit und -kraft verlangen. Will der Käufer mit der Mängelbeseitigung einen Dritten beauftragen (z.B. einen Handwerksbetrieb), muss er nicht mehrere Angebote einholen. Der Verkäufer muss die mit der Mängelbeseitigung angefallenen Aufwendungen auch dann voll erstatten, wenn die mit der Mängelbeseitigung beauftragte Person dafür einen relativ hohen Preis verlangt. Außerdem kann der Käufer einen Vorschuss für die Aufwendungen zur Beseitigung der Mängel verlangen, über den er später abrechnen muss.

Rücktritt vom Kaufvertrag

Nach erfolglosem Ablauf der Nacherfüllungsfrist kann der Käufer auch vom Kaufvertrag zurücktreten. Unter den oben bei der Selbstvornahme genannten Voraussetzungen ist eine Fristsetzung entbehrlich. Wegen der Einzelheiten zum Rücktritt kann auf die für den Grundstückskauf gemachten Ausführungen unter 2.7.2 verwiesen werden.

Minderung des Kaufpreises

Statt vom Kaufvertrag zurückzutreten, kann der Käufer auch die vereinbarte Vergütung mindern. Für das werkvertragliche Minderungsrecht gelten die unter 2.7.2 genannten kaufvertragsrechtlichen Grundsätze über die Voraussetzungen und die Berechnung der Minderung. Insoweit kann auf die dortigen Ausführungen verwiesen werden.

Anspruch auf Schadensersatz

Der Käufer kann vom Verkäufer wegen des Mangels am Bauwerk Schadensersatz verlangen. In Betracht kommen

- Schadensersatz statt der Leistung,
- Schadensersatz wegen Mangelfolgeschäden und
- Schadensersatz wegen Verzögerung der Mängelbeseitigung.

Die Voraussetzungen und der jeweilige Umfang des Schadensersatzes sind die gleichen wie beim Grundstückskaufvertrag (vgl. dazu 2.7.2).

Anspruch auf Aufwendungsersatz

Statt Schadensersatz kann der Käufer – neben dem Rücktritt vom Kaufvertrag oder der Minderung des Kaufpreises – Ersatz der Aufwendungen verlangen, den er im Vertrauen auf den Erhalt der mangelfreien Leistung gemacht hat oder billigerweise machen durfte.

» **Beispiel:** Der Käufer kann als Aufwendungsersatz z.B. die ihm im Zusammenhang mit dem Erwerb des Grundstücks entstandenen Beurkundungskosten und Maklergebühren verlangen.

Verjährung der Mängelrechte

Wie beim Erwerb einer Bestandsimmobilie (vgl. dazu 4.1.3 und 2.7.2) verjähren die Mängelrechte des Käufers nach fünf Jahren. Die Verjährung beginnt allerdings nicht mit der Übergabe der Immobilie, sondern mit deren Abnahme.

Ausschluss der Haftung durch den Verkäufer

Wie oben dargelegt, haftet der Verkäufer kraft Gesetzes für Mängel des Grundstücks. Er hat dem Käufer die Immobilie frei von Sach- und Rechtsmängeln zu verschaffen. Andernfalls kann der Käufer die genannten Mängelrechte gegen den Verkäufer geltend machen. Allerdings sind in bestimmten Fällen die Ansprüche des Käufers kraft Gesetzes ausgeschlossen. Außerdem kann die Haftung des Verkäufers für Mängel auch vertraglich im gesetzlich vorgegebenen Rahmen ausgeschlossen sein.

Gesetzlicher Haftungsausschluss

Die Haftung des Verkäufers für Mängel ist ausgeschlossen, wenn der Käufer die Mängel kennt und dennoch das Haus abnimmt, ohne sich seine Rechte wegen dieser Mängel vorzubehalten. Dieses Wissen muss sich allerdings auch auf den Umfang und die rechtliche Tragweite eines konkreten Mangels erstrecken. Nicht ausreichend ist ein bloßer Verdacht. Der Käufer muss die Umstände kennen, die den Mangel begründen. Im Falle einer Beschaffenheitsvereinbarung (vgl. dazu 4.2.2) kommt es darauf an, dass der Käufer weiß, dass der Immobilie die vereinbarte Beschaffenheit fehlt. Haben Verkäufer und Käufer eine bestimmte Verwendungsmöglichkeit des Hauses vertraglich vorausgesetzt, ist maßgebend, ob der Käufer weiß, dass das Haus nicht wie beabsichtigt verwendet werden kann.

Maßgebender Zeitpunkt für die Kenntnis des Mangels ist der Zeitpunkt der Abnahme der Immobilie. Alle Mängel, die dem Käufer an diesem Tag bekannt sind, schließen die Haftung des Verkäufers aus. Erfährt der Käufer danach von einem Mangel, bleiben ihm seine Mängelrechte erhalten.

Hat der Käufer den Mangel bei der Abnahme des Hauses gekannt, ohne dass der Verkäufer den Mangel arglistig verschwiegen hat, sind die gesetzlichen Gewährleistungsrechte des Käufers ausgeschlossen. Der Käufer kann weder Nachbesserung verlangen, den Fehler selbst beseitigen, vom Vertrag zurücktreten noch den Kaufpreis mindern. Schadensersatzansprüche kann er jedoch gegenüber dem Verkäufer geltend machen.

! Alle gesetzlichen Mängelrechte stehen Ihnen als Käufer allerdings zu, wenn Sie sich Ihre Mängelrechte bei der Abnahme des Hauses vorbehalten haben. Wichtig ist es also, dass Sie bei der Abnahme alle Mängel schriftlich festhalten und die Mängelliste mit dem Zusatz versehen, dass Sie sich wegen dieser Mängel alle Rechte vorbehalten.

Vertraglicher Haftungsausschluss

Seine Haftung begrenzen oder ganz ausschließen kann der Verkäufer unter Umständen auch im Vertrag. In welchem Umfang dies zulässig ist, hängt davon ab, ob der Haftungsausschluss durch individuelle Vereinbarung oder durch vorformulierte Bestimmungen in den allgemeinen Geschäftsbedingungen erfolgt.

Ausschluss der Haftung durch individuelle Vereinbarung

Durch individuelle Vereinbarung kann die Haftung für Mängel des Hauses grundsätzlich ausgeschlossen oder eingeschränkt werden. Unwirksam ist allerdings ein Haftungsausschluss, wenn der Verkäufer den Mangel arglistig verschwiegen oder wenn er eine Garantie für die Beschaffenheit des Hauses übernommen hat. Auch wenn der Haftungsausschluss gegen die Grundsätze von Treu und Glauben verstößt, kann er unwirksam sein. So ist ein vollständiger Ausschluss der Haftung für Mängel des Hauses nicht zulässig. Vielmehr muss dem Erwerber ein Rest an Mängelrechten verbleiben. Deshalb ist es zwar zulässig, vertraglich die Haftung für Mängel auszuschließen und die Mängelrechte des Verkäufers gegen Handwerker oder Bauunternehmer an den Erwerber abzutreten; wenn allerdings dem Erwerber die Durchsetzung seiner Rechte gegen diese nicht gelingt (z.B. weil der Bauunternehmer insolvent geworden ist), leben die Mängelrechte des Käufers gegen den Verkäufer wieder auf.

Achtung: Die Wirksamkeit eines individualvertraglich vereinbarten Haftungsausschlusses setzt auch voraus, dass der Erwerber eines neu errichteten Hauses ausführlich über die Folgen des Ausschlusses der gesetzlichen Mängelrechte durch den Notar belehrt wurde. Andernfalls ist die Vereinbarung des Haftungsausschlusses unwirksam.

Ausschluss der Haftung durch allgemeine Geschäftsbedingungen

Nur in engen Grenzen ist der Ausschluss der Haftung für Mängel des Hauses in vorformulierten Klauseln in allgemeinen Geschäftsbedingungen zulässig:

- Unwirksam ist der vollständige Ausschluss der Haftung wegen eines Mangels insgesamt oder bezüglich einzelner Bauteile eines Hauses.
- Ebenfalls unwirksam ist eine Bestimmung in allgemeinen Geschäftsbedingungen, durch die der Käufer wegen seiner Mängelrechte auf Dritte (z.B. einen Bauunternehmer, der das Haus

errichtet hat, oder einen Handwerker, der einzelne Bauarbeiten durchgeführt hat) verwiesen und die Haftung des Verkäufers der Immobilie gegenüber dem Käufer ausgeschlossen wird. Zulässig ist es aber, dass der Käufer seine Mängelrechte an den Käufer abtritt, wenn dieser für den Fall, dass auf diesem Weg keine Nachbesserung erreicht werden kann, den Verkäufer in Anspruch nehmen kann. Unwirksam ist in diesem Fall dann aber die Bestimmung, dass die Haftung des Verkäufers erst dann wieder auflebt, wenn die gerichtliche Inanspruchnahme des Dritten gescheitert ist.

- Nicht zulässig und unwirksam ist die Beschränkung des Verkäufers auf Beseitigung des Mangels, wenn dem Erwerber bei Fehlschlagen der Mängelbeseitigung zumindest nicht die Möglichkeit bleibt, den Kaufpreis zu mindern oder vom Vertrag zurückzutreten.
- Auch die Verpflichtung des Veräußerers, die zum Zwecke der Mängelbeseitigung erforderlichen Aufwendungen zu tragen, kann nicht wirksam ausgeschlossen werden.
- Schließlich ist eine Bestimmung in den allgemeinen Geschäftsbedingungen unwirksam, nach der die Mängelbeseitigung durch den Verkäufer davon abhängig gemacht wird, dass der Erwerber zuvor den vollständigen Kaufpreis oder einen unter Berücksichtigung des Mangels unverhältnismäßig hohen Teil des Kaufpreises zahlt.

Achtung: Ist eine Klausel in den allgemeinen Geschäftsbedingungen unwirksam, bleibt der Vertrag im Übrigen grundsätzlich wirksam. An die Stelle der unwirksamen allgemeinen Geschäftsbedingung tritt dann die entsprechende gesetzliche Regelung. Dem Käufer stehen dann also wieder die entsprechenden gesetzlichen Mängelrechte zur Verfügung.

5 Sie wollen eine Eigentumswohnung kaufen

Eine preisgünstigere Alternative zum Erwerb eines Grundstücks und dem Bau eines Eigenheims bzw. zum Erwerb eines Eigenheims samt Grundstück ist der Kauf einer Eigentumswohnung. Vor allem in Ballungsgebieten mit hohen Grundstückspreisen ist der Erwerb einer Eigentumswohnung für Viele häufig der einzige Weg zum Wohneigentum. Im Gegensatz zum Eigenheim besteht in diesem Fall zwar kein alleiniges Eigentum an der Immobilie, gegenüber der Anmietung einer Wohnung stellt der Erwerb einer Eigentumswohnung aber in vielen Fällen auch die finanziell bessere Alternative dar.

5.1 Rechtliche Konstruktion und Entstehung des Wohnungseigentums

Gegenüber einem Haus weist das Wohnungseigentum einige Besonderheiten auf. Einfach sind die Eigentumsverhältnisse bei einem auf dem Grundstück errichteten Eigenheim: Sowohl das Grundstück als auch das Gebäude gehören demselben Eigentümer. Das gilt auch bei einem Reihenhaus; in diesem Fall verläuft die Grundstücksgrenze mitten durch das Mauerwerk und die Dachziegel. Bei der Eigentumswohnung dagegen sind zwei Arten von Eigentum zu unterscheiden: das Sondereigentum und das Gemeinschaftseigentum. Ferner können einzelnen Wohnungseigentümern Sondernutzungsrechte eingeräumt werden.

5.1.1 Rechtliche Konstruktion

Die Besonderheit bei einer Eigentumswohnung im Vergleich zu einem eigenen Haus besteht insbesondere darin, dass der Wohnungseigentümer damit nicht machen kann, was er will. Einschränkungen erfährt das Wohnungseigentum durch gesetzliche und vertragliche Regelungen sowie durch die Entscheidungen aller Wohnungseigentümer. Unter Wohnungseigentum ist eine besondere Form des Eigentums an einer separaten Wohnung zu verstehen. Rechtliche Grundlage bildet das Wohnungseigentumsgesetz vom 15.3.1951. Danach ist Wohneigentum das »Sondereigentum an einer Wohnung in Verbindung mit dem Miteigentumsanteil an dem gemeinschaftlichen Eigentum, zu dem es gehört«. Im rechtlichen Sinne umfasst das Wohnungseigentum neben dem Mitgliedschaftsrecht in der Wohnungseigentümerversammlung zwei Eigentumsarten: das Sondereigentum an den Räumen der Wohnung und den Miteigentumsanteil am Gemeinschaftseigentum (vor allem am Grundstück und am Verwaltungsvermögen).

Die unter 1.5 dargelegten Kriterien für die Entscheidung, eine Eigentumswohnung zu erwerben, können als Vor- und Nachteile einer Eigentumswohnung gegenüber einem Haus wie folgt zusammengefasst werden:

Vorteile der Eigentumswohnung:

- Die Bauplatzsuche entfällt.
- Der Erwerb einer Eigentumswohnung ist vergleichsweise günstiger in der Anschaffung als ein Haus.
- Der Erwerb einer Eigentumswohnung kann auch dann noch einigermaßen verkraftet werden, wenn diese im Stadtzentrum liegt.
- Wartungs- und Reparaturkosten werden von der Eigentümergemeinschaft getragen; der einzelne Wohnungseigentümer ist nur anteilig an den Kosten beteiligt.
- Aufgrund der für gewöhnlich kleineren Grundfläche ist bei der Eigentumswohnung die finanzielle Belastung für Instandhaltung, Betriebskosten und laufende Kosten gegenüber dem Haus niedriger.
- Alle Räume liegen meistens auf einer Ebene.
- Eine Eigentumswohnung macht deutlich weniger Arbeit als ein Haus. Die Außenanlagen werden von einem Hausmeister gepflegt, die Instandhaltungs- und Renovierungsarbeiten von der Hausverwaltung organisiert.

Nachteile der Eigentumswohnung:

- Wegen der Wohnungseigentümergemeinschaft bestehen wenig Gestaltungsfreiheiten. Nachträgliche Änderungen sind nur im geringen Umfang möglich und sie bedürfen unter Umständen der Zustimmung der Eigentümergemeinschaft.
- Der Wertzuwachs fällt bei einer Eigentumswohnung gegenüber dem Haus im Regelfall niedriger aus.
- Die Wohnung ist entweder direkt neben, unter oder über einem Nachbarn. Das kann zu Problemen führen, weil die Wohnungseigentümer aufeinander Rücksicht nehmen müssen.
- Jeder Wohnungseigentümer muss Hausgeld zahlen. Darunter ist der monatliche Vorschuss zu verstehen, der aufgrund eines aufgestellten Wirtschaftsplanes an die Wohnungseigentumsverwaltung zu zahlen ist.
- Wegen der Hausordnung ist der Wohnungseigentümer nicht unabhängig.
- Parkplätze sind oftmals knapp. Wer sich nicht jeden Tag erneut auf die Parkplatzsuche machen will, wird nicht herumkommen, sich einen Stellplatz zu kaufen oder zu mieten.
- In der Regel besteht kein Gartenanteil und falls ja, dann ist dieser mit anderen Eigentümern zu teilen.

Sondereigentum

Dem Wohnungseigentümer steht das Alleineigentum an seiner Wohnung zu. Das Alleineigentum kann auch abgeschlossene Nebenräume (z.B. Garagen, Kelleranteile) umfassen. Das Sondereigentum steht stets in Verbindung mit einem Miteigentumsanteil am gemeinschaftlichen Eigentum. Das Sondereigentum an einer Wohnung bildet zusammen mit dem Miteigentumsanteil am gemeinschaftlichen Eigentum das Wohnungseigentum. Sondereigentum ist auch das

(Allein-)Eigentum an nicht zu Wohnzwecken dienenden Räumen. Zusammen mit dem dazugehörigen Miteigentumsanteil bildet es das Teileigentum.

Was zum Sondereigentum zählt, ist gesetzlich nicht festgelegt. Es wird vielmehr durch die Teilungserklärung und den Aufteilungsplan (vgl. dazu 5.2.1) für die jeweilige Wohnungseigentumsanlage vereinbart. Alle Teile, die nicht zwingend Gemeinschaftseigentum sind, können zum Sondereigentum erklärt werden. Was nicht als Sondereigentum bestimmt wird, ist Gemeinschaftseigentum.

Den Kern des Wohnungseigentums bildet das Sondereigentum an den Wohnräumen. Daneben kommt das Sondereigentum an den zu diesen Räumen gehörenden Bestandteilen des Gebäudes in Betracht, die verändert, beseitigt oder eingefügt werden können, ohne dass dadurch das gemeinschaftliche Eigentum oder ein auf dem Sondereigentum beruhendes Recht eines anderen Wohnungseigentümers über das gesetzlich zulässige Maß hinaus beeinträchtigt wird. Konkret zählt zum Sondereigentum alles, was herausgenommen oder auch eingebaut werden kann, ohne dass die Wohnung eines anderen Eigentümers und das Gemeinschaftseigentum verändert werden oder ihr Bestand gefährdet ist.

» **Beispiel:** Dem Sondereigentum können z.B. zugeordnet werden: nicht tragende Innenwände, Zwischenwände, Verkleidung von Wänden und Decken, Fußbodenbelag, Innentüren, Heizkörper, Einbauschränke, Öfen, der obere Plattenbelag des Balkons, Einzelgaragen.

Achtung: Mit seinem Sondereigentum kann der Wohnungseigentümer nach seinem Belieben verfahren. Die im Sondereigentum stehenden Gebäudeteile kann er insbesondere bewohnen, vermieten, verpachten oder in sonstiger Weise nutzen. Allerdings kann die Teilungserklärung Einschränkungen vorsehen. Sein Sondereigentum muss der Eigentümer eigenständig und auf eigene Kosten instand halten.

Gemeinschaftseigentum

Zum Gemeinschaftseigentum gehören das Grundstück und alle Teile des Gebäudes, die für dessen Bestand oder Sicherheit erforderlich sind, sowie Anlagen und Einrichtungen, die dem gemeinschaftlichen Gebrauch der Wohnungseigentümer dienen.

» **Beispiel:** Zum Gemeinschaftseigentum zählen z.B. das Grundstück, Fundamente, tragende Wände und Decken, Dächer, Außenfenster, Balkone, Fassaden, Heizungsanlagen, Treppenhäuser, Außentreppen und Terrassen.

Was nach dem Wohnungseigentumsgesetz zwingend dem Gemeinschaftseigentum zugeordnet ist, kann nicht zu Sondereigentum erklärt werden. Dagegen können die Wohnungseigentümer festlegen, dass Teile des Gebäudes, die Sondereigentum sein könnten, zum gemeinschaftlichen Eigentum zählen sollen.

Achtung: Im Gegensatz zum Sondereigentum berechtigt das gemeinschaftliche Eigentum den jeweiligen Wohnungseigentümer nur zum Mitgebrauch. Die Wohnungseigentümer sind verpflichtet, das Gemeinschaftseigentum sorgsam zu behandeln, falls nötig seine Instandhaltung bzw. Instandsetzung zu organisieren und für die Kosten des Gemeinschaftseigentums aufzukommen.

Über das Gemeinschaftseigentum bestimmen die Wohnungseigentümer in der Eigentümerversammlung. In der Regel sind die Stimmrechte eines Wohnungseigentümers nach dessen Miteigentumsanteilen am Gemeinschaftseigentum verteilt. Über die Instandhaltung und Verwaltung des Gemeinschaftseigentums wird regelmäßig mit einfacher Mehrheit entschieden. Für Modernisierungen bedarf es einer qualifizierten Mehrheit.

Sondernutzungsrecht

Durch ein Sondernutzungsrecht ist einem Wohnungseigentümer durch eine Vereinbarung das exklusive Recht eingeräumt, einen Teil des Gemeinschaftseigentums unter Ausschluss aller anderen Wohnungseigentümer zu nutzen.

» **Beispiel:** Häufig haben Sondernutzungsrechte das Recht zur Alleinbenutzung einer Grundstücksfläche (z.B. einer Terrasse, eines Gartenteils oder eines Pkw-Abstellplatzes) zum Gegenstand. Daneben sind auch Sondernutzungsrechte an einem Gebäudeteil (z.B. Abstellraum unterm Dach) möglich.

Häufig werden Sondernutzungsrechte vom Bauträger noch vor Beginn des Verkaufs der Eigentumswohnungen in der Teilungserklärung und im Aufteilungsplan einzelnen Eigentumswohnungen zugeordnet. Aber auch eine bereits bestehende Eigentümergemeinschaft kann einem ihrer Mitglieder ein Sondernutzungsrecht einräumen. In diesem Fall ist die Zustimmung aller Eigentümer und die Eintragung des Sondernutzungsrechts im Grundbuch notwendig.

Im Rahmen des Sondernutzungsrechts darf der Berechtigte im Rahmen der ihm eingeräumten Befugnisse den ihm überlassenen Teil des Gemeinschaftseigentums nutzen, nicht jedoch verändern. Bauliche Veränderungen darf er nur dann vornehmen, wenn ihm dies in der Vereinbarung gestattet wurde. Beschränkungen des Sondernutzungsrechts ergeben sich aus der Vereinbarung, in der festgelegt ist, was der Berechtigte zu tun und zu unterlassen hat, und aus der Teilungserklärung (zur Teilungserklärung vgl. 5.2.1).

Achtung: Soweit nichts anderes geregelt ist, haben alle Wohnungseigentümer die Kosten für die Instandsetzung und Instandhaltung der einem Wohnungseigentümer durch ein Sondernutzungsrecht überlassenen Räume oder Flächen zu tragen. Die Eigentümergemeinschaft trägt also die Kosten und muss sie entsprechend den Miteigentumsanteilen auf alle Eigentümer umlegen.

» **Beispiel:** Wenn einem Wohnungseigentümer ein Kfz-Abstellplatz überlassen wird, an dem ein Sondernutzungsrecht ausgewiesen ist, muss die Eigentümergemeinschaft die Kosten tragen, wenn der Bodenbelag des Abstellplatzes instand gesetzt werden muss.

5.1.2 Entstehung des Wohnungseigentums

Wohnungseigentum kann auf zwei Arten begründet werden: entweder durch die vertragliche Einräumung von Sondereigentum oder durch Teilung. Andere Möglichkeiten gibt es nicht.

Begründung durch Einräumung von Sondereigentum

Im selteneren Fall sind mehrere Miteigentümer eines Grundstücks vorhanden, die durch einen Teilungsvertrag Wohnungseigentum begründen. So entsteht Sondereigentum an einer bestimmten Wohnung, die einem Miteigentümer nach der Begründung des Wohnungseigentums zugewiesen wird. Der Teilungsvertrag bedarf der notariellen Beurkundung. Die Rechtsänderungen werden mit der Eintragung im Grundbuch wirksam.

! Diese Form der Begründung von Wohnungseigentum kommt in der Praxis häufig bei Erbengemeinschaften zum Zuge.

Begründung durch Teilung

Die in der Praxis wichtigste Form der Begründung von Wohnungseigentum ist die, dass der Alleineigentümer eines Grundstücks (häufig ein Bauträger) durch Erklärung gegenüber dem Grundbuchamt (sogenannte Teilungserklärung) Wohnungseigentum begründet. In diesem Zusammenhang erklärt der Eigentümer gegenüber dem Grundbuchamt das Eigentum an dem Grundstück in Miteigentumsanteile in der Weise zu teilen, dass mit jedem Anteil das Sondereigentum an einer bestimmten Wohnung mit einem auf dem Grundstück errichteten oder zu errichtenden Gebäude verbunden ist. In der Teilungserklärung legt der Alleineigentümer also fest, welche Räume des Hauses die einzelnen Eigentumswohnungen umfassen und welche Nebenräume (z.B. Keller und Garage) noch hinzukommen sollen. Übrig bleiben das Grundstück und beispielsweise das Treppenhaus und Räume, welche die Wohnungseigentümer gemeinsam nutzen werden, das sogenannte Gemeinschaftseigentum (vgl. dazu 5.1.1). Davon ordnet der aufteilende Alleineigentümer jedem Wohnungseigentum einen Bruchteil zu.

Zur Einräumung des Sondereigentums sind die Einigung der Beteiligten über den Eintritt der Rechtsänderung und die Eintragung im Grundbuch erforderlich. Die Einigung der Beteiligten muss vor dem Notar erfolgen. Wird die notwendige Form nicht beachtet, hat dies die Nichtigkeit des Teilungsvertrags zur Folge.

Voraussetzung für die Eintragung von Wohnungseigentum ist, dass dem Grundbuchamt der sogenannte Aufteilungsplan vorgelegt wird. Dabei handelt es sich um eine von der Baubehörde mit Unterschrift und Siegel versehene Bauzeichnung, aus der die Aufteilung des Gebäudes sowie die Lage und Größe der im Sondereigentum und der im Gemeinschaftseigentum stehenden Gebäudeteile ersichtlich ist.

Wirksam wird die Teilung mit der Anlegung der Wohnungsgrundbücher. Für jeden Miteigentumsanteil hat das Grundbuchamt ein besonderes Grundbuchblatt anzulegen, auf dem das zu dem Miteigentumsanteil gehörende Sondereigentum und als Beschränkung des Miteigentums die Einräumung der zu den anderen Miteigentumsanteilen gehörenden Sondernutzungsrechte eingetragen wird.

! Die Teilungserklärung stellt die Gründungsurkunde der Wohnanlage dar. Sie führt jede Eigentumswohnung – versehen mit einer fortlaufenden Nummer – samt zugehöriger Nebenräume (z.B. Keller, Garage) auf, ferner listet sie das Sondereigentum auf (vgl. dazu 5.1.1). Die Teilungserklärung hat grundsätzliche

Bedeutung, weil sie das wirtschaftliche, rechtliche und persönliche Miteinander der Wohnungseigentümer untereinander regelt. Wer eine Eigentumswohnung erwerben will, muss unbedingt zuvor die Teilungserklärung einsehen. Wegen der Einzelheiten zur Teilungserklärung vgl. 5.2.1.

5.2 Erwerb der Eigentumswohnung

Die Übertragung des Wohnungseigentums erfolgt wie die Übertragung eines Grundstücks durch Abschluss eines Kaufvertrags, die Einigung des Verkäufers und Käufers über den Eigentumsübergang und die Eintragung des Erwerbers als neuen Eigentümer im Grundbuch.

! Der Kauf einer Eigentumswohnung ist komplizierter als der Kauf eines Grundstücks oder eines Eigenheims. Wenn Sie sich eine Eigentumswohnung kaufen wollen, sind Sie gut beraten, sich vor dem Erwerb umfassend zu informieren. In diesem Zusammenhang sind neben dem obligatorischen Grundbuchauszug vor allem auch wichtige Dokumente einzusehen. Dazu gehören insbesondere die Teilungserklärung, die Gemeinschaftsordnung, die Hausordnung, der Verwaltervertrag, der Wirtschaftsplan, die Jahresabrechnung und die Protokolle der letzten Eigentümerversammlungen.

5.2.1 Wichtige Dokumente vor dem Erwerb

Gesetzliche Grundlage für das Wohnungseigentum ist das Wohnungseigentumsgesetz. Allerdings kann beispielsweise die Gemeinschaftsordnung davon abweichende Regelungen enthalten. Insgesamt ist es wichtig, sich vor dem Erwerb umfassend über die in Aussicht genommene Eigentumswohnung und die konkrete Sachlage zu informieren. Dazu sollten unbedingt die folgenden Unterlagen beschafft bzw. eingesehen werden.

Teilungserklärung und Gemeinschaftsordnung

Die Teilungserklärung regelt, welcher Teil einer Immobilie allen Eigentümern gehört (Gemeinschaftseigentum) und welcher Teil einzelnen Eigentümern zusteht (Sondereigentum). Im wörtlichen Sinne teilt also die Teilungserklärung ein Hausgrundstück in Gemeinschafts- und Sondereigentum auf. In der Gemeinschaftsordnung sind die Rechte und Pflichten der Wohnungseigentümer untereinander und gegenüber der Verwaltung festgelegt.

Teilungserklärung

In der Teilungserklärung wird genau festgelegt, welche Flächen zum Sondereigentum und welche zum Gemeinschaftseigentum gehören. Aufgeführt ist auch, ob bzw. welche Sondernutzungsrechte vorliegen (vgl. dazu 5.1.1). Bei ihren Beschreibungen verweist die Teilungserklärung auf einen Aufteilungsplan, der Pflichtbestandteil der Erklärung ist. Dem Aufteilungsplan (Bauplan) kann die Aufteilung des Gebäudes sowie die Lage und Größe der im Sondereigentum und im Gemeinschaftseigentum stehenden Gebäudeteile entnommen werden.

Achtung: Die Aufteilung einer Immobilie in Gemeinschaftseigentum und Sondereigentum hat für den Wohnungseigentümer weitreichende Konsequenzen. So muss etwa bei baulichen Veränderungen zunächst geprüft werden, ob eine Zustimmung der Eigentümergemeinschaft laut Teilungserklärung vorgesehen ist. Bei Instandhaltung und Instandsetzung einer aufgeteilten Wohnanlage werden die Lasten und Kosten gemäß der Teilungserklärung auf die einzelnen Eigentümer verteilt.

! Wollen Sie eine Eigentumswohnung erwerben, ist die Teilungserklärung ein wichtiges Dokument, das Sie sich unbedingt ansehen sollten. Schließlich erfahren Sie dann, welche Räumlichkeiten per Sondereigentum zu Ihrer Wohnung gehören und wo Sie unter Umständen über Sondernutzungsrechte verfügen.

Sinnvoll ist es, dass Sie zumindest überschlägig auch nachprüfen, ob der Miteigentumsanteil dem Anteil der Wohnfläche entspricht.

Gemeinschaftsordnung

In der Gemeinschaftsordnung sind die Regelungen über die Benutzung des Gemeinschaftseigentums und des Sondereigentums, die Rechtsbeziehungen der Wohnungseigentümer untereinander und die Verwaltung des gemeinschaftlichen Eigentums zusammengefasst. Die Gemeinschaftsordnung ist quasi die Grundordnung oder Verfassung der Wohnanlage. Sie gehört zur Teilungserklärung, dem Gründungsdokument der Wohnanlage.

Inhaltlich besteht für die Gemeinschaftsordnung ein Gestaltungsspielraum, wenn keine zwingenden gesetzlichen Vorschriften bestehen. Geregelt werden u.a.

- der Gebrauch des Gemeinschaftseigentums und des Sondereigentums,
- bauliche Veränderungen,
- Instandsetzung und Instandhaltung des Gemeinschaftseigentums,
- die Kosten- und Lastenverteilung,
- Stimmrechte und Beschlussfassungen,
- die Aufstellung einer Hausordnung (vgl. dazu unten),
- Versicherungen,
- Ladungsfristen und Ladungsort für Eigentümerversammlungen sowie Teilnahmeberechtigungen,
- Stimmrechte und Vertretungsbefugnisse,
- die Bestellung und Aufgaben des Verwalters und des Verwaltungsbeirats.

! Lesen Sie die Gemeinschaftsordnung sorgfältig durch. Nicht selten enthält sie vom Gesetz abweichende Regelungen oder konkretisiert Pflichten des Wohnungseigentümers. So müssen beispielsweise für Balkonabdichtungen, die zum Gemeinschaftseigentum gehören, alle Eigentümer aufkommen, durch die Gemeinschaftsordnung können jedoch die kompletten Kosten einer Balkonsanierung dem jeweiligen Wohnungseigentümer zugeordnet werden. Und während das Gesetz nur allgemein als finanzielle Reserve den Aufbau einer angemessenen Instandhaltungsrückstellung verlangt, kann durch die Geschäftsordnung präzisiert werden, wie viel Geld dafür mindestens aufgebracht werden muss.

Achtung: Bei vielen Wohnanlagen ist die Gemeinschaftsordnung im Grundbuch eingetragen. In diesem Fall erkennt der Erwerber einer Eigentumswohnung die Ordnung verbindlich an.

Hausordnung

Leben mehrere Personen in mehreren Wohnungen unter einem Dach, sind neben gegenseitiger Rücksichtnahme einige Regeln unerlässlich. Diese können in einer verbindlich vereinbarten Hausordnung festgelegt werden. Eine Hausordnung kann wie folgt zustande kommen:

- Die Hausordnung kann in der Teilungserklärung bzw. Gemeinschaftsordnung enthalten sein.
- Die Wohnungseigentümer können eine Hausordnung vereinbaren.
- Die Mehrheit der Wohnungseigentümer kann eine Hausordnung beschließen.

Achtung: Nicht zulässig ist es, wenn der Verwalter damit beauftragt wird, eine Hausordnung zu erstellen und diese gegenüber den Wohnungseigentümern als verbindlich bekannt zu geben. Der Verwalter hat dafür keine Beschlusskompetenz, da diese nur den Wohnungseigentümern zusteht.

In der Hausordnung kann u.a. geregeltsein:

- die Benutzung von gemeinschaftlichen Flächen, Räumen und Einrichtungen (z.B. Regelungen über das Abstellen von Kinderwagen und Fahrrädern, die Benutzung des Treppenhauses und des Aufzugs),
- Reinigungspflichten (z.B. Müllbeseitigung, Reinigung von Teilen des Hausflures oder des Treppenhauses),
- Sorgfalts- und Sicherungspflichten (z.B. Regelungen über die Aufbewahrung brennbarer Gegenstände, über Grillen auf der Terrasse oder über Tierhaltung),
- Ruhezeiten (z.B. Regeln über Beginn und Ende der Nacht- und Mittagsruhe).

Unzulässig sind alle Regelungen, die über bloße allgemeine Verhaltensregeln hinausgehen. Ebenso können durch die Hausordnung dem Wohnungseigentümer keine zusätzlichen Pflichten auferlegt oder bestehende Rechte eingeschränkt werden.

Verwaltervertrag

Nur kleine Wohnungseigentümergemeinschaften kommen regelmäßig ohne Verwalter aus. Die Bestellung eines Verwalters kann aber nach dem Wohnungseigentumsgesetz nicht ausgeschlossen werden. Es muss also ein Verwalter bestellt werden, selbst wenn nur ein Eigentümer dies verlangt. Es gibt verschiedene Möglichkeiten, einen Verwalter zu bestellen. So kann die Bestellung durch die Wohnungseigentümerversammlung erfolgen, daneben kann ein Verwalter auch durch Vereinbarung der Wohnungseigentümer bestellt werden. Die Erstbestellung des Verwalters erfolgt in der Regel in der Teilungserklärung bzw. in der Gemeinschaftsordnung.

Im Verwaltervertrag werden die einzelnen Rechte und Pflichten des Verwalters und insbesondere auch die Kosten der Verwaltung festgelegt. Ist in der Gemeinschaftsordnung kein anderer Verteilungsmaßstab vereinbart, sind die Kosten der Verwaltung von den Wohnungseigentümern nach dem Verhältnis ihrer Miteigentumsanteile zu tragen. Zu den Aufgaben des Verwalters gehört es u.a.,

- Beschlüsse der Wohnungseigentümer durchzuführen und für die Durchführung der Hausordnung zu sorgen,
- die für die ordnungsmäßige Instandhaltung und Instandsetzung des gemeinschaftlichen Eigentums erforderlichen Maßnahmen zu treffen,
- in dringenden Fällen sonstige zur Erhaltung des gemeinschaftlichen Eigentums erforderliche Maßnahmen zu treffen,
- Lasten- und Kostenbeiträge, Tilgungsbeträge und Hypothekenzinsen anzufordern, in Empfang zu nehmen und abzuführen, soweit es sich um gemeinschaftliche Angelegenheiten der Wohnungseigentümer handelt,
- alle Zahlungen und Leistungen zu bewirken und entgegenzunehmen, die mit der laufenden Verwaltung des gemeinschaftlichen Eigentums zusammenhängen,
- eingenommene Gelder zu verwalten.

! Wenn Sie eine Eigentumswohnung kaufen wollen und in diesem Zusammenhang den Verwaltervertrag einsehen, sollten Sie darauf achten, dass die Interessen der Wohnungseigentümer im Vertrag angemessen berücksichtigt sind.

Wirtschaftsplan

Wer eine Eigentumswohnung erwerben will, sollte den aktuellen Wirtschaftsplan der Eigentümergemeinschaft einsehen. Er stellt den Haushaltsplan für das kommende Jahr dar und ist die Rechtsgrundlage für die Anforderung von Hausgeldvorschüssen, bis das endgültige Jahresergebnis in Form der Hausgeldabrechnung vorliegt. Der Wirtschaftsplan ist der Eigentümergemeinschaft vom Verwalter regelmäßig spätestens zum Beginn des Wirtschaftsjahres vorzulegen. Der Wirtschaftsplan beinhaltet die für das Wirtschaftsjahr zu erwartenden Kosten aus der Bewirtschaftung des Gemeinschaftseigentums abzüglich gegebenenfalls erzielbarer Einnahmen.

Grundsätzlich enthält der Wirtschaftsplan

- die voraussichtlichen Einnahmen und Ausgaben der Wohnungseigentümergemeinschaft für das kommende Jahr,
- einen angemessenen Beitrag zur Instandhaltungsrücklage im kommenden Jahr,
- den Gesamtbetrag des sich daraus ergebenden Finanzierungsbedarfs der Wohnungseigentümergemeinschaft für das kommende Jahr,
- die Umlage des Finanzierungsbedarfs auf die einzelnen Wohnungseigentümer (Hausgeld) nach dem maßgebenden Kostenverteilungsschlüssel.

Der Wirtschaftsplan basiert auf den Kosten des Vorjahrs (bei Neubauten auf realistischen Erfahrungswerten von vergleichbaren Wohnanlagen) sowie einer Schätzung, wie sich die Kosten im Lauf des Jahres entwickeln werden.

Jahresabrechnung

Der Verwalter muss nach Ablauf des Wirtschaftsjahres die Jahresabrechnung aufstellen. Darin muss der Verwalter in der Gesamtabrechnung für alle während des Jahres geleisteten und empfangenen Leistungen Rechnung ablegen und feststellen, welche Nachzahlungen oder Guthaben auf die einzelnen Eigentümer entfallen.

Die Jahresabrechnung besteht aus folgenden Teilen:

- Gesamtabrechnung,
- Einzelabrechnung,
- Übersicht der Abrechnungsergebnisse aller Wohnungen und Ausweis der Hausgeldrückstände,
- Darstellung der tatsächlichen Entwicklung der Instandhaltungsrücklage und der Soll-Rücklage nach dem Wirtschaftsplan.
- Vermögensstatur der Eigentümergemeinschaft.

! Wenn Sie eine gebrauchte Eigentumswohnung kaufen wollen, sollten Sie unbedingt die letzte Jahresabrechnung einsehen. Dort können Sie sich einen Überblick über die tatsächlichen Einnahmen und Ausgaben der Eigentümergemeinschaft verschaffen und erfahren, wie die zu verteilenden Kosten und Erträge des Wirtschaftsjahres den einzelnen Wohnungen zugeordnet werden. Ebenfalls können Sie der Jahresabrechnung die Übersicht über die Entwicklung und den Stand der Instandhaltungsrücklage entnehmen.

Protokolle der letzten Eigentümerversammlungen

Ergänzend zu den Abrechnungen sollten die letzten Protokolle der Eigentümerversammlungen eingesehen werden. Neben den gefassten Beschlüssen kann in diesem Zusammenhang auch in Erfahrung gebracht werden, wie gut die Eigentümergemeinschaft funktioniert. Endlos lange Versammlungen und Diskussionen können ein Indiz dafür sein, dass es Probleme unter den Wohnungseigentümern gibt. Ferner ergeben sich zwischen den Zeilen auch Hinweise über die Qualität des Verwalters.

! Eine umfassende und aktuelle Informationsquelle ist für Kaufinteressenten auch die Beschlusssammlung, die vom Verwalter geführt werden muss. In diese Sammlung muss der Verwalter alle in den Eigentümerversammlungen gefassten Beschlüsse sowie alle gerichtlichen Entscheidungen aufnehmen. In die Beschlusssammlung können alle Wohnungseigentümer Einsicht nehmen, ohne dass sie ein besonderes berechtigtes Interesse darlegen müssen. Dritte können unter Vorlage entsprechender Vollmacht bei berechtigtem Interesse Einsicht nehmen, so auch Kaufinteressenten, die sich über die Beschlusslage informieren wollen.

5.2.2 Abschluss des Kaufvertrags

Voraussetzung für den Erwerb einer Eigentumswohnung ist zunächst ein wirksamer Kaufvertrag zwischen dem Verkäufer und dem Käufer. Der Kaufvertrag begründet allerdings lediglich schuldrechtliche Verpflichtungen der Vertragsparteien. So wird der Verkäufer verpflichtet, dem Käufer das Grundstück zu übergeben und das Eigentum daran zu verschaffen.

! Als Inhalt des Sondereigentums kann vereinbart werden, dass ein Wohnungseigentümer zur Veräußerung seines Wohnungseigentums der Zustimmung anderer Wohnungseigentümer oder eines Dritten bedarf. Solange die erforderliche Zustimmung nicht erteilt ist, ist der Kaufvertrag unwirksam. Die Zustimmung darf nur aus wichtigem Grund versagt werden (z.B. wegen persönlicher oder finanzieller Unzuverlässigkeit des Erwerbers oder wegen einer beabsichtigten gewerblichen Nutzung der Wohnung). Wird die Zustimmung zu Unrecht verweigert, entscheidet das Gericht über das Vorliegen eines wichtigen Grundes, wenn es vom Verkäufer angerufen wird.

Inhalt

Wesentliche Inhalte des Kaufvertrags sind der Kaufgegenstand und der Kaufpreis. Dabei gelten die gleichen Grundsätze wie beim Grundstückskaufvertrag; insoweit kann hier auf die dortigen Ausführungen verwiesen werden (vgl. im Einzelnen 2.2). Das gilt auch für die Vorkehrungen, die der Käufer treffen kann, um die ordnungsgemäße Erfüllung des Kaufvertrags durch den Verkäufer sicherzustellen (vgl. im Einzelnen 2.5).

Kauf einer gebrauchten Wohnung

Beim Erwerb einer gebrauchten Eigentumswohnung sollte vonseiten des Käufers beim Inhalt des Kaufvertrags auf einige Besonderheiten geachtet werden.

- Unter Umständen ist in der Gemeinschaftsordnung festgelegt, dass der Käufer für Hausgeldrückstände des Verkäufers einstehen muss. Bei der Einsichtnahme in die Gemeinschaftsordnung muss deshalb geprüft werden, ob eine entsprechende Regelung besteht. In diesem Fall ist dem Käufer dringend zu raten, sich beim Verwalter zu erkundigen, ob Hausgeldrückstände bestehen.
- Nicht nur nach Hausgeldrückständen sollte sich der Käufer erkundigen, sondern auch danach, ob der Verkäufer etwaige Nachforderungen aus den Jahresabrechnungen gezahlt hat. Unter Umständen haftet nämlich der Käufer nach der Gemeinschaftsordnung auch für diese Zahlungsrückstände des Voreigentümers.
- Mit dem Übergang des Eigentums an der Wohnung geht auch die Beteiligung des Veräußerers an der Instandhaltungsrücklage auf den Erwerber über. Im Kaufvertrag sollte sicherheitshalber klargestellt werden, dass die anteilige Instandhaltungsrücklage bereits im Kaufpreis enthalten ist und der Verkäufer dafür keine zusätzliche Ausgleichszahlung verlangen kann.

- Wie unter 5.2.1 ausgeführt, sollte der Kaufinteressent vor dem Erwerb einer gebrauchten Eigentumswohnung unbedingt die Beschlusssammlung einsehen. Solche Beschlüsse können zusätzliche Kosten auslösen, so etwa die Durchführung größerer Reparaturmaßnahmen, die nicht über die Instandhaltungsrücklage finanziert werden sollen, sondern durch eine besondere Umlage auf alle Eigentümer. Es ist ratsam, sich vor Abschluss des Kaufvertrags über entsprechende Beschlüsse zu informieren und in den Kaufvertrag eine Zusicherung des Verkäufers aufzunehmen, dass in diesem Zusammenhang keine finanziellen Belastungen des Käufers bestehen.

Kauf einer noch nicht fertiggestellten Wohnung

Bei einem Kaufvertrag über eine noch nicht fertiggestellte Eigentumswohnung sind Kaufgegenstand nicht nur ein Grundstück bzw. ein Miteigentumsanteil daran, sondern gleichzeitig auch dessen Bebauung. Im Vergleich zum bloßen Grundstückskaufvertrag bzw. zum Kaufvertrag über eine bereits fertiggestellte Eigentumswohnung ergeben sich bei einem derartigen Kaufvertrag und Werkvertrag mit einem Bauträger einige Besonderheiten, die unter 5. dargestellt werden.

Notarielle Beurkundung des Kaufvertrags

Wie beim Grundstückskauf muss auch der Kaufvertrag über eine Eigentumswohnung notariell beurkundet werden. Andernfalls ist er unwirksam. Auch in diesem Zusammenhang kann wegen der Einzelheiten auf die entsprechenden Ausführungen beim Grundstückskauf verwiesen werden (vgl. 2.2.6).

5.2.3 Erwerb des Eigentums

Wie beim Grundstückskauf bildet auch der Kaufvertrag über eine Eigentumswohnung nur das sogenannte Verpflichtungsgeschäft, während auf der Grundlage dieses Vertrages dann die Eigentumsübertragung (das sogenannte Verfügungsgeschäft) erfolgt. Auch für die Übereignung einer Eigentumswohnung bedarf es immer der Einigung über den Eigentumswechsel (sogenannte Auflassung) und der Eintragung des Käufers als neuer Eigentümer ins Grundbuch.

- Unter der Auflassung versteht man die Einigung des Eigentümers und des Erwerbers darüber, dass das Eigentum an der Eigentumswohnung auf den Erwerber übergehen soll. Die Auflassung muss bei gleichzeitiger Anwesenheit des Verkäufers und des Käufers vor dem Notar erklärt werden (wegen der Einzelheiten vgl. 2.3.1).
- Für den Übergangsübergang einer Eigentumswohnung ist neben der Auflassung die Eintragung des Eigentumswechsels ins Grundbuch notwendig. Erst mit der Eintragung des Eigentumsübergangs ins Grundbuch wird der Erwerber Eigentümer des Grundstücks. Auch in diesem Zusammenhang kann auf die entsprechenden Ausführungen zum Grundstückserwerb unter 2.3.2 verwiesen werden.

5.3 Haftung des Verkäufers bei nicht rechtzeitiger Erfüllung des Kaufvertrags

Der Verkäufer ist verpflichtet, dem Käufer die verkaufte Eigentumswohnung zu übergeben und ihn damit zum Besitzer zu machen (vgl. dazu 2.2.5). Ferner muss er dem Käufer das Eigentum an der Eigentumswohnung verschaffen, das heißt, er muss die im Zusammenhang mit der Auflassung und Eintragung ins Grundbuch erforderlichen Erklärungen abgeben (vgl. dazu 2.3.2). Kommt der Verkäufer diesen Verpflichtungen nicht nach, kann der Käufer Klage auf Verschaffung des Besitzes und die Mitwirkung bei der Auflassung erheben. Erfüllt der Verkäufer seine Verpflichtungen nicht rechtzeitig, liegt Schuldnerverzug vor. In diesem Fall stehen dem Käufer kraft Gesetzes verschiedene Ansprüche zu, die er, je nach seiner Interessenlage, gegen den Verkäufer geltend machen kann.

Wie beim Grundstückskauf kann der Käufer bei Vorliegen der unter 2.6.2 genannten Voraussetzungen insbesondere Ersatz seines durch die verspätete Leistung entstandenen Schadens verlangen. Wenn der Verkäufer die vereinbarte Leistung nicht rechtzeitig erbringt, kann der Käufer vom Kaufvertrag zurücktreten. Der Rücktritt vom Vertrag kommt insbesondere dann in Betracht, wenn der Käufer wegen der Verzögerung kein Interesse mehr an der Aufrechterhaltung des Kaufvertrags hat und er mit dem säumigen und unzuverlässigen Verkäufer nichts mehr zu tun haben will. Für die Voraussetzungen des Rücktritts vom Kaufvertrag und die Einzelheiten über die Durchführung des Rücktritts gelten die entsprechenden Ausführungen zum Rücktritt vom Grundstückskaufvertrag (vgl. dazu 2.6.3). Nach dem Rücktritt vom Vertrag kann der Käufer vom Verkäufer Schadensersatz statt der Leistung verlangen. In diesem Fall muss der Verkäufer dem Käufer den durch die Nichterfüllung des Kaufvertrags entstandenen Schaden ersetzen. Auch in diesem Fall gelten die entsprechenden Ausführungen zum Grundstückskaufvertrag (vgl. dazu 2.6.4). Anstelle des Schadensersatzes statt der Leistung kann der Käufer Ersatz der Aufwendungen verlangen, die er im Vertrauen auf den Erhalt der Leistung gemacht hat und billigerweise machen durfte. In Betracht kommt insbesondere der Ersatz aller bei der bisherigen Vertragsabwicklung gemachten Aufwendungen.

5.4 Haftung des Verkäufers für Wohnungsmängel

Wie beim Grundstückskauf haftet der Verkäufer auch beim Verkauf einer Eigentumswohnung für Sach- und Rechtsmängel.

Ein Sachmangel liegt vor,

- wenn die Eigentumswohnung nicht die vereinbarte Beschaffenheit hat (z.B. Wohnfläche) oder

- wenn eine Beschaffenheit nicht vereinbart wurde, sie sich nicht für die vertraglich vorausgesetzte Verwendung eignet (z.B. mangelnde Bewohnbarkeit der Räume), sonst,
- wenn sich die Immobilie nicht für die gewöhnliche Verwendung eignet und eine Beschaffenheit aufweist, die bei Sachen dieser Art üblich ist und die der Käufer nach der Art der Sache erwarten darf (z.B. Kellerfeuchtigkeit bei neu errichteten Gebäuden).

Ein Rechtsmangel liegt dann vor, wenn ein Dritter aufgrund eines privaten oder öffentlichen Rechts das Eigentum, den Besitz oder den Gebrauch der Kaufsache beeinträchtigen und der Käufer daher mit der Sache nicht nach Belieben verfahren und andere von jeder Einwirkung ausschließen kann. Zu den Rechtsmängeln gehören im Grundbuch eingetragene Belastungen, Hypotheken, Grundschulden und Rentenschulden, die der Käufer nach dem Kaufvertrag nicht übernehmen soll, die aber noch nicht gelöscht wurden.

Ist die Leistung des Verkäufers mangelhaft, stehen dem Käufer einer Eigentumswohnung die gesetzlichen Mängelrechte zu. Allerdings muss beim Erwerb einer Eigentumswohnung berücksichtigt werden, ob der Mangel das Sondereigentum oder das Gemeinschaftseigentum betrifft. Ferner bestehen gegenüber der Sachmangelhaftung beim Grundstückskauf beim Erwerb einer Eigentumswohnung Besonderheiten beim Kauf einer neuen Eigentumswohnung.

5.4.1 Erwerb einer gebrauchten Eigentumswohnung (Bestandswohnung)

Die Haftung des Verkäufers für Sach- und Rechtsmängel einer Bestandswohnung richtet sich nach dem Kaufvertragsrecht des Bürgerlichen Gesetzbuchs (vgl. dazu 2.7). Beim Erwerb einer Eigentumswohnung muss allerdings dahin gehend unterschieden werden, ob der Mangel das Sondereigentum oder das Gemeinschaftseigentum betrifft. In jedem Fall beträgt die Verjährungsfrist für Mängelrechte fünf Jahre. Sie beginnt mit der Übergabe der Eigentumswohnung an den Käufer zu laufen.

Achtung: Wurden im Rahmen einer Sanierung oder Modernisierung einer Bestandswohnung gravierende bauliche Veränderungen vorgenommen und erheblich in die Bausubstanz eingegriffen, gelten für die Mängelhaftung des Verkäufers die werkvertraglichen Regelungen des Bürgerlichen Gesetzbuchs. Insoweit wird die sanierte Bestandswohnung wie eine neue Eigentumswohnung behandelt (vgl. dazu 5.4.2).

Sach- und Rechtsmängel am Sondereigentum

Betrifft der Sach- oder Rechtsmangel das Sondereigentum, also die Eigentumswohnung selbst (zum Begriff des Sondereigentums vgl. 5.1.1), stehen dem Käufer die Mängelrechte wie beim Grundstückskauf zu. Er hat also unter den jeweiligen Voraussetzungen Anspruch auf Nacherfüllung, er kann vom Kaufvertrag zurücktreten, Minderung des Kaufpreises verlangen, Schadensersatz oder Aufwendungsersatz geltend machen. Wegen der Einzelheiten vgl. die entsprechenden Ausführungen beim Grundstückskauf unter 2.7.2.

Haftung für Mängel am Gemeinschaftseigentum

Ohne Weiteres kann der Käufer wegen eines Mangels am Grundstück oder an Gebäudeteilen, die im Gemeinschaftseigentum stehen (z.B. mangelhafte Fassade oder mangelhaftes Treppenhaus) unter den jeweiligen Voraussetzungen vom Kaufvertrag zurücktreten. Er kann wegen des Mangels auch den Kaufpreis für seine Wohnung mindern, allerdings nur in dem Maße, als diese durch den Mangel weniger Wert ist. Nur den auf die betroffene Wohnung »umgelegten« Minderwert kann der Käufer vom Verkäufer verlangen. Und selbstverständlich kann der Käufer einer Eigentumswohnung wegen eines Mangels am Gemeinschaftseigentum auch nicht den gesamten Schaden geltend machen, sondern nur den ihm durch den Mangel am Gemeinschaftseigentum an seinem Sondereigentum entstandenen Schaden.

5.4.2 Besonderheiten beim Kauf einer neuen Eigentumswohnung

Neue Eigentumswohnungen werden regelmäßig von einem Bauträger angeboten (wegen der Besonderheiten des Immobilienkaufs von einem Bauträger vgl. auch 6.). In diesem Fall richtet sich die Haftung des Verkäufers für Baumängel nach den werkvertragsrechtlichen Regelungen des Bürgerlichen Gesetzbuchs. Das gilt auch, wenn die Eigentumswohnung beim Abschluss des Kaufvertrags bereits vollständig fertiggestellt war.

Die nachfolgenden Ausführungen gelten auch für den Erwerb einer sanierten und modernisierten Bestandsimmobilie, wenn in die Bausubstanz gravierend eingegriffen und wesentliche bauliche Veränderungen vorgenommen wurden. Vor allem in den Fällen einer Altbausanierung, wenn sich also der Bauträger im Vertrag mit dem Erwerber zu einer Totalsanierung des Bestandsobjekts verpflichtet hat, findet Werkvertragsrecht Anwendung.

Haftung für Mängel am Sondereigentum

Betrifft der Sach- oder Rechtsmangel das Sondereigentum, also die Eigentumswohnung selbst, gelten die für den Erwerb eines neu erbauten Hauses unter 4.2.2 ausgeführten Grundsätze. Der Erwerber kann vor der Abnahme der Wohnung die Zahlung der vereinbarten Vergütung verweigern, wenn die Wohnung mangelhaft ist. Nach der Abnahme kann der Erwerber einen Teil des Kaufpreises zurückbehalten, er hat Anspruch auf Nacherfüllung, insbesondere auf Beseitigung der Mängel, Anspruch auf Selbstvornahme, er kann vom Kaufvertrag zurücktreten, den Kaufpreis mindern, Schadensersatz oder Aufwendungsersatz verlangen. Wegen der Einzelheiten vgl. 4.2.2.

Haftung für Mängel am Gemeinschaftseigentum

Bei der Geltendmachung von Mängelrechten, die das gemeinschaftliche Eigentum der Eigentümergemeinschaft betreffen, ist zu berücksichtigen, dass die Verwaltung des gemeinschaftlichen Eigentums, insbesondere die ordnungsgemäße Instandhaltung und Instandsetzung, den Wohnungseigentümern gemeinschaftlich zusteht. Daraus ergeben sich Konsequenzen für die Verfolgung von Mängelrechten, die das Gemeinschaftseigentum betreffen. Das folgende Beispiel vermag die Problematik zu verdeutlichen:

» **Beispiel:** Nach der Abnahme der Wohnanlage wird festgestellt, dass das Dach undicht ist. Wohnungseigentümer A, der eine Dachgeschosswohnung bewohnt, will, dass der Mangel unverzüglich beseitigt wird. Wohnungseigentümer B, der im Erdgeschoss wohnt, möchte dagegen den Kaufpreis mindern.

Kernpunkt der Frage ist also, wer die Mängelrechte geltend machen darf. Letztlich bedeutet dies, dass aufgrund der Gemeinschaftsbezogenheit des Wohneigentums der einzelne Wohnungseigentümer in seiner Kompetenz, Mängelrechte geltend zu machen, begrenzt wird.

- Darüber, ob im Falle eines Mangels am gemeinschaftlichen Eigentum vom Unternehmer dessen Beseitigung verlangt oder der Mangel im Wege der Selbstvornahme selbst beseitigt und Aufwendungsersatz verlangt wird, entscheidet die Eigentümergemeinschaft.
- In die Entscheidungskompetenz der Eigentümergemeinschaft fällt auch, ob wegen des Mangels am Gemeinschaftseigentum der Minderungsanspruch geltend gemacht und Schadensersatz wegen Mangelfolgeschäden und wegen Verzögerung der Mängelbeseitigung verlangt wird.
- Dagegen entscheidet jeder Wohnungseigentümer selbst darüber, ob er vom Kaufvertrag zurücktreten und Schadensersatz statt der Leistung verlangen will.

Verjährung

Hinsichtlich der Verjährung der Mängelrechte kann auf die entsprechenden Ausführungen beim Kauf eines neuen Hauses verwiesen werden (vgl. dazu 4.2.2). Zu beachten ist, dass jedem Wohnungseigentümer auch beim gemeinschaftlichen Eigentum ein eigener Anspruch auf Übergabe mangelfreier Gebäudeteile zusteht. Deshalb kann ein Wohnungseigentümer auch dann noch seine Mängelrechte geltend machen, wenn die Rechte der anderen Erwerber bereits verjährt sind.

Ausschluss der Haftung

Die Ausführungen unter 4.2.2 über den Ausschluss der Haftung für Mängel beim Erwerb eines neu errichteten Hauses gelten auch für den Kauf einer neuen Eigentumswohnung.

Besonderheiten beim Erwerb vom Bauträger

Besonderheiten bestehen auch, wenn eine Eigentumswohnung von einem Bauträger erworben wird. In diesem Fall schließen die Beteiligten einen Werkvertrag ab. Wegen der Einzelheiten vgl. 6.

5.5 Belastungen der Eigentumswohnung

Beim Erwerb einer Eigentumswohnung muss der Käufer bestehende Belastungen berücksichtigen. Diese können sich aus Eintragungen im Grundbuch oder außerhalb des Grundbuchs ergeben.

5.5.1 Belastungen im Grundbuch

Wie bei einem Grundstück können auch auf einer Eigentumswohnung dingliche Lasten ruhen. Die Eigentumswohnung kann mit Hypotheken, Grundschulden und Rentenschulden, Grunddienstbarkeiten, beschränkt persönlichen Dienstbarkeiten, einem Nießbrauch, einer Reallast oder einem dinglichen Vorkaufsrecht belastet sein (wegen der Einzelheiten vgl. 2.8.2).

An der Eigentumswohnung kann ein Dauerwohnrecht bestehen. Dieses berechtigt unter Ausschluss des Eigentümers, eine bestimmte Wohnung in einem Gebäude zu bewohnen oder in anderer Weise zu nutzen. Anders als das dingliche Wohnungsrecht (vgl. dazu 2.8.2) ist das Dauerwohnrecht veräußerlich und vererbbar. Begründet wird das Dauerwohnrecht durch Einigung der Beteiligten und Eintragung der Grundstücksbelastung in das Grundbuch.

Als Inhalt des Dauerwohnrechts können Vereinbarungen getroffen werden über

- Art und Umfang der Nutzungen,
- Instandhaltung und Instandsetzung der dem Dauerwohnrecht unterliegenden Gebäudeteile,
- die Pflicht des Berechtigten zur Tragung öffentlicher oder privatrechtlicher Lasten des Grundstücks,
- die Versicherung des Gebäudes und seinen Wiederaufbau im Falle der Zerstörung,
- das Recht des Eigentümers, bei Vorliegen bestimmter Voraussetzungen Sicherheitsleistung zu verlangen.

Soweit zwischen den Beteiligten nichts anderes vereinbart ist, obliegt dem Dauerwohnberechtigten die Instandhaltungs- und Instandsetzungspflicht an den dem Dauerwohnrecht unterliegenden Gebäude- und Grundstücksteilen. Von seinem Recht darf er nur in solcher Weise Gebrauch machen, dass dadurch keinem anderen Eigentümer oder Bewohner ein Nachteil über das bei einem geordneten Zusammenleben unvermeidliche Maß hinaus erwächst.

Das Dauerwohnrecht endet mit Ablauf der Zeit, für die es eingegangen wurde. Als Inhalt des Dauerwohnrechts kann vereinbart werden, dass der Berechtigte verpflichtet ist, das Dauerwohnrecht beim Eintritt bestimmter Voraussetzungen auf den Grundstückseigentümer oder einen von diesem zu bezeichnenden Dritten zu übertragen (Heimfallanspruch).

5.5.2 Belastungen außerhalb des Grundbuchs

Belastungen der Eigentumswohnung, die nicht aus dem Grundbuch ersichtlich sind, ergeben sich aus dem Vorkaufsrecht der Gemeinde und dem Vorkaufsrecht eines Mieters. Eine Belastung des Erwerbers stellt auch dar, dass er in ein beim Erwerb der Wohnung bestehendes Mietverhältnis eintreten muss.

Vorkaufsrecht der Gemeinde

Wie unter 2.8.3 ausgeführt, steht Gemeinden zur Sicherung ihrer Bauleitplanung in bestimmten Fällen ein gesetzliches Vorkaufsrecht zu. Dieses Vorkaufsrecht kann die Gemeinde auch an dem veräußerten Bruchteil des Eigentums am Grundstück und damit am Wohnungseigentum ausüben. Wegen der Einzelheiten zum gemeindlichen Vorkaufsrecht vgl. 2.8.3.

Vorkaufsrecht des Mieters

Werden vermietete Wohnräume, an denen nach der Überlassung an den Mieter Wohnungseigentum begründet worden ist oder begründet werden soll, an einen Dritten verkauft, so steht dem Mieter ein Vorkaufsrecht zu. Das Vorkaufsrecht besteht ausnahmsweise nicht, wenn der Vermieter die Wohnräume an einen Familienangehörigen oder an einen Angehörigen seines Haushalts verkauft. Das Vorkaufsrecht gibt dem vorkaufsberechtigten Mieter die Möglichkeit, in einen Kaufvertrag über seine Mietwohnung einzutreten und anstelle des Käufers die Mietwohnung unter gleichen vertraglichen Bedingungen zu erwerben, wie sie der Verkäufer mit dem Erstkäufer vereinbart hat.

Der Mieter muss das Vorkaufsrecht binnen einer Frist von zwei Monaten ausüben. Die Frist beginnt mit der vollständigen und wahrheitsgemäßen Unterrichtung des Mieters über den Vorkaufsfall. Das Vorkaufsrecht muss vom Mieter schriftlich ausgeübt werden. Eine notarielle Beurkundung ist nicht erforderlich. Mit der Ausübung des Vorkaufsrechts kommt ein Kaufvertrag mit gleichem Inhalt zwischen dem Verkäufer und dem Mieter zustande.

Eintritt in das Mietverhältnis bei einer vermieteten Eigentumswohnung

»Kauf bricht nicht Miete.« Wird der vermietete Wohnraum nach der Überlassung an den Mieter von dem Vermieter an einen Dritten veräußert, so tritt der Erwerber anstelle des Vermieters in die sich während der Dauer seines Eigentums aus dem Mietverhältnis ergebenden Rechte und Pflichten ein. Das Mietverhältnis kann vom Wohnungseigentümer nur ordentlich gekündigt werden, wenn er ein »berechtigtes Interesse« an der Kündigung hat. Das ist u.a. der Fall, wenn der Mieter seine vertraglichen Verpflichtungen nicht unerheblich schuldhaft verletzt oder wenn der Vermieter Eigenbedarf geltend machen kann, wenn er also die Mieträume als Wohnung für sich, seine Familienangehörigen oder Angehörige seines Haushalts benötigt.

Achtung: Die Möglichkeit, wegen Eigenbedarfs zu kündigen, ist für drei Jahre ausgeschlossen. Diese Frist kann sogar bis zu zehn Jahre betragen, wenn die ausreichende Versorgung der Bevölkerung mit Mietwohnungen zu angemessenen Bedingungen in einer Gemeinde oder einem Teil einer Gemeinde besonders gefährdet ist.

6 Sie wollen eine Immobilie vom Bauträger kaufen

Bauen in Eigenregie ist nicht nur die teuerste, sondern auch die zeitaufwendigste Variante. Eine Alternative dazu ist der Erwerb des Hauses von einem Bauträger. Wer noch kein Grundstück besitzt und auch nicht beabsichtigt, selbst danach zu suchen, wer nicht verantwortlicher Bauherr sein will und nur mit einem Ansprechpartner bauen will, der ist bei einem Bauträger gut aufgehoben. Vor allem standardisierte Haustypen wie Doppel- und Reihenhäuser werden häufig schlüsselfertig angeboten, daneben auch Eigentumswohnungen. Der Begriff »schlüsselfertig« ist allerdings nicht allgemein verbindlich definiert. Er sagt auch nichts über die Bauweise aus. Deshalb ist die Bau- und Leistungsbeschreibung als Bestandteil des Bauvertrags von Bedeutung. Die exakte Festlegung der Leistung des Bauunternehmers, konkrete Angaben zur Bauweise, zur Ausstattung des Hauses und über mögliche Eigenleistungen müssen detailliert festgehalten werden. Die Abwicklung des kompletten Bauvorhabens erfolgt dann durch den Bauträger zum vereinbarten Festpreis.

Achtung: Der Begriff »Bauträger« ist rechtlich nicht geschützt. Deshalb können auch Unternehmer mit fachfremder Ausbildung legitim als Bauträger auftreten. Fachliche Voraussetzungen werden weder verlangt noch geprüft. Vor allem Wohnungsbau- und Immobiliengesellschaften, Bauunternehmen, Baubetreuer und Makler treten als Bauträger auf.

6.1 Risiken beim Kauf vom Bauträger

Der Kauf des Eigenheims von einem Bauträger erscheint auf den ersten Blick einfacher und billiger und damit verlockend. Bauträger übernehmen sämtliche Arbeiten – vom Grundstückskauf über die Planung und die Einholung sämtlicher Genehmigungen bis hin zum Einkauf und der Koordination der Bauleistungen zum schlüsselfertigen Objekt. Ein enormer Vorteil für den künftigen Hausbesitzer:

Er muss sich nicht mit der Grundstückssuche oder Rechtsunsicherheiten bei der Baugenehmigung herumschlagen, sondern kauft ein Haus zu einem Festpreis mit festem Einzugstermin, zahlt regelmäßig Abschläge der Bausumme und hat keine Sorgen mehr.

Gegenüber dem klassischen Bauvertrag gehört das Grundstück erst einmal dem Bauträger. Dieser tritt als Bauherr auf und verkauft das Grundstück mit einer Bauverpflichtung über ein Einfamilienhaus, eine Neubau-Eigentumswohnung oder eine sanierte Altbauwohnung. Die Risiken beim Kauf des Eigenheims vom Bauträger ergeben sich aus der rechtlichen Konstruktion des Bauträgervertrages. Der Käufer leistet erhebliche Teilzahlungen auf Baugewerke, die mit der Errichtung unmittelbar in das Eigentum des Bauträgers übergegangen sind. Daraus resultieren unmittelbar wirtschaftliche und rechtliche Risiken für den Käufer, die sich aber bei entsprechender Sorgfalt beim Abschluss des Bauträgervertrags wirksam begrenzen lassen (vgl. dazu 6.3). Für die Begrenzung des wirtschaftlichen Risikos ist die Bonität und Sachkunde des Bauträgers entscheidend (vgl. dazu auch 6.2). Diese zu überprüfen ist Aufgabe des Käufers.

Vorsicht: Um Geld zu sparen, legen viele Käufer auch gern selbst Hand an. Mit Eigenleistungen – auch »Muskelhypothek« genannt – wollen Bauherren Geld sparen. Doch Vorsicht: Die meisten Bauherren überschätzen sich und ihre Möglichkeiten. Eigenleistungen erfordern handwerkliches Geschick und sie kosten Zeit und Geld. Bauexperten gehen davon aus, dass selbst handwerklich versierte und engagierte Bauherren in seltenen Fällen mehr als 15.000,– € mit Eigenleistungen sparen können. Gehen Eigenleistungen und der Einsatz von Fachkräften nebeneinander her oder ineinander über, müssen die eigenen Leistungen der Bauherren gut geplant und abgestimmt werden. Kommen Bauhandwerker nicht vereinbarungsgemäß zum Zuge, entstehen Mehrkosten. Vorsicht ist auch geboten, wenn Eigenleistungen nicht fachgerecht ausgeführt sind. Später könnten Baufirmen bei Beanstandungen die Vorarbeiten des Laien zum Anlass nehmen, um die Verantwortung für den eigenen Pfusch am Bau zu umgehen und sich von Gewährleistungspflichten ganz oder teilweise zu befreien. Probleme kann es auch geben, wenn mit dem Unternehmer Fertigstellungsfristen vereinbart wurden. Kommt es wegen der Eigenleistungen des Bauherrn zu Bauzeitverzögerungen, gehen diese – auch finanziell – zulasten des Bauherrn. Und nicht alles, was sich Eigenheimbesitzer zutrauen, dürfen sie ausführen. Einige Arbeiten sollten oder müssen sogar dem Fachmann vorbehalten bleiben. Dies betrifft vor allem Arbeiten, wo es um die Sicherheit der Bewohner geht, so an Elektro- und Gasanlagen.

6.2 Auswahl des Bauträgers

Wer sein Eigenheim mit einem Bauträger realisieren will, sollte in jedem Fall mehrere Angebote einholen und die Angaben in den Bau- und Leistungsbeschreibungen sowie die Kosten bewerten. Danach sollten mit den Bauträgern aus der engeren Auswahl detaillierte Verhandlungen geführt werden. In diesem Zusammenhang sollte insbesondere auch geprüft werden,

- mit welchem Geschäftszweck das Unternehmen ins Handelsregister eingetragen ist,
- seit wann das Unternehmen besteht,
- ob eine Zulassung des Ordnungsamtes nach der Gewerbeordnung vorliegt,
- ob ein positives Urteil der Schufa vorliegt,
- welche Referenzen vorhanden sind (in diesem Zusammenhang können Objekte des jeweiligen Anbieters besichtigt und nach Möglichkeit Bewohner nach ihrer Zufriedenheit befragt werden),
- ob der Bauträger einem Verband oder einer Gütegemeinschaft zugehört (z.B. Mitgliedschaft im BDF – Bundesverband Deutscher Fertigbau e.V. – oder QDF – Qualitätsgemeinschaft Deutscher Fertigbau),
- welchen Ruf das Unternehmen genießt (in diesem Zusammenhang sind Auskünfte bei Baufirmen und Käufern von Bedeutung).

! Um nicht auf unseriöse Bauträger hereinzufallen, wird empfohlen, einen umfassenden Firmen-Check durchzuführen. Dabei müssen vor allem auch die Fachkompetenz und die wirtschaftliche Leistungskraft des Bauträgers überprüft werden.

6.3 Bauträgervertrag

Gegenstand des Bauträgervertrags ist der Verkauf eines Hauses oder einer Eigentumswohnung, die vom Bauträger in eigener Regie errichtet wird. Damit ist der Bauträgervertrag ein kombinierter Kauf- und Werkvertrag. Gesetzliche Grundlage ist das Bürgerliche Gesetzbuch, welches neben Vorschriften zum Kauf- und Werkvertrag vor allem weitreichende und unabdingbare Regelungen zum Schutz des Verbrauchers enthält. Wichtige Regelungen zum Bauträgervertrag finden sich auch in der Makler- und Bauträgerverordnung. Durch diese Verordnung soll der Käufer davor geschützt werden, dass er Zahlungen leisten muss, ohne dass die Bauleistung und der spätere lastenfreie Eigentumsübergang ausreichend gesichert sind. Diese Sicherungen müssen in den Text des Bauträgervertrags aufgenommen werden; andernfalls ist es dem Bauträger verboten, Voraus- oder Abschlagszahlungen des Käufers entgegenzunehmen.

Im Folgenden werden die wichtigsten Regelungen im Bauträgervertrag dargestellt. Gleichzeitig erfolgen jeweils Hinweise, wie der Käufer seine Interessen wahren kann. Den Ausführungen liegen die gesetzlichen Regelungen über das Werkvertragsrecht des Bürgerlichen Gesetzbuchs zugrunde.

6.3.1 Form

Beim Kauf vom Bauträger sind alle Verpflichtungserklärungen des Bauträgers und des Käufers notariell zu beurkunden. Insoweit gelten die Formvorschriften wie beim Grundstückskaufvertrag (vgl. dazu 2.2.6). Wird die gesetzliche vorgeschriebene Form nicht beachtet, ist der Bauträgervertrag unwirksam.

6.3.2 Errichtung des Bauwerks

Das Herzstück des Bauträgervertrags ist die Bau- und Leistungsbeschreibung. Daneben muss der Fertigstellungstermin vereinbart werden.

Bau- und Leistungsbeschreibung

Wie oben dargelegt, ist der Bauträgervertrag ein Kauf- und Werkvertrag. Bei einem Werkvertrag schuldet der Auftragnehmer die Herstellung des vereinbarten Werks. Andernfalls kann der Auftraggeber seine Gegenleistung, also die Vergütung verweigern. Deshalb ist die Bau- und Leistungsbeschreibung im Bauträgervertrag der wichtigste Vertragsbestandteil, weil darin festgelegt wird, welche Leistungen der Bauträger dem Käufer schuldet. In der Bau- und Leistungsbeschreibung ist festgelegt, welche Arbeiten vom Bauträger geleistet, welche Qualitäten erbracht und welche Produkte verwendet werden müssen. Insgesamt bestimmt also die Bau- und Leistungsbeschreibung die Größe, den Zuschnitt und die Ausstattung der Immobilie.

Achtung: Abweichungen und Ergänzungen gegenüber der Baubeschreibung müssen in den beurkundeten Bauträgervertrag aufgenommen werden, ebenso Angaben des Bauträgers über Abweichungen gegenüber verwendeten Prospekten. Der Bauträger darf sich Änderungen in der Bauausführung nur insoweit vorbehalten, als hierfür ein triftiger Grund besteht und sie dem Erwerber unter Berücksichtigung der Interessen des Bauträgers zugemutet werden können. Andernfalls ist der Änderungsvorbehalt unwirksam. Achten Sie auch darauf, dass in den Notarvertrag alle Vereinbarungen, auch Nebenabreden, aufgenommen werden. Nicht beurkundete Abreden sind unwirksam und können sogar zur Unwirksamkeit des gesamten Vertrags führen. Beurkundungspflichtig sind auch beispielsweise Mietgarantien, Abweichungen von der Baubeschreibung und Sonderwünsche, die bei Vertragsschluss bereits feststehen.

! Prüfen Sie vor dem Kauf der Immobilie die Pläne und die Baubeschreibung genau. Sie sind das eigentliche Herzstück des Bauträgervertrags. Achten Sie darauf, dass die Bau- und Leistungsbeschreibung vollständig ist. Das ist der Fall, wenn sie zu jeder Bauleistung eindeutige und erschöpfende Angaben zu Material, Ausführung, gegebenenfalls Farbe, Hersteller, Fabrikat oder preisbeeinflussende Umstände liefert.

Fertigstellungstermin

Im Bauträgervertrag sollten in jedem Fall der Baubeginn und der Fertigstellungstermin für das Objekt verbindlich festgelegt werden. Der Zustand, in dem sich das Gebäude zum Zeitpunkt der Baufertigstellung befinden muss, muss eindeutig definiert werden. Dabei ist zwischen bezugsfertiger Herstellung und vollständiger Fertigstellung zu unterscheiden:

- Bezugsfertig ist die Immobilie, wenn sie unter zumutbaren Bedingungen bewohnbar ist.
- Vollständig fertiggestellt ist das Objekt, wenn alle Arbeiten (z.B. auch im Freien oder bei einer Eigentumswohnanlage auch am Gemeinschaftseigentum) erledigt und alle bei der Abnahme festgestellten Mängel beseitigt sind.

! Hält der Bauträger den Fertigstellungstermin nicht ein, kommt der Schuldnerverzug. In diesem Fall kann der Käufer insbesondere den Verzögerungsschaden geltend machen. Wegen der Einzelheiten zu den Voraussetzungen und den Rechten des Käufers beim Schuldnerverzug vgl. 2.6.

6.3.3 Kaufpreis

Im Regelfall wird zwischen Bauträger und Käufer im Bauträgervertrag für das Grundstück und das Haus ein Festpreis vereinbart. Darin sind regelmäßig enthalten:

- die Grundstückskosten einschließlich der Nebenkosten,
- die Kosten für das Herrichten der Baustelle,
- die Kosten für die öffentliche Erschließung,
- die Gebäudekosten und
- soweit vertraglich vereinbart, die Kosten für Außenanlagen (mindestens jedoch die Kosten für Ver- und Entsorgungsanlagen und die Baunebenkosten, die zur Errichtung des Gebäudes erforderlich sind).

Achtung: Im Festpreis nicht enthalten sind in der Regel gegebenenfalls anfallende Maklergebühren, Notarkosten, Gebühren für die Grundbucheintragung, die Grunderwerbsteuer und – falls vereinbart – die Kosten für eine Bankbürgschaft.

Allgemeine Voraussetzungen

Nach der Makler- und Bauträgerverordnung muss der Haus- und Grundstückskauf wie folgt abgesichert sein, ehe der Käufer zur Zahlung verpflichtet werden kann:

- Der Vertrag muss von einem Notar beurkundet sein. Der Bauträger darf sich keine vertraglichen Rücktrittsrechte vorbehalten. Die für die Rechtswirksamkeit des Bauträgervertrages notwendigen Genehmigungen (z.B. Teilungserklärungen) müssen vorliegen.
- Um die Eigentumsübertragung abzusichern, muss eine Auflassungsvormerkung (vgl. dazu 2.5.1) an der vereinbarten Rangstelle im Grundbuch eingetragen sein. Bezieht sich der Anspruch auf Wohnungseigentum oder ein Wohnungserbbaurecht, so muss außerdem die Begründung dieses Rechts im Grundbuch vollzogen sein.
- Ist das Grundstück noch mit einer Grundschuld oder Hypothek belastet, die der Erwerber nicht übernehmen will, so muss erst

die Verpflichtung zur Freistellung garantiert sein. Damit wird sichergestellt, dass diese Grundschuld bis zur Fertigstellung und Besitzübergabe gelöscht sein wird. Diese Freistellungsverpflichtung muss dem Käufer ausgehändigt werden. Darüber hinaus sollte der Verkäufer vertraglich bestätigen, dass alle Erschließungskosten, für die der Eigentümer des Grundstücks haftet, bezahlt sind.

- Die Baugenehmigung muss erteilt sein.

Auflassungsvormerkung

Sicheren Schutz für die Eigentumsübertragung bietet nur die Eintragung einer Auflassungsvormerkung (vgl. dazu 2.5.1). Bei Eigentumswohnungen muss die Teilungserklärung im Grundbuch vollzogen und die Vormerkung am einzelnen Wohnungseigentum eingetragen sein. Ist die Vormerkung im Grundbuch eingetragen, ist der Käufer auch davor geschützt, Belastungen, die später ohne seine Zustimmung ins Grundbuch eingetragen werden, übernehmen zu müssen.

Achtung: Ist der Bauträger selbst noch nicht als Eigentümer im Grundbuch eingetragen, so gewähren die Abtretung des Übereignungsanspruchs des Bauträgers und der Vermerk der Abtretung bei der Auflassungsvormerkung des Bauträgers im Grundbuch dem Erwerber keine ausreichende Sicherheit.

Freigabeversprechen

In der Regel ist das Kaufobjekt bereits vor Abschluss des Bauträgervertrags und Eintragung der Vormerkung mit einer Grundschuld belastet, die der Bauträger zu seiner eigenen Finanzierung benötigt. Deshalb muss die Freistellung von einer solchen Belastung gesichert sein. Die Beseitigung solcher Grundbuchlasten bezeichnet man als Lastenfreistellung.

Die Lastenfreistellung erfolgt regelmäßig in Form eines sogenannten Freigabeversprechens. Durch ein solches Versprechen erlangt der Käufer einen unmittelbaren Anspruch gegen den Gläubiger (in der Regel eine Bank) auf Freistellung von dem zu dessen Gunsten bestehenden Grundpfandrecht. Der Bauträgervertrag muss einen ausdrücklichen Hinweis auf die Verpflichtung des Bauträgers zur Aushändigung des Freigabeversprechens enthalten. Den Mindestinhalt des Freigabeversprechens schreibt die Makler- und Bauträgerverordnung vor. Danach muss die Freistellung des Kaufobjekts von allen Grundpfandrechten, die der Vormerkung (zugunsten des Erwerbers) im Rang vorgehen oder gleichstehen und nicht übernommen werden sollen, gesichert sein, und zwar auch für den Fall, dass das Bauvorhaben nicht vollendet wird.

Achtung: Trotz des Freigabeversprechens kann dem Erwerber bei Insolvenz des Bauträgers vor Fertigstellung des Gebäudes ein Schaden entstehen. Denn in der Regel reicht der vom Erwerber noch nicht geleistete Restkaufpreis nicht aus, um das Bauvorhaben zu beenden.

Zahlung nach Baufortschritt

Zahlungen vom Käufer darf der Bauträger erst verlangen, wenn die oben genannten allgemeinen Voraussetzungen erfüllt sind. Zu beachten ist in diesem Zusammenhang aber, dass auch ein vermeintlich wirtschaftlich gut situierter Bauträger in Zahlungsschwierigkeiten geraten kann. Viele Bauherren leisten unfreiwillig Vorkasse. Wird dann der Bauträger insolvent, bleibt der Bauherr auf den Mehrkosten sitzen. Deshalb sollten Abschlagszahlungen grundsätzlich in Abhängigkeit vom Baufortschritt vereinbart werden.

Der Makler kann nach der Makler- und Bauträgerverordnung Zahlungen entsprechend dem Bauablauf mit bis zu sieben Raten (Abschlagszahlungen) verlangen. Die Raten können aus folgenden 13 Teilbeträgen nach Erbringung bestimmter Bauleistungen zusammengefasst werden.

Baufortschritt	Höhe der Abschlagszahlung
Baugrundstück nach Beginn der Erdarbeiten	30 % der Vertragssumme
Rohbaufertigstellung einschließlich Zimmererarbeiten	40 % der restlichen Vertragssumme
Dachflächen, Dachrinnen	8 % der restlichen Vertragssumme
Rohinstallation der Heizungsanlagen	3 % der restlichen Vertragssumme
Rohinstallation der Sanitäranlagen	3 % der restlichen Vertragssumme
Rohinstallation der Elektroanlagen	3 % der restlichen Vertragssumme
Fenster mit Verglasung	10 % der restlichen Vertragssumme
Innenputz ohne Beiputzarbeiten	6 % der restlichen Vertragssumme
Estrich	3 % der restlichen Vertragssumme
Fliesenarbeiten im Sanitärbereich	4 % der restlichen Vertragssumme
nach Bezugsfertigkeit (innen komplett fertig)	12 % der restlichen Vertragssumme
Fassadenarbeiten	3 % der restlichen Vertragssumme
nach vollständiger Fertigstellung	5 % der restlichen Vertragssumme

» **Beispiel:** Ein Zahlungsplan für die Erstellung eines Reihenhauses könnte so aussehen:

30 % nach Beginn der Erdarbeiten

28 % nach Fertigstellung des Rohbaus

12 % nach Fertigstellung von Dach und Dachrinnen sowie Rohinstallation von Heizung, Sanitär- und Elektroanlagen

11 % nach Einbau und Verglasung der Fenster und Innenputzarbeiten

7 % nach Estrichverlegung, Fertigstellung der Fliesen im Sanitärbereich und Abschluss der Fassadenarbeiten

8 % nach Bezugsfertigkeit und Übergabe

4 % nach vollständiger Fertigstellung und Abnahme

> **!** Die Zusammensetzung der Abschlagszahlungen sollte im notariellen Kaufvertrag festgelegt werden. Sofern einzelne Leistungen nicht anfallen (z.B. beim Eigenausbau), ist der jeweilige Prozentsatz anteilig auf die übrigen Raten zu verteilen. Durch die Zahlung nach Baufortschritt ist das Fertigstellungsrisiko, das der Erwerber trägt, zwar nicht ausgeschlossen, aber doch vermindert.

Alternative Sicherheiten für Zahlungen des Käufers

Anstelle dafür, dass der Bauträger nach Baufortschritt geschuldete Zahlungen entgegennehmen darf, ohne dass die oben genannten allgemeinen Voraussetzungen für die Annahme von Zahlungen vorliegen, können die Zahlungen des Käufers auch dadurch gesichert werden, dass der Bauträger dem Käufer eine selbstschuldnerische Bürgschaft einer Bank, Sparkasse oder einer Versicherung aushändigt, in welcher der Bürge für alle etwaigen Ansprüche des Erwerbers auf Rückgewähr oder Auszahlung seiner Vermögenswerte einsteht. Eine solche Bürgschaft sichert grundsätzlich auch Zahlungsansprüche des Käufers wegen Sachmängeln, sofern der Erwerber die Mängel spätestens bei der Abnahme geltend macht.

> **!** Die Stellung einer Bürgschaft durch den Bauträger als alternative Sicherheit für Zahlungen des Käufers muss ausdrücklich im Bauträgervertrag vereinbart werden.

Fertigstellungssicherheit

Zusätzlich zu den Sicherungen nach der Makler- und Bauträgerverordnung muss der Bauträger dem Käufer, wenn dieser nicht gewerbsmäßig handelt, bei der ersten Abschlagszahlung eine Sicherheit für die rechtzeitige Herstellung des Werkes ohne wesentliche Mängel in Höhe von 5 % des Vergütungsanspruchs leisten. Erhöht sich der Vergütungsanspruch wegen Änderungen oder Ergänzungen des Vertrages um mehr als 10 %, ist dem Käufer bei der nächsten Abschlagszahlung eine weitere Sicherheit in Höhe von 5 % des zusätzlichen Vergütungsanspruchs zu leisten. Der Bauträger kann wählen, ob er eine Bürgschaft über den entsprechenden Betrag stellt oder die erste Rate entsprechend angepasst wird, der Käufer also zunächst geringere Abschlagszahlungen erbringt. In diesem Fall beträgt die erste Rate statt 30 % nur 25 %.

6.3.4 Einbeziehung der VOB/B

Nicht selten verweisen Bauträgerverträge auf die sogenannte VOB/B. Dabei handelt es sich um die Vergabe- und Vertragsordnung für Bauleistungen. Sie besteht aus 18 Paragrafen, die relativ detailliert die Rechte und Pflichten der Vertragspartner regeln. Sie beinhaltet aber auch gefährliche Fallstricke für den Verbraucher, indem sie von den gesetzlichen Bestimmungen des Bürgerlichen Gesetzbuchs abweichende Regelungen enthält. Durch die Einbeziehung der VOB/B in den Vertrag will der Bauträger eine für ihn bessere Rechtsposition erreichen. Für den Käufer ist es im Regelfall besser, wenn die VOB/B keine Anwendung findet.

» **Beispiel:** Nach dem Werkvertragsrecht des Bürgerlichen Gesetzbuchs verjähren die Gewährleistungsrechte bei Mängeln bei Arbeiten an Bauwerken in fünf Jahren (vgl. dazu 4.2.2), wenn die VOB/B gilt in vier Jahren. Nach der VOB/B gilt das Bauwerk, zwölf Tage nachdem der Bauträger die Fertigstellung mitgeteilt hat, als abgenommen. Nach dem BGB besteht eine solche Frist nicht. Erforderlich ist vielmehr, dass die Leistung des Bauträgers vom Käufer abgenommen und gebilligt wird. Eine fiktive Abnahme nach einer bestimmten Frist wie bei der VOB/B kennt das BGB nicht.

! Die Regelungen der VOB/B sind allgemeine Geschäftsbedingungen. Darunter versteht man alle für eine Vielzahl von Verträgen vorformulierten Vertragsbedingungen, die eine Partei der anderen Vertragspartei bei Abschluss eines Vertrags stellt. Allgemeine Geschäftsbedingungen unterliegen einer gesetzlichen Inhaltskontrolle. Sie sind unwirksam, wenn sie den Vertragspartner unangemessen benachteiligen. In diesem Fall kann sich der Klauselgeber nicht auf sie berufen. Anstelle der unwirksamen allgemeinen Geschäftsbedingung tritt die gesetzliche Regelung des Bürgerlichen Gesetzbuchs.

Einbeziehung in Bauträgervertrag

Auf die Geltung der Regelungen der VOB/B als allgemeine Geschäftsbedingungen kann sich der Bauträger nur berufen, wenn sie Vertragsbestandteil geworden sind. An die Einbeziehung dieser Regelungen in den Bauträgervertrag stellen die Gerichte strenge Anforderungen. Nach der ständigen Rechtsprechung des Bundesgerichtshofs genügt ein Hinweis auf die VOB/B im Vertrag für eine wirksame Einbeziehung nur, wenn der Käufer im Baurecht bewandert ist. Gegenüber Käufern, bei denen das nicht der Fall ist, wird die VOB/B nur wirksam einbezogen, wenn der Bauträger seinem zukünftigen Vertragspartner die Gelegenheit einräumt, den vollen Text zur Kenntnis zu nehmen. Nicht ausreichend ist es, wenn der Bauträger in sein Angebot schreibt: »Grundlage für die Arbeitsausführung ist in jedem Fall die VOB/B.« Vielmehr muss dem Käufer der volle Text der VOB/B vorliegen.

! Wenn sich der Bauträger auf die VOB/B beruft, sollten Sie prüfen oder von einem Fachmann prüfen lassen, ob das Regelwerk wirksam in den Bauträgervertrag einbezogen ist. Beachten Sie auch, dass der Bauträger sich nur dann auf die für ihn in der Regel günstigeren Regelungen der VOB/ berufen kann, wenn diese als Ganzes in den Vertrag einbezogen wurden. Nur einzelne für den Bauträger günstige VOB-Klauseln können nicht wirksam in den Vertrag aufgenommen werden.

Wirksamkeit in Verbraucherverträgen

Als allgemeine Geschäftsbedingungen unterliegen die Regelungen der VOB/B der Inhaltskontrolle des Bürgerlichen Gesetzbuchs. Danach sind Bestimmungen in allgemeinen Geschäftsbedingungen unwirksam, wenn sie den Vertragspartner des Bauträgers entgegen den Geboten von Treu und Glauben unangemessen benachteiligen. Damit können die Regelungen der VOB/B von den Gerichten auf ihre Wirksamkeit überprüft werden. Jede einzelne Klausel im Vertrag kann vom Gericht für unwirksam erklärt werden, wenn sie den Vertragspartner des Verwenders unangemessen benachteiligt. Im Ergebnis bedeutet das, dass die Gerichte eine Vielzahl von Klauseln der VOB/B, die in Bauträgerverträge mit einem Verbraucher einbezogen sind, als unwirksam bewerten werden.

! Wenn in einem notariell zu beurkundenden Kaufvertrag oder in dessen Anlagen auf die VOB/B Bezug genommen wird, sollten Sie den Notar darauf ansprechen und darauf bestehen, dass diese Regelungen ersatzlos gestrichen werden. In jedem Fall sollten Sie eine entsprechende Vereinbarung erst nach vorheriger Prüfung durch einen fachlich versierten Anwalt akzeptieren.

6.4 Abnahme

Die Abnahme der Immobilie ist eine Besonderheit des Werkvertragsrechts. Durch die Abnahme erklärt der Käufer, dass das Gebäude bzw. die Eigentumswohnung fertig und weitestgehend mangelfrei ist. Das hat weitreichende Auswirkungen für die Haftung des Bauträgers für Mängel, für die Gewährleistungsfristen und für die Fälligkeit der vereinbarten Vergütung. Wegen der Einzelheiten vgl. die Ausführungen über den Erwerb eines Hausgrundstücks unter 4.2.1.

6.5 Haftung des Bauträgers für Mängel

Der Bauträger haftet für Sach- und Rechtsmängel des Grundstücks. Dem Käufer stehen die beim Grundstückskauf beschriebenen Mängelrechte zu. Er hat unter den jeweiligen Voraussetzungen Anspruch auf Nacherfüllung, er kann vom Bauträgervertrag zurücktreten, Minderung des Kaufpreises verlangen, Schadensersatz und Aufwendungsersatz geltend machen. Wegen der Einzelheiten vgl. 2.7.

Die Rechte des Erwerbers bei Baumängeln richten sich nach dem Werkvertragsrecht. Ein Mangel des Bauwerks liegt vor, wenn es von der Baubeschreibung abweicht oder wenn es nicht den anerkannten Regeln der Baukunst oder dem Stand der Technik entspricht.

Der Erwerber kann zunächst Beseitigung des Mangels verlangen. Bei Fehlschlagen der Nachbesserung kann er nach seiner Wahl entweder den Kaufpreis mindern oder – wenn der Mangel erheblich ist – vom Vertrag zurücktreten. Hat der Käufer dem Bauträger eine angemessene Frist zur Nacherfüllung gesetzt und ist diese Frist abgelaufen, kann er den Mangel selbst beseitigen. Bei Verschulden des Bauträgers kann der Käufer auch Schadensersatz fordern. Er kann stattdessen wahlweise den Ersatz der zur Beseitigung erforderlichen Aufwendungen verlangen. Im Einzelnen kann auf die unter 4.2.2 dargestellten Mängelrechte beim Kauf eines Hausgrundstücks verwiesen werden.

! Beim Kauf neu hergestellter oder erst noch zu errichtender Immobilienobjekte kann das Recht des Erwerbers auf Minderung und Rücktritt vom Vertrag nicht vertraglich eingeschränkt werden. Unwirksam ist auch eine Vereinbarung, durch die der Erwerber wegen Sachmängeln auf die Bauhandwerker, Lieferanten, Architekten usw. verwiesen wird und der Bauträger seine eigene Haftung vollständig ausschließt oder von der vorherigen

Geltendmachung gegenüber den anderen Baubeteiligten abhängig macht. Der Bauträger muss somit stets selbst die Gewährleistung für Sachmängel übernehmen, auch wenn er im Vertrag zusätzlich seine Ansprüche gegen die Bauhandwerker an den Erwerber abtreten kann (z.B. für den Fall seiner Insolvenz).

Die Haftung des Bauträgers kann kraft Gesetzes oder entsprechender vertraglicher Vereinbarung beschränkt oder ausgeschlossen sein. Wegen der Einzelheiten vgl. 4.2.2.

Die gesetzliche Verjährungsfrist für Mängelrechte des Käufers an Bauwerken beträgt fünf Jahre.

7 Erwerb einer Immobilie im Zwangsversteigerungsverfahren

Wer als Besitzer einer Immobilie seine Schulden nicht bezahlen kann und mit den Raten in Rückstand gerät, muss damit rechnen, dass die Bank, die eine Grundschuld als Kreditsicherheit besitzt, beim zuständigen Amtsgericht die Zwangsversteigerung beantragt. Für Kaufwillige gelten Zwangsversteigerungen gemeinhin als Schnäppchenbörse. Dem ist aber nicht so, weil sich auch bei der Zwangsversteigerung der Zuschlag beim ersten Termin am Verkehrswert der Immobilie orientiert. Zwar kann man unter Umständen eine Immobilie günstig erwerben, mit den entsprechenden Chancen sind für den Bieter aber auch Risiken verbunden.

7.1 Gegenstand der Zwangsversteigerung

Gegenstand der Zwangsversteigerung sind in erster Linie Grundstücke. In Betracht kommen auch Miteigentumsanteile an Grundstücken, also der Bruchteil des Miteigentümers am Grundstück. Zu den Versteigerungsgegenständen gehören auch grundstücksgleiche Rechte wie das Erbbaurecht. Auch Eigentumswohnungen können zwangsversteigert werden.

Nicht Gegenstand der Zwangsversteigerung können Gebäude auf fremdem Boden selbst – ohne den dazugehörenden Grund und Boden – sein, sofern sie wesentliche Bestandteile des Grundstücks sind. Derartige Gebäude auf fremdem Boden können nur gemeinsam mit dem Grund und Boden versteigert werden.

7.2 Ort der Zwangsversteigerung

Zwangsversteigerungen werden von den Amtsgerichten durchgeführt. Die Zuständigkeit richtet sich nach der Lage des Grundstücks. Versteigerungen finden regelmäßig im Sitzungssaal des Amtsgerichts statt, gelegentlich auch in einem Amtsraum vor Ort (z.B. im Rathaussaal einer Gemeindeverwaltung). Geleitet wird die Zwangsversteigerung von einem Rechtspfleger. Er ist zuständig für die Durchführung des gesamten Verfahrens, also von der Bearbeitung des Antrags auf Versteigerung bis hin zur Verteilung des Erlöses.

> **!** Versteigerungstermine werden sechs bis acht Wochen vor dem Versteigerungstermin bekannt gemacht. Die Versteigerungstermine werden regelmäßig in den lokalen Amtsblättern oder in lokalen und regionalen Tageszeitungen veröffentlicht. Außerdem werden die Termine noch an der Gerichtstafel des zuständigen Amtsgerichts und den Stadt- und Gemeindetafeln ausgehängt.

7.3 Vorbereitung auf den Versteigerungstermin

Wer bei der Zwangsversteigerung mitbieten will, sollte sich gezielt auf den Versteigerungstermin vorbereiten. Wichtig ist in diesem Zusammenhang nicht nur, sich Informationen über die zur Versteigerung stehende Immobilie einzuholen, sondern auch für eine gesicherte Finanzierung Sorge zu tragen.

7.3.1 Informationen einholen

Wer bei einer Zwangsversteigerung mitbieten will, sollte sich gezielt über die zu versteigernde Immobilie informieren. In diesem Zusammenhang ist die Versteigerungsakte die wichtigste Informationsquelle. Und selbstverständlich sollte im Rahmen des Möglichen das Versteigerungsobjekt besichtigt werden.

Einsicht in die Versteigerungsakte

Die wichtigste Informationsquelle ist die Versteigerungsakte. Sie kann auf der Geschäftsstelle des zuständigen Amtsgerichts eingesehen werden. Die Versteigerungsakte enthält insbesondere Mitteilungen des Grundbuchamts, Anmeldungen von Forderungen, ein Wertgutachten und Hinweise auf Sanierungs- und Baulasten. Aus den Unterlagen sind zu entnehmen:

- die genaue Objektbeschreibung (Baujahr, Wohnfläche, Ausstattung),
- die Art der Immobilie (z.B. Ein- oder Mehrfamilienhaus, Eigentumswohnung),
- die genaue Lage,
- die Grundstücksfläche,
- Mängel (z.B. Baumängel) und der
- Verkehrswert des Objekts.

Aus dem Grundbuchauszug können die dinglichen Belastungen wie beispielsweise Grundschulden, Hypotheken, Wege- und Wohnrechte entnommen werden. Aus dem von einem Sachverständigen im Auftrag des Gerichts erstellten Verkehrswertgutachten ergeben sich neben dem Verkehrswert der Immobilie auch die Lage des Grundstücks, der bauliche Zustand von Gebäuden, die Vermietungssituation, der Anschluss an die öffentlichen Ver- und Entsorgungsnetze, laufende Kosten und – bei Eigentumswohnungen – eventuelle Sondernutzungsrechte. Eine Abschrift des Bestandsverzeichnisses informiert darüber, ob Nutzungsbeschränkungen (z.B. Abstandsflächen) eingetragen sind.

! Eingesehen werden sollten auch die vorläufigen Versteigerungsbedingungen. Daraus ist u.a. zu ersehen, welche Gläubigerrechte nach der Versteigerung weiterhin bestehen bleiben. Diese müssen bei der Berechnung des Höchstgebots berücksichtigt werden. Allerdings handelt es sich dabei nur um vorläufige Bedingungen. Erst die am Versteigerungstermin verkündeten Bedingungen sind verbindlich.

Besichtigung des Objekts

Der einzige Weg, sich ein objektives Bild von der Immobilie zu machen, ist die komplette Besichtigung des Objekts von innen und außen. Ein Besichtigungstermin durch das Gericht findet allerdings grundsätzlich nicht statt. Und auch sonst ist es schwierig, eine Besichtigung durchzuführen, sei es, dass der Eigentümer keinen Zutritt gestattet oder das Objekt vermietet ist und der Mieter den Zutritt nicht erlaubt.

In seltenen Fällen verfügt der Gläubiger über eine Zugangsmöglichkeit zum Objekt. Gelegentlich gestatten freundliche Mieter oder Schuldner den Zugang. Dies geschieht jedoch auf freiwilliger Basis. Unter Umständen kann man Informationen auch über Gespräche mit Nachbarn einholen.

! Haben Sie die Möglichkeit, die Immobilie zu besichtigen, ist es sinnvoll, einen Bausachverständigen hinzuzuziehen. Und selbst wenn der Experte nicht ins Haus darf, erlaubt ihm der Zustand von Fassaden, Dachflächen, Fenstern doch Rückschlüsse auf den Zustand im Innern des Gebäudes.

Achtung: Aus dem vom Gericht eingeholten Sachverständigengutachten kann der Erwerber keine Ansprüche auf einen bestimmten Zustand der Immobilie herleiten. Befindet sich das Grundstück in einem schlechteren Zustand, als das Gutachten ausweist, kann weder der Preis gemindert noch der Erwerb rückgängig gemacht werden.

7.3.2 Finanzierung sichern

Wer bei einer Zwangsversteigerung mitbieten will, muss vor Beginn eine Sicherheit hinterlegen (wegen der Einzelheiten vgl. 7.4). Zum Versteigerungstermin müssen 10 % des Verkehrswerts hinterlegt werden. Im Falle des Zuschlags muss die Restsumme innerhalb von vier bis sechs Wochen beglichen werden.

! Bevor Sie mitbieten, muss die Finanzierung unter Dach und Fach sein. Wenn Sie erst nach dem Zuschlag nach einem Kredit Ausschau halten, handeln Sie leichtfertig. Steht nämlich bis zum Verteilungstermin nicht die Finanzierung, droht gleich die nächste Zwangsversteigerung. Bei Verzögerungen kennen die Gerichte kein Pardon. Berücksichtigen Sie bei der Finanzierung auch anfallende Zusatzkosten wie Zuschlagsgebühr, Grunderwerbsteuer, Grundbucheinträge und die Kosten der Finanzierung (z.B. Bereitstellungsgebühren).

7.3.3 Beglaubigte Vollmacht bei Stellvertretung

Grundsätzlich kann man bei einer Zwangsversteigerung auch für eine andere Person bieten. Im Falle einer solchen Stellvertretung (z.B. für den Ehegatten) muss eine notariell beglaubigte Vollmacht vorgelegt werden, aus der ausdrücklich die Bevollmächtigung zum Bieten hervorgeht.

7.3.4 Bietstrategie

Eine durchdachte Bietstrategie kann die Erfolgsaussichten steigern. In diesem Zusammenhang sollte man vorher einige Zwangsversteigerungen besuchen und sich so Erfahrungen und einen persönlichen Überblick über das Verfahren und das Prozedere vor Ort verschaffen. Die richtige Bietstrategie gibt es nicht. Allerdings sollten Sie beim Bieten auf Folgendes achten:

- Geduld ist gefragt. Die Bietzeit beträgt mindestens 30 Minuten. Geben Sie also Ihr Angebot nicht zu früh ab.
- Bieten Sie möglichst in krummen Summen und ungleichen Bietschritten, verbergen Sie vor Mitbietern und Bankenvertretern Ihre Gebotsgrenze und irritieren Sie so Ihre Bietkonkurrenz.
- Strategisch geschickt kann es unter Umständen auch sein, schnell einen Preis nahe der individuellen Obergrenze zu bieten. Schnäppchenjäger, die den Preis in kleinen Schritten hochtreiben, werden so schnell abgeschreckt und scheiden aus. Mit etwas Glück ist man dann der einzige verbleibende Bieter.
- Während der Bietstunde sollten Sie den Sitzungssaal auf keinen Fall verlassen. Versuchen Sie die Taktik Ihrer Konkurrenz und deren Limit bei der Versteigerung zu ergründen.

! Legen Sie in jedem Fall Ihr individuelles Höchstgebot für die Immobilie fest und überschreiten Sie diese Grenze unter keinen Umständen.

7.4 Ablauf des Versteigerungstermins

Der Ablauf einer Zwangsversteigerung ist gesetzlich streng geregelt. Im Bekanntmachungsteil erfolgen eine Reihe von Bekanntmachungen und Hinweisen, in der sogenannten Bietstunde werden die Gebote der Kaufinteressenten entgegengenommen und zum Schluss erfolgt die Verhandlung über den Zuschlag.

Achtung: Wer bei einer Zwangsversteigerung mitbieten will, muss eine Sicherheitsleistung (in der Regel 10 % des gerichtlich festgesetzten Verkehrswerts, mindestens die Verfahrenskosten) erbringen. Die Sicherheitsleistung kann in folgenden Formen erbracht werden:

- Verrechnungsscheck, der von einem anerkannten Kreditinstitut frühestens am dritten Werktag vor dem Versteigerungstermin ausgestellt worden ist;
- Bundesbankscheck, der frühestens am dritten Werktag vor dem Versteigerungstermin ausgestellt worden ist;
- unbefristete, unbedingte und selbstschuldnerische Bürgschaft eines Kreditinstituts;
- Überweisung auf ein Konto der Gerichtskasse, wenn der Betrag vor dem Versteigerungstermin gutgeschrieben ist und ein Nachweis hierüber im Termin vorliegt.

Ausgeschlossen ist eine Sicherheitsleistung durch Barzahlung.

7.4.1 Bekanntmachungsteil

Im Bekanntmachungsteil gibt der Rechtspfleger die Gläubiger mit ihren Ansprüchen, die Anmeldungen der Beteiligten, den Inhalt des Grundbuches, die Daten zum Objekt und den festgelegten Verkehrswert der zu versteigernden Immobilie bekannt. Mitgeteilt wird auch, welche Gläubigerrechte (z.B. Grundschulden) nach der Versteigerung im Grundbuch bestehen bleiben.

Achtung: Im Bekanntmachungsteil werden auch das »geringste Gebot« und die Versteigerungsbedingungen mitgeteilt. Diese Informationen des Rechtspflegers sind für Bieter besonders wichtig. Das »geringste Gebot« soll sicherstellen, dass durch die Versteigerung die bestehen bleibenden Grundpfandrechte (z.B. Grundschulden) und Zinsen sowie die Verfahrenskosten abgedeckt sind. Wie der Name schon sagt, geht es darum, ab welchem Betrag man ein Gebot abgeben kann. Wenn nämlich das geringste Gebot nicht erreicht wird, darf der Zuschlag von Amts wegen nicht erteilt werden.

7.4.2 Bietzeit

Die Bietzeit beginnt mit der Aufforderung des Rechtspflegers, die Gebote abzugeben. Sie beträgt mindestens 30 Minuten, selbst wenn keine Gebote abgegeben werden. Erfolgen allerdings nach Ablauf der eigentlichen Bietzeit zügig weitere Gebote, so wird die Bietzeit entsprechend verlängert.

! Während der Bietzeit besteht Gelegenheit, Fragen an den Rechtspfleger zu stellen, mit Gläubigern (z.B. über die Ablösung ihrer bestehen bleibenden Rechte an dem Grundstück) zu sprechen oder nochmals das gerichtliche Gutachten einzusehen.

Achtung: Gebote betreffen immer nur »Bargebote«. Wenn Rechte bestehen bleiben (z.B. Grundschulden), müssen diese als übernommene Verbindlichkeiten zum Gebot hinzugerechnet werden. Die Summe aus Bargebot und den eventuell bestehen bleibenden Rechten, den anfallenden Gebühren und Steuern ergibt den gesamten finanziellen Aufwand für den Erwerb im Zwangsversteigerungsverfahren.

Die Bietzeit endet, nachdem der Rechtspfleger auf den Ablauf der Bietzeit aufmerksam gemacht, nochmals zu weiteren Geboten aufgefordert hat und keine weiteren Gebote mehr abgegeben werden.

7.4.3 Verhandlung über den Zuschlag

Nach Ablauf der Bietzeit wird über den Zuschlag verhandelt. Das Gericht entscheidet dann, ob die Immobilie dem Meistbietenden zugesprochen wird. Allen anwesenden Beteiligten wird die Möglichkeit einer Stellungnahme oder eines Antrags gegeben. Die Entscheidung des Gerichts über den Zuschlag erfolgt entweder sofort oder in einem sofort zu bestimmenden späteren Termin.

- Soweit das höchste Gebot – einschließlich der bestehen bleibenden Gläubigerrechte – nicht wenigstens 50 % des gerichtlich festgesetzten Verkehrswerts erreicht, muss der Zuschlag an den Höchstbietenden versagt werden.
- Der Gläubiger kann beantragen, den Zuschlag zu versagen, wenn das höchste Gebot nicht mindestens 70 % des Verkehrswerts erreicht.

Achtung: Versagt der Rechtspfleger den Zuschlag, weil eine der Grenzen nicht erreicht wird, gelten beide Grenzen im nächsten Versteigerungstermin nicht mehr.

7.5 Zuschlag

Liegen keine Versagungsgründe vor, muss der Meistbietende den Zuschlag erhalten. Die Erteilung des Zuschlags erfolgt durch Beschluss des Gerichts. Der Zuschlagsbeschluss hat zahlreiche rechtliche Wirkungen. So wird der Ersteher des Grundstücks durch den Zuschlag Eigentümer. Mit dem Zuschlag geht auch die Gefahr des zufälligen Untergangs auf den Ersteher über. Der Ersteher ist insbesondere berechtigt, das Grundstück zu nutzen. Sofern es vermietet oder verpachtet ist, stehen ihm Miet- bzw. Pachtzinsen ab dem Zuschlag vor. Sowohl die privatrechtlichen Lasten als auch die öffentlich-rechtlichen Lasten (z.B. Grundsteuer) gehen auf den Ersteher über. Übernimmt der Ersteher eine Hypothek, Sicherungsgrundschuld oder Rentenschuld, erfolgt unter der Voraussetzung des § 53 ZVG auch eine Übernahme der persönlichen Schuld. Die bestehen bleibenden Rechte werden mit dem Rang und Inhalt, den sie vor dem Zuschlag hatten, übernommen.

7.5.1 Eigentumsübergang

Mit der Verkündung des Zuschlags geht das Eigentum am Grundstück sofort auf den Ersteher über. Nicht erforderlich sind eine notarielle Beurkundung und die Eintragung im Grundbuch. Gleichzeitig mit dem Eigentumsübergang am Grundstück erwirbt der Ersteher das Eigentum an den Gegenständen, auf die sich die Versteigerung erstreckt hat (z.B. Zubehör).

7.5.2 Ausschluss der Mängelhaftung

Durch die Zwangsversteigerung wird eine Mängelhaftung ausgeschlossen. Das heißt, der Ersteher hat beispielsweise nicht das gesetzliche Rücktrittsrecht wie beim Erwerb durch einen Kaufvertrag. Die Versteigerung erfolgt also ohne Gewähr für Sach- und Rechtsmängel. Der im Verkehrsgutachten festgestellte Zustand ist nur eine Schätzung. Der Gutachter war nicht verpflichtet, nach Baumängeln zu suchen. Soweit ihm solche aufgefallen sind oder er von Dritten darauf hingewiesen wurde, finden sie sich im Gutachten wieder.

7.5.3 Eintritt in Mietverträge

Mit dem Zuschlag tritt der Ersteher in bestehende Mietverhältnisses über das Grundstück ein. Er übernimmt alle Rechte und Pflichten aus dem Mietvertrag. So stehen dem Ersteher beispielsweise mit dem Zuschlag die vereinbarten Mietzinsen zu.

! Wird eine Immobilie durch Zwangsversteigerung erworben, steht dem Ersteher kraft Gesetzes ein Sonderkündigungsrecht zu. Er kann ein Mietverhältnis mit gesetzlicher Frist (drei Monate) zum nächstzulässigen Termin kündigen. Das gilt auch für ein Mietverhältnis, das für eine bestimmte Zeit geschlossen wurde (Zeitmietvertrag). Voraussetzung ist allerdings, dass der neue Eigentümer ein berechtigtes Interesse an der Beendigung des Mietverhältnisses hat (z.B. Eigenbedarf). Allein unter Berufung auf das Sonderkündigungsrecht wegen des Erwerbs der Immobilie im Wege der Zwangsversteigerung ist die Kündigung nicht zulässig.

7.5.4 Räumung und Herausgabe der Immobilie

Wohnt der bisherige Eigentümer in dem Objekt, das durch Zuschlag erworben wurde, muss er und seine Familie die Immobilie räumen und an den Ersteher herausgeben. Der Zuschlagsbeschluss gilt als Vollstreckungstitel. Der Ersteher muss also nicht erst in einem zeitaufwendigen Zivilprozess einen Räumungstitel erwirken. Er kann direkt aus dem Zuschlagsbeschluss die Zwangsvollstreckung betreiben. Mit der Wirksamkeit des Zuschlagsbeschlusses kann er den Gerichtsvollzieher beauftragen.

7.5.5 Zahlung an Gericht

Nach der Erteilung des Zuschlages bestimmt das Gericht einen Termin zur Verteilung des Versteigerungserlöses. Das Bargebot ist von dem Erwerber spätestens im Verteilungstermin zu bezahlen. Es ist vom Zeitpunkt des Zuschlages an mit 4 % zu verzinsen. Die Verzinsungspflicht entfällt ab dem Zeitpunkt der Hinterlegung des Bargebots durch den Ersteher unter Verzicht auf Rücknahme.

7.5.6 Eintragung ins Grundbuch

Nach dem Verteilungstermin und nachdem die Unbedenklichkeitsbescheinigung des Finanzamts wegen der Grunderwerbssteuer vorliegt, erfolgt die Eintragung des Erstehers ins Grundbuch. Gleichzeitig werden alle Rechte, die nicht bestehen bleiben, gelöscht. Die Grundbuchberichtigung erfolgt auf Antrag des Rechtspflegers an das Grundbuchamt.

8 Kosten des Immobilienerwerbs

Beim Erwerb einer Immobilie, ob Grundstück, Hausgrundstück oder Eigentumswohnung, kann einiges an Kosten zusammenkommen. In jedem Fall entstehen Notar- und Grundbuchkosten. Ferner wird Grunderwerbsteuer fällig. Unter Umständen sind vom Erwerber noch Beiträge zu entrichten. Vermessungskosten fallen an, wenn Kaufgegenstand kein Grundstück »im Ganzen«, sondern nur eine Teilfläche eines Grundstücks ist. Und wenn für den Verkauf des Grundstücks ein Makler eingeschaltet wurde, fallen Maklergebühren an.

8.1 Notar- und Grundbuchkosten

Ein Grundstückskaufvertrag bedarf der notariellen Beurkundung (vgl. dazu 2.2.6). Andernfalls ist er unwirksam. Für seine Tätigkeit verlangt der Notar Gebühren. Erst mit der Eintragung ins Grundbuch wird der Erwerber Eigentümer der Immobilie (vgl. dazu 2.3.2). Die damit zusammenhängenden Gebühren werden vom Grundbuchamt erhoben, das das Grundbuch führt.

8.1.1 Notarkosten

Die Kosten (Gebühren und Auslagen), die der Notar bei einem Immobilienerwerb in Rechnung stellen darf, sind im Gerichts- und Notarkostengesetz festgelegt. Der Notar darf für seine Tätigkeit nur die gesetzlich festgesetzten Gebühren verlangen – nicht mehr, aber auch nicht weniger.

Berechnung

Die Höhe der im konkreten Fall entstehenden Gebühren hängt von der Art des Geschäfts (z.B. Kaufvertrag oder Antrag auf Löschung im Grundbuch und Löschungsbewilligung) und dem Geschäftswert (z.B. Kaufpreis beim Kaufvertrag, Höhe der Grundschuld) ab. Keine Bedeutung hat in diesem Zusammenhang der Arbeitsaufwand des Notars, die Schwierigkeit oder die Anzahl der Besprechungstermine.

Mit der Beurkundungsgebühr ist auch die Beratung einschließlich der Entwurfstätigkeit des Notars abgegolten, und zwar unabhängig von der Schwierigkeit, des Aufwands und der Anzahl der Besprechungstermine.

Der Berechnung der Notargebühren liegt eine Gebührentabelle zugrunde, die jedem Geschäftswert einen bestimmten Gebührenbetrag als Bezugsgebühr zuordnet. Diese Bezugsgebühr wird dann je nach Art des Geschäfts mit einem bestimmten Gebührensatz multipliziert, um so die endgültig anfallende Gebühr zu berechnen. Der im konkreten Fall anwendbare Gebührensatz ergibt sich aus dem Kostenverzeichnis, das dem Gerichts- und Notarkostengesetz beigefügt ist. Typischerweise einfachere Tätigkeiten haben geringere Gebührensätze als Aufgaben, die regelmäßig anspruchsvoller und zeitaufwendiger sind.

Vorgang	**Gebühr**
Beurkundung des Kaufvertrags	2 mindestens 60,– €
Anträge auf Eintragung im Grundbuch sowie Eintragungsbewilligungen	1,0
Anträge auf Löschung im Grundbuch sowie Eintragungsbewilligungen	0,5
Auflassung	0,5
Betreuungsgebühren (Überwachung der Kaufpreiszahlung, Eigentumsumschreibung)	0,5
Vollzugsgebühren	0,5

» Der Kaufpreis der Immobilie beträgt 250.000,– €. Es soll eine Grundschuld von 150.000,– € bestellt werden. Folgende Notarkosten fallen an:

1.070,– € für die Beurkundung des Grundstückskaufvertrags

354,– € für die Grundschuldbestellung mit Vollstreckungsklausel

267,50 € Betreuungsgebühr für den Kaufvertrag

177,– € Betreuungsgebühr für die Grundschuld

267,50 € Vollzugstätigkeiten

2.136,– € gesamt. Hinzu kommen Nebenkosten wie Schreibauslagen und Postgebühren, ferner 19 % Mehrwertsteuer.

Kostenrechnung

Über die angefallenen Notargebühren muss der Notar eine Kostenrechnung erteilen, aus der sich insbesondere der von ihm ermittelte Geschäftswert, die angewandten Bewertungsvorschriften und die für die Bestimmung des Gebührensatzes zugewandte Nummer des Kostenverzeichnisses ergeben muss.

! Üblicherweise trägt der Käufer der Immobilie die Notarkosten. Lediglich Kosten der Löschung übernommener Lasten (z.B. Grundschulden oder Dienstbarkeiten) sind vom Verkäufer zu tragen. Im Kaufvertrag können jedoch andere Vereinbarungen getroffen werden.

Notarkosten werden nach dem Gesetz sofort fällig. Der Notar ist auch berechtigt, einen angemessenen Kostenvorschuss zu verlangen.

8.1.2 Grundbuchkosten

Auch die Gebühren des Grundbuchamts sind im Gerichts- und Notarkostengesetz festgelegt. Die Höhe der im konkreten Fall entstehenden Gebühren hängt von der Art des Geschäfts (z.B. Eintragung des Eigentümers ins Grundbuch) und dem Geschäftswert (z.B. Kaufpreis beim Kaufvertrag) ab. Wie bei der Berechnung der Notargebühren liegt der Berechnung der Grundbuchgebühren eine Gebührentabelle zugrunde, die jedem Geschäftswert einen bestimmten Gebührenbetrag als Bezugsgebühr zuordnet. Diese Bezugsgebühr wird dann je nach Art des Geschäfts mit einem bestimmten Gebührensatz multipliziert, um so die endgültig anfallende Gebühr zu berechnen. Der im konkreten Fall anwendbare Gebührensatz ergibt sich aus dem Kostenverzeichnis, das dem Gerichts- und Notarkostengesetz beigefügt ist.

Vorgang	Gebühr
Eintragung des Eigentümers	1,0
Eintragung einer Briefhypothek, Briefgrundschuld oder Briefrentenschuld	1,3
Eintragung eines sonstigen Rechts	1,0
Eintragung einer Vormerkung	0,5
Löschung einer Vormerkung	25,– €
Löschung einer Hypothek, Grundschuld oder Rentenschuld	0,5

» Der Kaufpreis der Immobilie beträgt 250.000,– €. Es soll eine Grundschuld von 150.000,– € bestellt und eine Auflassungsvormerkung eingetragen werden. Folgende Grundbuchgebühren fallen an:

267,50 € für Eintragung der Auflassungsvormerkung

354,– € für Eintragung der Grundschuld

535,– € für Eintragung des Eigentümers

1156,50 € gesamt. Hinzu kommen 19 % Mehrwertsteuer.

Schuldner der Grundbuchkosten ist jeder, der einen berechtigten Antrag gestellt bzw. die Übernahme der Kosten erklärt hat.

8.2 Grunderwerbsteuer

Bei einem Grundstückskauf verlangt das Finanzamt Grunderwerbsteuer. Dieser Steuer unterliegen insbesondere Grundstückskaufverträge, Tauschverträge, Schenkungen und Meistgebote im Zwangsversteigerungsverfahren, soweit sie sich auf inländische Grundstücke beziehen. Die Steuer fällt an für den Kauf eines unbebauten Grundstücks, eines Hauses, eines Gebäudes auf fremdem Grund und Boden sowie für die Übertragung eines Erbbaurechts.

Achtung: Das Eigentum an einem Grundstück geht erst mit Eintragung im Grundbuch auf den Erwerber über. Die Eintragung darf erst vorgenommen werden, wenn dem Grundbuchamt eine steuerliche Unbedenklichkeitsbescheinigung vorgelegt wird. Die Unbedenklichkeitsbescheinigung wird vom Finanzamt nach erfolgter Zahlung der Grunderwerbsteuer erteilt und unaufgefordert dem beurkundenden Notar zur Vorlage beim Grundbuchamt übersandt.

8.2.1 Höhe der Steuer

Bemessungsgrundlage für die Steuer ist der Wert der Gegenleistung. Als Gegenleistung gelten

- bei einem Kauf: der Kaufpreis einschließlich der vom Käufer übernommenen sonstigen Leistungen und der dem Verkäufer vorbehaltenen Nutzungen;
- bei einem Tausch: die Tauschleistung des anderen Vertragsteils einschließlich einer vereinbarten zusätzlichen Leistung;
- beim Meistgebot im Zwangsversteigerungsverfahren: das Meistgebot einschließlich der Rechte, die nach den Versteigerungsbedingungen bestehen bleiben.

Zur Gegenleistung werden auch gerechnet

- übernommene Verbindlichkeiten,
- dem Verkäufer vorbehaltene Nutzungen (z.B. Wohn- und Nutzungsrechte),
- übernommene Grundstücksbelastungen (z.B. Nießbrauch, Reallasten),
- der kapitalisierte Erbbauzins und
- unter gewissen Voraussetzungen auch Gebäudeerrichtungskosten.

Die Grunderwerbsteuer wird aus einem Prozentsatz (Steuersatz) der Bemessungsgrundlage berechnet. Dieser Steuersatz der Grunderwerbsteuer ist in den Bundesländern unterschiedlich festgelegt:

Bundesland	Steuersatz	Bundesland	Steuersatz
Baden-Württemberg	5,0 %	Niedersachsen	5,0 %
Bayern	3,5 %	Nordrhein-Westfalen	6,5 %
Berlin	6,0 %	Rheinland-Pfalz	5,0 %
Brandenburg	6,5 %	Saarland	6,5 %
Bremen	5,0 %	Sachsen	3,5 %
Hamburg	4,5 %	Sachsen-Anhalt	5,0 %
Hessen	6,0 %	Schleswig-Holstein	6,5 %
Meckl.-Vorpommern	6,0 %	Thüringen	6,5 %

» A erwirbt in Bayern ein Grundstück zum Kaufpreis von 150.000,– €. Die Grunderwerbsteuer beträgt 5.250,– €. B erwirbt zum gleichen Preis ein Grundstück in Baden-Württemberg. In diesem Fall sind 7.500,– € Grunderwerbsteuer fällig.

8.2.2 Steuerschuldner

Veräußerer und Erwerber schulden die Grunderwerbsteuer gemeinsam als Gesamtschuldner. Allerdings wird das Finanzamt die Grunderwerbsteuer zunächst von demjenigen einfordern, der sich im Kaufvertrag zur Übernahme der Grunderwerbsteuer verpflichtet hat. Erst wenn dieser die fällige Steuer nicht zahlt, wird das Finanzamt auch den anderen Vertragspartner in Anspruch nehmen.

8.2.3 Entstehung und Fälligkeit der Steuer

Die Grunderwerbsteuer entsteht grundsätzlich bereits mit dem Abschluss des Kaufvertrages. Keine Bedeutung haben in diesem Zusammenhang die Übergabe des Grundstücks, die Eintragung des Eigentumsübergangs im Grundbuch und auch die Zahlung des Kaufpreises. Die Grunderwerbsteuer ist einen Monat nach Bekanntgabe des Steuerbescheides zur Zahlung fällig.

8.2.4 Steuerbefreiungen

Bestimmte Grunderwerbe sind von der Grunderwerbsteuer befreit. Dazu gehören u.a.

- Grundstückserwerbe mit einer Gegenleistung bis zu 2.500,– €,
- Grundstücksschenkungen sowie der Erwerb von Todes wegen,
- Grundstückserwerbe durch Miterben im Rahmen einer Erbauseinandersetzung,
- Grundstückserwerbe unter Ehegatten oder Lebenspartnern,
- Grundstückserwerbe zum Zwecke der Vermögensauseinandersetzung nach der Scheidung oder nach Aufhebung der Lebenspartnerschaft,
- Grundstückserwerbe unter Verwandten in gerader Linie.

8.3 Beiträge

Unter Umständen fallen für den Erwerber einer Immobilie Anschluss-, Erschließungs- und Straßenbaubeiträge an.

8.3.1 Anschlussbeiträge

Anschlussbeiträge sind für die Ent- und/oder Versorgungseinrichtungen auf dem Grundstück (z.B. Wasser, Strom, Gas, Fernwärme) zu entrichten. Sie dürfen nach landesrechtlichen Vorschriften (z.B. Kommunalabgabengesetz) oder nach vertraglichen Vereinbarungen (z.B. Energieversorgungsvertrag der Stadtwerke) erhoben werden.

8.3.2 Erschließungsbeiträge

Die Gemeinden erheben zur Deckung ihres anderweitig nicht gedeckten Aufwands für Erschließungsanlagen einen Erschließungsbeitrag. Erschließungsanlagen sind

- die öffentlichen zum Anbau bestimmten Straßen, Wege und Plätze;
- die öffentlichen aus rechtlichen oder tatsächlichen Gründen mit Kraftfahrzeugen nicht befahrbaren Verkehrsanlagen innerhalb der Baugebiete (z.B. Fußwege, Wohnwege);
- Sammelstraßen innerhalb der Baugebiete; Sammelstraßen sind öffentliche Straßen, Wege und Plätze, die selbst nicht zum Anbau bestimmt, aber zur Erschließung der Baugebiete notwendig sind;
- Parkflächen und Grünanlagen mit Ausnahme von Kinderspielplätzen, soweit sie Bestandteil der oben genannten Verkehrsanlagen oder nach städtebaulichen Grundsätzen innerhalb der Baugebiete zu deren Erschließung notwendig sind;
- Anlagen zum Schutz von Baugebieten gegen schädliche Umwelteinwirkungen im Sinne des Bundes-Immissionsschutzgesetzes, auch wenn sie nicht Bestandteil der Erschließungsanlagen sind.

! In älteren Baugebieten muss der Erwerber eines Grundstücks nicht mehr mit Erschließungsbeiträgen rechnen, da die Beiträge bereits abgerechnet sind. In neueren Baugebieten kann es jedoch sein, dass Erschließungsanlagen noch nicht abgerechnet sind und der Grundstückserwerber noch mit entsprechenden Kosten belastet wird.

8.3.3 Straßenbaubeiträge

Auch für nachträgliche Maßnahmen an Straßen, Wegen und Plätzen, an die ein Grundstück angrenzt, muss unter Umständen noch mit einem Beitragsbescheid gerechnet werden. Mit Straßenbaubeiträgen werden die Investitionskosten für den Aus- oder Umbau einer Straße refinanziert. Der Beitragspflicht unterliegen allein die bevorteilten Grundstücke der Herstellungsmaßnahme.

» Ein Straßenbaubeitrag kann für eine erstmalige Herstellung erhoben werden, wenn in einer bereits in früheren Jahren erstmals hergestellten Straße eine Teileinrichtung (z.B. ein Parkstreifen) neu hinzugefügt wird, die zuvor nicht vorhanden war.

Achtung: Während der Erschließungsbeitrag für die erstmalige Herstellung einer Verkehrsanlage (Straße, Weg, Platz) erhoben wird, ist Gegenstand des Straßenbaubeitrags eine später auf die erstmalige Herstellung folgende, also eine nachträgliche, Herstellungsmaßnahme an einer Verkehrsanlage. Rechtsgrundlage für die Erhebung von Straßenbaubeiträgen sind neben den landesgesetzlichen Regelungen die ortsrechtlichen Satzungen der Kommunen.

8.4 Vermessungskosten

Vermessungskosten fallen an, wenn kein Grundstück »im Ganzen«, sondern lediglich eine Teilfläche eines Grundstücks erworben wird. In diesem Fall muss das Grundstück bzw. die Teilfläche davon neu vermessen werden. Zuständig sind behördliche Vermessungsämter oder öffentlich bestellte und vereidigte Vermessungsingenieure.

Die Vermessungskosten sind landesrechtlich geregelt. Einige Bundesländer erheben die Gebühren für die Vermessung von Grundstücken nach der Größe des zu vermessenden Objektes, andere berechnen die Gebühr nach dem zeitlichen Aufwand. Auch für die benötigten Unterlagen werden Gebühren erhoben.

8.5 Maklerprovision

Wenn der Verkäufer oder der Käufer sich eines Maklers bedienen, fällt damit zwangsläufig eine Provision an. Allerdings muss der Makler bestimmte Voraussetzungen erfüllen, wenn er eine Provision verlangen will. Und unter Umständen ist der Provisionsanspruch des Maklers ausgeschlossen.

Einzelheiten zur Beauftragung und zur Auswahl des Maklers erfahren Sie unter 1.6.5.

8.5.1 Höhe der Provision

Die Höhe der Maklercourtage ist gesetzlich nicht geregelt. Üblicherweise fällt ein fester, prozentualer Provisionssatz in Abhängigkeit des Verkaufspreises an. Traditionell gibt es Regionen, in denen ein höherer Provisionssatz genommen wird als anderswo. Dies ist inzwischen nach Bundesländern aufgeschlüsselt. So ergeben sich folgende Gebührensätze, die als Obergrenze bei der Vermittlung einer Immobilie oder eines Grundstücks gelten:

Durchschnittliche Maklerprovision

Bundesland	in % des Kaufpreises[1]	Bundesland	in % des Kaufpreises[1]
Baden-Württemberg	6 %	Niedersachsen	4 % bis 5 %[2]
Bayern	6 %	Nordrhein-Westfalen	6 %
Berlin	6 %	Rheinland-Pfalz	6 %
Brandenburg	6 %	Saarland	6 %
Bremen	5 %	Sachsen	6 %
Hamburg	5,25 %	Sachsen-Anhalt	6 %
Hessen	5 %	Schleswig-Holstein	6 %
Meckl.-Vorpommern	5 %	Thüringen	6 %

1 jeweils zuzüglich 19 % Mehrwertsteuer
2 je nach Region

! Über den Provisionssatz kann mit dem Makler grundsätzlich verhandelt werden. Regelungen zwischen den Parteien sind immer möglich. Dies gilt auch für den zur Provision verpflichteten Vertragspartner. So kann auch vereinbart werden, dass der Verkäufer die Courtage ganz übernimmt, auch wenn dies in Deutschland noch nicht üblich ist.

8.5.2 Voraussetzungen für den Provisionsanspruch

Der Makler kann nur dann eine Provision verlangen, wenn er einen verbindlichen Auftrag und seinem Auftraggeber ein Objekt »nachgewiesen« oder »vermittelt« hat.

Beauftragung

Der Provisionsanspruch des Maklers setzt einen wirksamen Auftrag des potenziellen Verkäufers oder Käufers einer Immobilie voraus. Der Maklervertrag ist nur wirksam, wenn er in Textform (z.B. schriftlich per E-Mail) abgeschlossen wurde. Für die konkrete Gestaltung des Auftrags gibt es mehrere Möglichkeiten:

- Beim **einfachen Maklerauftrag** besteht für den Makler keine Verpflichtung, tätig zu werden. Der Auftraggeber kann den Auftrag jederzeit widerrufen, es sei denn, der Vertrag läuft über die feste Laufzeit. Bei dieser Vertragsgestaltung kann der Auftraggeber beliebig viele andere Makler beauftragen.
- Beim **Makleralleinauftrag** muss der Makler für seinen Auftraggeber aktiv werden. Er muss sich intensiv bemühen, ein Objekt zu vermitteln bzw. zu finden. Andernfalls kann der Kunde den Vertrag in schwerwiegenden Fällen fristlos kündigen. Im Gegenzug verpflichtet sich der Kunde, während der Laufzeit des Vertrags (üblich sind Fristen von sechs bis neun Monaten) keine weiteren Makler einzuschalten.
- Der **qualifizierte Alleinauftrag,** der den Kunden verpflichtet, Direktinteressenten an den Makler zu verweisen und bei Verletzung dieser Verpflichtung ein Entgelt bzw. Schadensersatz an

den Makler zu zahlen, stellt für den Makler die größtmögliche Sicherung dar. Der Makler erhält auch dann eine Provision, wenn der Auftraggeber selbst das Objekt ohne Makler veräußert bzw. erwirbt. Für den Verkäufer hingegen bedeutet es die größtmögliche Bindung an einen möglicherweise auch erfolglosen Makler.

Nachweis oder Vermittlung von Objekten

Im Maklervertrag sollte klar und eindeutig geregelt sein, welche Leistung der Makler im Einzelfall schuldet, wenn er die vereinbarte Provision geltend machen will. Inhaltlich ist ein Maklervertrag entweder auf den Nachweis oder die Vermittlung eines Hauptvertrages gerichtet.

Nachweisvertrag

Bei einem Nachweisvertrag besteht die Gelegenheit zum Abschluss eines Vertrages in der Mitteilung des Maklers an seinen Auftraggeber, dass dieser in konkrete Verhandlungen über einen Kaufvertrag treten kann. Der Makler muss also seinem Auftraggeber potenzielle Kunden präsentieren, die sich tatsächlich für das Objekt interessieren bzw. das Objekt veräußern wollen. Der Makler muss seinem Auftraggeber alle notwendigen Kenntnisse verschaffen, damit dieser mit dem Hauptvertragspartner in die Verhandlungen über den gewünschten Vertrag eintreten kann. Ein Nachweis liegt nicht vor, wenn der Makler seinem Auftraggeber lediglich eine Liste mit einer Vielzahl von denkbaren Interessenten vorlegt. Es muss ein konkreter Nachweis geführt werden.

Vermittlungsvertrag

Bei einem Vermittlungsvertrag muss der Makler bewusst und aktiv auf die Willensbildung des Vertragspartners des Auftraggebers einwirken, um dessen Bereitschaft zum Abschluss des beabsichtigten Hauptvertrages zu fördern. Eine bloße Unterstützung des Auftraggebers wie beispielsweise die Teilnahme an einer Besichtigung reicht dabei nicht aus, vielmehr muss sich der Makler ausdrücklich an den Verhandlungen beteiligt haben. Der Makler muss auf die Gegenseite einwirken, um das Geschäft mit seinem Auftraggeber zustande zu bringen.

Abschluss eines Kaufvertrags

Egal, wie sehr sich ein Makler anstrengt und welchen Kostenaufwand er dafür gehabt hat. Eine Provision muss der Auftraggeber nur dann zahlen, wenn ein wirksamer Hauptvertrag, also ein wirksamer Kaufvertrag zustande gekommen ist. Die Provision bekommt der Makler allerdings auch dann, wenn der Kaufvertrag von dem abweicht, was im Maklervertrag als Vertragsziel (z.B. Einhaltung einer bestimmten Preisgrenze, Lage des Objekts) vereinbart worden ist.

Achtung: Die Pflicht zur Provisionszahlung durch den Auftraggeber bleibt bestehen, wenn die Verhandlungen zwischen Käufer und Verkäufer zunächst scheitern, dann aber erfolgreich verlaufen, nachdem der Verkäufer den Kaufpreis reduziert hat und selbst – ohne Einschaltung des Maklers also – abermals inseriert, woraufhin sich der ehemalige Interessent wiederum meldet und kauft.

8.5.3 Schuldner der Provision

Die am 23.12.2020 in Kraft getretenen Neuregelungen der Maklerprovision legen unter anderem fest, dass nur derjenige den Immobilienmakler bezahlen muss, der ihn auch beauftragt hat. Davor war die Zahlung der Maklerprovision frei verhandelbar, wurde aber in der Praxis meist komplett vom Käufer gezahlt – auch dann, wenn der Verkäufer den Makler beauftragt hat. Im Einzelnen gelten folgende Regelungen:

- Hat nur eine Vertragspartei den Makler beauftragt (bei Immobilienverkäufern ist das regelmäßig der Verkäufer), erhält der Makler seine Provision von demjenigen, der ihn beauftragt hat.

- Schließt der Makler einen Vertrag mit dem Verkäufer und dem Käufer ab und vereinbart er von vornherein eine Doppelprovision, darf er seine Maklerprovision nur zu gleichen Teilen abrechnen. Verkäufer und Käufer tragen also jeweils 50 % der Maklercourtage beim Wohnungs- oder Hauskauf.
- Hat nur eine Partei des Kaufvertrags über eine Wohnung oder ein Einfamilienhaus einen Maklervertrag abgeschlossen, ist eine Vereinbarung, die die andere Partei zur Zahlung oder Erstattung von Maklerlohn verpflichtet, nur wirksam, wenn die Partei, die den Maklervertrag abgeschlossen hat, zur Zahlung des Maklerlohns mindestens in gleicher Höhe verpflichtet bleibt. Damit kommt der Grundsatz der Kostenteilung auch in den Fällen zur Geltung, in denen nur eine der Parteien den Makler beauftragt hat, beide Parteien aber dem Umstand Rechnung tragen wollen, dass die Tätigkeit des Maklers auch für die andere Partei von Nutzen war. In diesen Fällen können die Parteien die anteilige Übernahme der Maklerkosten vereinbaren, maximal aber in Höhe der hälftigen Provision.

8.5.4 Verjährung des Provisionsanspruchs

Die regelmäßige Verjährungsfrist für den Provisionsanspruch des Maklers beträgt drei Jahre. Die Frist beginnt am Ende des Jahres zu laufen, an dem der Anspruch entstanden ist.

8.5.5 Ausschluss der Maklerprovision

In bestimmten Fällen kann der Makler keine Provision verlangen. Das ist insbesondere der Fall, wenn kein wirksamer Maklerauftrag vorliegt. Drängt sich beispielsweise ein Makler auf und schickt Angebote zu, weil er ein Zeitungsinserat gesehen hat, kommt kein Vertrag zustande. Wenn der Betroffene dann trotzdem Informationen des Maklers nutzt, indem er sich mit dem Verkäufer in Verbindung setzt, muss er keine Maklerprovision zahlen. Daneben bestehen weitere Fälle, in denen ein Provisionsanspruch des Maklers ausgeschlossen ist.

Vorkenntnis über das vermittelte bzw. nachgewiesene Objekt

Hat der Auftraggeber von dem zu vermakelnden Objekt »Vorkenntnis«, braucht er keine Provision zu zahlen. Es reicht allerdings nicht aus, wenn er lediglich die Immobilie oder den Eigentümer gekannt hat.

» Das Haus, für das der Makler dem Auftraggeber ein Exposé zugeschickt hat, kannte dieser bereits aus der Zeitungsanzeige, die der Eigentümer selbst aufgeben hat. In der Anzeige waren alle für den Auftraggeber ausschlaggebenden Punkte, die Lage, die Größe, Ausstattung und Preis angegeben. In diesem Fall kann sich der Auftraggeber auf Vorkenntnis berufen.

! Auf seine Vorkenntnisse kann sich der Auftraggeber selbst dann berufen, wenn er diese bereits zu einem Zeitpunkt hatte, zu dem er noch gar nicht daran dachte, eine Immobilie zu kaufen. Zahlen muss der Auftraggeber aber trotz Vorkenntnis der Maklerprovision, wenn ihm der Makler die wesentlichen Informationen beschafft hat, die er vorher nicht hatte.

Kein wirksamer Hauptvertrag

Eine Provision muss der Auftraggeber nur dann zahlen, wenn ein wirksamer Hauptvertrag, also ein wirksamer Kaufvertrag zustande gekommen ist (vgl. dazu 8.5.2). Vertragsklauseln, durch die sich ein Makler einen Provisionsanspruch auch für den Fall einräumen lässt, dass kein Hauptvertrag zustande kommt (sogenannte erfolgsunabhängige Provision), sind unwirksam.

Eine Maklerprovision wird nicht geschuldet, sofern der Käufer aufgrund des notariellen Kaufvertrags nicht zum Zuge kommt, weil die Gemeinde ein Vorkaufsrecht ausübt. Ebenso entfällt die Zahlungspflicht, wenn wegen fehlender Bebaubarkeit ein vertraglich ausbedungenes Rücktrittsrecht ausgeübt wird oder die Wirksamkeit des notariellen Kaufvertrags an die Zustimmung des Verwalters geknüpft wird, dieser die Zustimmung jedoch verweigert.

Achtung: Portokosten und andere Auslagen (z.B. Kosten für Zeitungsannoncen, Fahrtkosten, Schreib- und Postgebühren) muss der Auftraggeber nur dann ersetzen, wenn dies ausdrücklich im Maklervertrag vereinbart wurde. Dies kann unabhängig vom Zustandekommen des Hauptvertrags vereinbart werden. Aufwendungsersatz darf aber nicht pauschal verlangt werden, sondern nur dann, wenn der Makler den Aufwand konkret nachweisen kann.

Die Provision muss nur gezahlt werden, wenn der Vertrag auch wirklich dauerhaft rechtswirksam ist. Kein Provisionsanspruch besteht also beispielsweise dann, wenn der Kaufvertrag erfolgreich wegen Arglist oder Irrtum angefochten wird.

Doppelte Vermittlertätigkeit

Bei Immobiliengeschäften wird ein Makler häufig für beide Seiten tätig. Dies ist grundsätzlich zulässig, wenn er entweder für beide Parteien als Nachweismakler oder für eine Partei als Vermittlungs- und die andere als Nachweismakler tätig geworden ist. Entscheidend ist allerdings, ob die beiden Parteien von der Doppeltätigkeit wussten.

Achtung: Handelt der Makler für beide Seiten als Vermittlungsmakler, ohne dies dem Kunden jeweils offenzulegen, hat er keinen Provisionsanspruch. Dabei kommt es aber auch darauf an, dass er mit seiner Tätigkeit das Vertrauen und die Interessen seiner Auftraggeber verletzt. Entscheidend ist außerdem nicht, was an konkreter Tätigkeit vertraglich vereinbart, sondern was tatsächlich an Dienstleistung erbracht worden ist.

Erwerb durch Zwangsversteigerung

Für das Entstehen der Maklerprovision ist der Abschluss eines Hauptvertrages erforderlich. Im Falle des Erwerbs einer Immobilie im Rahmen einer Zwangsversteigerung wird jedoch kein Vertrag geschlossen, sondern der Erwerber erwirbt die Immobilie durch Zuschlag im Zuge eines Hoheitsaktes (wegen der Einzelheiten zum

Zwangsversteigerungsverfahren vgl. 7.5). Da es bei einer Zwangsversteigerung an dem erforderlichen Hauptvertrag fehlt, fehlt es auch an einer zwingend notwendigen Voraussetzung für das Entstehen einer Maklerprovision. Eine Maklerprovision im Falle einer Zwangsversteigerung entfällt daher grundsätzlich.

Achtung: Eine Klausel im Rahmen allgemeiner Geschäftsbedingungen, die den Erwerb einer Immobilie durch Zuschlag im Zwangsversteigerungsverfahren mit dem freihändigen Erwerb gleichstellt und dem Makler danach eine Provision gibt, ist unwirksam. Der Makler hat nur dann einen Provisionsanspruch beim Erwerb einer Immobilieim Rahmen eines Zwangsversteigerungsverfahrens, wenn es mit dem Auftraggeber eine zusätzliche Provisionsabsprache außerhalb der allgemeinen Geschäftsbedingungen gibt.

Schlechte Beratung durch den Makler

Hat der Makler die Interessen seines Auftraggebers vorsätzlich oder fahrlässig schwerwiegend verletzt, hat er keinen Anspruch auf die Provision. Das gilt selbst dann, wenn dem Auftraggeber tatsächlich kein Schaden entstanden ist.

» Der Provisionsanspruch entfällt bei unzutreffenden Angaben im Exposé des Maklers. Auch wenn sich herausstellt, dass der Makler zum Zeitpunkt des Haftungsausschlusses wusste, dass das verkaufte Gebäude einen eklatanten Mangel hatte, hat er keinen Anspruch auf die Provision.

9 Stolperfallen beim Immobilienerwerb

Bei aller Euphorie beim Erwerb einer Immobilie sollte man nicht vergessen, dass dieses Geschäft allein von der finanziellen Bedeutung alle anderen Geschäfte in den Schatten stellt. Erhebliche Beträge des ersparten Vermögens müssen investiert und zusätzlich Darlehen aufgenommen werden. Damit der Traum von der eigenen Immobilie nicht zum Albtraum wird, gilt es, Fallstricke zu erkennen und Stolperfallen möglichst zu umgehen.

9.1 Kaufvertrag sorgfältig prüfen

Wenn Sie den Kaufvertrag erst einmal unterschrieben haben, gibt es kein Zurück mehr. Ohne finanzielle Nachteile kommen Sie aus dem Geschäft nicht mehr heraus. Nicht selten drängt der Verkäufer, beispielsweise ein Bauträger, auf den schnellen Abschluss des Vertrags, weil es sich um ein vermeintliches Schnäppchen handelt. Auch eventuell anstehende Zinserhöhungen verleiten zum schnellen Abschluss des Kaufvertrags. Auf keinen Fall sollten Sie den Kaufvertrag übereilt abschließen. Und je mehr der Verkäufer drängelt, desto misstrauischer sollten Sie sein. Den Inhalt des Vertrags sollten Sie sorgfältig prüfen und gegebenenfalls fachlichen Rat einholen. Wenn Sie beim Beurkundungstermin Klauseln im abzuschließenden Vertrag nicht verstehen, sollten Sie sich diese und deren rechtliche Folgen und Tragweite unbedingt vom Notar erklären lassen (vgl. dazu auch 2.2.6).

9.2 Kaufnebenkosten richtig einschätzen

Ein durchdachter Immobilienkauf erfordert eine sorgfältige Finanzplanung. Dabei dürfen die mit dem Erwerb zusammenhängenden Nebenkosten nicht übersehen werden, denn sie machen schnell 10 % bis 15 % vom Kaufpreis aus. Zu den Nebenkosten gehören neben den Kosten für die Immobilienfinanzierung (z.B. Bereitstellungszinsen) insbesondere die Notarkosten, die Kosten für Eintragungen im

Grundbuch, die anfallende Grunderwerbsteuer und unter Umständen auch Vermessungskosten, Beiträge und eine Maklerprovision. Wegen der Einzelheiten vgl. 8.

9.3 Keine Vertragsunterzeichnung ohne Darlehenszusage

Mit der Unterzeichnung des Kaufvertrags verpflichten Sie sich, die Immobilie zu kaufen und den vereinbarten Kaufpreis zu zahlen. Ein gesetzliches Widerrufsrecht steht Ihnen nicht zu. Im Regelfall wird der Kaufpreis kurzfristig zur Zahlung fällig, weil der Verkäufer ein Interesse daran hat, das Geschäft möglichst rasch unter Dach und Fach zu bringen. Wenn Ihre Finanzierung beim Notartermin noch nicht steht, riskieren Sie, dass Sie den Vertrag nicht erfüllen können. Das kann Sie in existenzielle Schwierigkeiten bringen. Zwar ist es nicht erforderlich, dass beim Abschluss des Kaufvertrags der Darlehensvertrag mit der Bank abgeschlossen ist, in jedem Fall aber sollte Ihnen die Darlehenszusage der Bank vorliegen. So lange sollten Sie mit dem Notartermin zuwarten.

9.4 Im Kaufvertrag korrekten Kaufpreis angeben

Zum wesentlichen Inhalt des Kaufvertrags gehört der Kaufpreis. Nicht selten wird vonseiten des Verkäufers angeboten, im Vertrag eine niedrigere Summe anzugeben und den Rest »schwarz« bar und ohne Rechnung abzuwickeln. Das spart Grunderwerbsteuer, unter Umständen auch Spekulationssteuer, Notar und Grundbuchkosten. Allerdings liegt auch ein sogenanntes Scheingeschäft mit der Folge der Steuerhinterziehung und des Betrugs hinsichtlich der Notar- und Grundbuchkosten vor. In jedem Fall ist ein solcher Kaufvertrag unwirksam. Lassen Sie also die Finger von solchen Geschäften.

9.5 Grundbuch einsehen

Im Grundbuch sind wichtige Einträge enthalten, die Auskunft darüber geben, ob der Kaufvertrag wie geplant überhaupt umgesetzt werden kann. Das betrifft die Überprüfung des aktuell tatsächlichen Eigentümers in Abteilung I des Grundbuchs, die Eintragung von Dienstbarkeiten in Abteilung II und von Grundpfandrechten in Abteilung III des Grundbuchs. Beschaffen Sie sich unbedingt vor dem Abschluss des Kaufvertrags einen Grundbuchauszug für das Grundstück, das Sie erwerben möchten. Nur so erfahren Sie die tatsächliche Größe des Grundstücks und können feststellen, ob es eventuell Belastungen gibt. Da diese Lasten unter Umständen Einfluss auf den Wert des Grundstücks haben können, müssen Sie sich vor dem Kauf informieren. Sinnvollerweise sollte der Notar die Grundbucheinsicht übernehmen. In diesem Fall sollten Sie sich dann eine beglaubigte Kopie des Grundbuchauszugs vom Notar aushändigen lassen. Einzelheiten zu den Belastungen des Grundstücks erfahren Sie unter 2.8.2.

9.6 Auf Vertragspartner achten

Bevor Sie den Kaufvertrag unterschreiben, müssen Sie genau hinsehen, wer eigentlich tatsächlich Ihr dort eingetragener Vertragspartner ist. Möglicherweise haben Sie unter Umständen lange Verhandlungen mit einem vermeintlichen Anbieter geführt und dieser ist nun im Vertrag gar nicht benannt. Verschaffen Sie sich von Anfang an Klarheit darüber, wer Ihr Vertragspartner ist. Wollen Sie etwa ein Fertighaus kaufen, sollte der herstellende Fertighausunternehmer Ihr direkter Vertragspartner sein und nach Möglichkeit nicht eine Tochtergesellschaft oder Ähnliches. Vorsicht ist geboten, wenn der Vertragspartner seinen Sitz im Ausland hat. In diesem Fall muss geregelt werden, wie bei Konfliktfällen verfahren wird, beispielsweise bei einer Firmeninsolvenz im Ausland. Wichtig ist in diesem Fall, dass im Vertrag die Anwendung von deutschem Recht und ein deutscher Gerichtsstand festgelegt werden.

9.7 Keinen unseriösen Makler beauftragen

In den meisten Fällen werden Sie es im Zusammenhang mit dem Immobilienkauf mit einem Makler zu tun haben. Und in der Tat gibt es gute Gründe, einen erfahrenen Makler bei der Immobiliensuche einzuschalten. Aber leider gibt es viele schwarze Schafe in dieser Branche, worunter die seriösen Vertreter dieser Branche zu leiden haben. Beachten Sie, dass Makler keine geschützte Berufsbezeichnung ist. Im Prinzip kann sich jeder, der ein entsprechendes Türschild an seinem Büro anschraubt, so nennen. Wenn Sie einen Makler beauftragen, sollten Sie unbedingt darauf achten, dass dieser Mitglied im Berufsverband der Makler (IVD) ist. Leider ist das aber auch keine Garantie dafür, dass die betreffende Person die Geschäfte ordnungsgemäß abwickelt. Einzelheiten zur Beauftragung eines Maklers erfahren Sie unter 1.6.5.

9.8 Ansprüche durch Vormerkung sichern

Vom Zeitpunkt des Abschlusses des Grundstückskaufvertrags bis zur Eintragung ins Grundbuch können noch einige Wochen vergehen. In der Zwischenzeit kann der Erwerb des Grundstücks durch den Käufer unter Umständen erheblich beeinträchtigt oder sogar vollständig vereitelt werden, etwa wenn es sich der Verkäufer anders überlegt, weil ein Dritter einen höheren Kaufpreis für das Grundstück zahlt oder weil Gläubiger des Noch-Eigentümers auf das Grundstück zugreifen. Diese Risiken können durch die Eintragung einer sogenannten Auflassungsvormerkung ausgeschlossen werden. Die Vormerkung bewirkt, dass alle danach erfolgten Grundbucheintragungen gegenüber dem Erwerber unwirksam sind, soweit sie sein vorgemerktes Recht beeinträchtigen. Wegen der Einzelheiten zur Auflassungsvormerkung vgl. 2.5.1.

9.9 Erbbaurecht momentan nicht sinnvoll

Baugrund ist mittlerweile außerordentlich teuer und für den Durchschnittsverdiener kaum noch finanzierbar. Eine Alternative ist das sogenannte Erbbaurecht. Statt das Grundstück zu kaufen, gestattet der Eigentümer dem Erbbauberechtigten, auf dem Grundstück ein Eigenheim zu errichten und das Grundstück zu nutzen (wegen der Einzelheiten vgl. 3.). Der Vorteil für den Erbbauberechtigten liegt in der Höhe der Differenz zwischen dem niedrigen Erbbauzins und dem marktüblichen Hypothekenzins. Der Vorteil ist umso größer, je höher der Unterschied zwischen Erbbau- und Hypothekenzinsen ausfällt. In der momentanen Niedrigzinsphase rechnet sich das allerdings nicht. Das ändert sich erst dann, wenn die Zinsen am Kapitalmarkt steigen.

9.10 Vor Erwerb einer gebrauchten Eigentumswohnung über Finanzsituation der Eigentümergemeinschaft informieren

Vor dem Erwerb einer gebrauchten Eigentumswohnung sollten Sie sich unbedingt Unterlagen beschaffen, die über die aktuelle Finanzsituation der Wohnungseigentümergemeinschaft Auskunft geben. Informieren Sie sich insbesondere darüber, wie hoch die Instandhaltungsrücklage zum Zeitpunkt Ihres Eintritts in die Eigentümergemeinschaft ist. Hohe Kostenrisiken bestehen immer dann, wenn für ein relativ altes Gebäude nur eine geringe Instandhaltungsrücklage vorhanden ist. Lassen Sie sich die Abrechnungen der letzten Jahre und die Protokolle der letzten Eigentümerversammlungen vorlegen und überprüfen Sie, ob größere Instandsetzungen oder Modernisierungen anstehen. Erkundigen Sie sich auch über die Höhe des monatlich zu zahlenden Wohngelds. Wegen der Einzelheiten vgl. 5.2.1.

9.11 Bestandsimmobilie auf Herz und Nieren prüfen

Wer eine Bestandsimmobilie kauft, wird im Kaufvertrag häufig mit einem Haftungsausschluss des Verkäufers für Sachmängel konfrontiert. Dort heißt es dann: »Gekauft wie gesehen« oder »Der Verkäufer übernimmt keine Haftung für irgendwelche Mängel« oder »Verkauft unter Ausschluss jeglicher Haftung«. Im Kaufvertrag über eine gebrauchte Immobilie kann der Verkäufer seine Haftung für Sachmängel wirksam ausschließen. Nur wenn er einen Mangel arglistig verschweigt, ist der Haftungsausschluss unwirksam (vgl. dazu 4.2.2). Die Beweispflicht dafür, dass der Verkäufer den Mangel kannte, liegt beim Käufer. Makler, die einen solchen Sachverhalt kennen, können nicht haftbar gemacht werden. Wenn Sie sich für den Erwerb einer Bestandsimmobilie entschließen, müssen Sie das Objekt auf Herz und Nieren überprüfen. Im Extremfall kann der Schaden größer sein als der Geldwert der Immobilie. Besichtigen Sie das Objekt eingehend und ziehen Sie gegebenenfalls einen Fachmann hinzu. Wenn der Verkäufer auf dem Haftungsausschluss besteht und wenn Sie kein gutes Gefühl beim Kauf haben, sollten Sie vom Erwerb der Immobilie die Finger lassen.

9.12 Auf Erschließungsbeiträge achten

Wenn Sie ein Grundstück mit Haus erwerben, ist zu klären, ob und gegebenenfalls welche Erschließungskosten bereits gezahlt sind bzw. mit welchen Kosten Sie noch rechnen müssen. Bestätigt der Verkäufer, dass Erschließungskosten bereits gezahlt sind, muss geklärt werden, um welche Erschließungskosten es sich handelt und ob tatsächlich alle anfallenden Kosten erfasst sind. Nur so können Kostenüberraschungen vermieden werden. Entsprechende Informationen erhält man bei der Gemeindeverwaltung. Bei einem Kauf vom Bauträger sollte vertraglich klar geregelt werden, dass der Bauträger alle Erschließungsmaßnahmen und damit alle Erschließungskosten der Kommune trägt und alle Maßnahmen zur Anbindung des

Grundstücks an die öffentliche Ver- und Entsorgung. Dazu gehören Trinkwasseranschluss, Regen- und Abwasserentwässerungsanschluss, Strom- und gegebenenfalls Gasanschluss. Verpflichtet sich der Verkäufer, alle Erschließungskosten zu zahlen, wurden diese aber noch nicht vollständig in Rechnung gestellt, sollte vertraglich geregelt werden, dass der Verkäufer eine finanzielle Sicherheit stellt. Nur so ist gewährleistet, dass die Kosten nicht beim Käufer hängen bleiben, wenn der Verkäufer zum Zeitpunkt der Rechnungstellung wegen Insolvenz nicht mehr existiert.

9.13 Erwerb des Gebäudezubehörs vereinbaren

Vom Kauf eines Grundstücks bzw. eines Hausgrundstücks wird im Zweifel auch das Zubehör erfasst. So werden etwa beim Erwerb eines Hauses grundsätzlich auch die Einbauküche, die Einbauschränke und Markisen miterworben. Um einen Streit über das Zubehör zwischen Verkäufer und Käufer zu vermeiden, empfiehlt es sich, in den Grundstückskaufvertrag eine Regelung des Inhalts aufzunehmen, dass sämtliches Zubehör mit Ausnahme von etwaigen einzelnen von dem Verkäufer noch entfernbaren Gegenständen verkauft wird. Sinnvoll ist es auch, das Zubehör aufzulisten und den entsprechenden Teilkaufpreis anzugeben. Auf das Zubehör fällt nämlich keine Grunderwerbsteuer an.

9.14 Fehler bei der Bauabnahme vermeiden

Beim Erwerb einer neu errichteten Immobilie vom Bauträger kommt der Bauabnahme besondere Bedeutung zu. Mit der Abnahme durch den Käufer wird die vertragsgerechte Erfüllung des Kaufvertrags durch den Verkäufer bestätigt. Die Abnahme wird in ihrer rechtlichen Tragweite häufig unterschätzt. So muss beispielsweise bis zur Abnahme der Verkäufer beweisen, dass seine Leistung nicht mangelhaft ist. Nach Abnahme des Werks geht die Beweislast für sämtliche Mängel auf den Käufer über. Mit der Abnahme beginnt die Frist, innerhalb derer der Käufer seine gesetzlichen Gewährleistungsrechte gegen den Verkäufer geltend machen muss (vgl. dazu 4.2.1).

Besondere Vorsicht ist geboten, wenn keine förmliche, sondern eine stillschweigende Abnahme erfolgt, indem zum Beispiel die Rechnung des Verkäufers vorbehaltlos beglichen wird oder der Käufer das Haus eine Zeit lang bewohnt, ohne Mängel zu rügen oder anderweitig zum Ausdruck zu bringen, dass er die Immobilie nicht als vertragsgemäß anerkennt. Eine weitere Gefahr besteht darin, dass in einem vom Käufer unterschriebenen Abnahmeprotokoll vorhandene Mängel nicht aufgeführt werden. Wenn Sie nämlich ein mangelhaftes Werk abnehmen, obwohl Sie den Mangel kennen, stehen Ihnen die gesetzlichen Gewährleistungsrechte nur zu, wenn Sie sich Ihre Rechte wegen dieses Mangels bei der Abnahme vorbehalten haben.

Zu beachten ist auch, dass kraft Gesetzes die Abnahme als erfolgt gilt, wenn der Käufer die Immobilie nicht innerhalb einer vom Verkäufer bestimmten angemessenen Frist abnimmt, obwohl er dazu verpflichtet ist. Von einer angemessenen Frist ist auszugehen, wenn der Käufer angemessen Gelegenheit hat, das Bauwerk nach seiner konkreten Beschaffenheit unter gewöhnlichen Verhältnissen zu prüfen und abzunehmen. Bei Bauwerken gelten zwölf Werktage als angemessene Frist.

Weil in der Abnahme große Risiken liegen, sollte der Kaufvertrag sehr exakte Formulierungen über die Abnahme enthalten. So sollte beispielsweise geregelt werden, wie und wann die Abnahme angekündigt werden muss. Und aus der Sicht des Käufers ist es sinnvoll, dass die stillschweigende Abnahme vertraglich ausgeschlossen wird.

9.15 Zwangsversteigerungen sind nicht zwangsläufig eine »Schnäppchenbörse«

Zwar gelten Zwangsversteigerungen gemeinhin als Schnäppchenbörse, in den Hintergrund tritt allerdings häufig, dass sich auch bei der Zwangsversteigerung das Einstiegsgebot in der Regel am Verkehrswert des betreffenden Gebäudes orientiert. Und der richtet sich nach den Preisen vergleichbarer Objekte in der Nachbarschaft.

Hinzu kommt, dass man bei einer im Rahmen der Zwangsversteigerung erworbenen Immobilie die sprichwörtliche »Katze im Sack« kauft. Es besteht nämlich von Rechts wegen kein Anspruch darauf, das Objekt vor dem Versteigerungstermin zu besichtigen. Bei der Beurteilung des Hauses ist man auf die äußere Ansicht angewiesen und auf die gerichtlichen Gutachten, die zwar in der Regel vorliegen, nach Erfahrung der zuständigen Amtsgerichte oft aber veraltet sind.

Die Gelegenheit, die Immobilie von innen und außen zu besichtigen, besteht nur, wenn der Eigentümer dem zustimmt, was allerdings selten der Fall ist. Wird jedoch die Wohnungsbesichtigung erlaubt, sollte diese Gelegenheit unbedingt genutzt und gegebenenfalls ein Bausachverständiger hinzugezogen werden.

Bevor man an einer Zwangsversteigerung teilnimmt, sollte man sich unbedingt mit dem Prozedere vertraut machen (vgl. dazu 7.). Deshalb sollte man zunächst einmal einige Versteigerungen besuchen.

9.16 Immobilie ausreichend versichern

Das Eigenheim ist meist der mit Abstand größte Teil des Vermögens – umso besser, wenn der Besitz gegen alle Eventualitäten abgesichert ist. Ein unzureichender Versicherungsschutz rund um die Immobilie kann im Extremfall Ihre wirtschaftliche Existenz gefährden. Eine Wohngebäudeversicherung braucht jeder Immobilienbesitzer. Sie schützt bei Schäden durch Feuer, Leitungswasser, Hagel und Sturm. Elementarschäden, die nicht in der Wohngebäudeversicherung abgedeckt sind (z.B. Überschwemmungen und Erdbeben), können durch eine Zusatzpolice abgedeckt werden. Bereits mit dem Kauf des Grundstücks obliegt dem Eigentümer die Verkehrssicherungspflicht. Risiken in diesem Zusammenhang können durch eine Haus- und Grundbesitzer-Haftpflichtversicherung abgedeckt werden. Und eine Gewässerschaden-Haftpflichtversicherung hilft, wenn Heizöl oder Flüssiggas aus dem Tank läuft und das Grundwasser verseucht wird. Wegen der Einzelheiten zu diesen Versicherungen vgl. 10.

10 Immobilie richtig versichern

»Das Hus stod in Gottes Hand. Ach, behüt's vor Feuer und Brand, vor Sturm und Wassernoth! Mit äna Wort: Laß sto, wie's stod!« Den Hausbesitzer, der diesen Spruch an die Fassade seines Hauses bei Basel pinseln ließ, plagten dieselben Sorgen, die Hausbesitzer auch heute noch bedrücken: Dass ihr Besitz durch Naturgewalten oder andere Einflüsse zerstört wird. An bayerischen Höfen liest man heute noch die etwas deftigere Variante des Wunsches nach Unversehrtheit von Haus und Hof: »O heiliger Sankt Florian, verschon' mein Haus, zünd' andre an.«

Allerdings: Gottvertrauen und fromme Sprüche helfen nur wenig, wenn es um die Absicherung der eigenen vier Wände geht. Zu viel steht für die meisten Hausbesitzer auf dem Spiel: Denn Risiken rund ums Haus können nicht nur Vermögenswerte zerstören, für die Hausbesitzer lange gespart oder Kredite aufgenommen haben, sondern sie können gar existenzbedrohend sein. Wenn das als Altersvorsorge gedachte Einfamilienhaus heftigen Stürmen zum Opfer fällt, wird – neben der aktuellen Notsituation – ohne Absicherung eine ganze Lebensplanung durcheinandergewirbelt.

Zugegeben: Glücklicherweise erleben nur wenige Hausbesitzer, dass ihnen das Dach über dem Kopf in Rauch aufgeht oder ein Hochwasser das Wohnzimmer flutet. Gleichwohl ist ein angemessener Versicherungsschutz für existenzielle Risiken ein Muss.

10.1 Überblick

Wegen seines enormen Werts muss Immobilienvermögen gut versichert sein. Wie bei allen Versicherungsangelegenheiten gilt jedoch auch in diesem Zusammenhang:

- Versichert sein muss, was die Existenz ruinieren kann.
- Versichert sein sollte, was zu finanziellen Schwierigkeiten führen und die Umsetzung der Lebenspläne gefährden kann.

- Versichert sein kann, was bei einem Schaden zu unerwarteten finanziellen Belastungen führt.
- Nicht versichert werden muss, was man auch ohne große Schwierigkeiten allein bezahlen kann.

10.1.1 Privathaftpflichtversicherung

Wer anderen durch Unvorsichtigkeit oder Leichtsinn einen Schaden zufügt, muss dafür in voller Höhe aufkommen. Wurden Personen verletzt, muss der Schädiger Behandlungskosten, Verdienstausfall, unter Umständen Schmerzensgeld und mitunter sogar dem Geschädigten eine lebenslange Rente zahlen. Er haftet mit seinem gesamten gegenwärtigen und zukünftigen Vermögen, das heißt mit Haus- und Grundbesitz, dem Bankguthaben, Lohn und Gehalt. Ohne Versicherungsschutz kann dies den finanziellen Ruin bedeuten. Schon deshalb ist eine Privathaftpflichtversicherung ein Muss und Basisschutz für jeden Eigenheimbesitzer (vgl. dazu im Einzelnen 10.2).

10.1.2 Wohngebäudeversicherung

Das Eigenheim ist fast immer ein Vermögen wert. Wenn es durch Feuer oder andere Gefahren zerstört wird, kann der Schaden die ganze Familie in den Ruin stürzen. Wer im Eigenheim wohnt, braucht eine Wohngebäudeversicherung. Wird die Immobilie über Kredit finanziert, verlangen die Banken den Abschluss dieser Versicherung im Bereich Feuer ohnehin. Die »Verbundene Wohngebäudeversicherung« schützt vor Schäden durch Feuer, Leitungswasser und Sturm. Diese Risiken können aber auch einzeln durch eine Feuer-, Sturm- oder Leitungswasserversicherung abgedeckt werden (wegen der Einzelheiten vgl. 10.3).

Achtung: Die Wohngebäudeversicherung hat eine große Lücke: Schäden durch Überschwemmungen oder Erdbeben sind durch die Wohngebäudeversicherung nicht abgedeckt. Für diese Elementarschäden kann ein Zusatz zur Wohngebäudeversicherung vereinbart werden (vgl. dazu 10.4). Ob eine Elementarschadenversicherung letztlich sinnvoll ist, hängt davon ab, in welcher Region das Haus steht. Meist ist es allerdings so, dass diejenigen Hauseigentümer, die einen solchen Schutz am notwendigsten brauchen, ihn aufgrund des hohen Risikos vom Versicherer nicht erhalten.

10.1.3 Gewässerschaden-Haftpflichtversicherung

Wird das Haus mit Heizöl oder Flüssiggas beheizt, besteht das Risiko, dass Heizöl oder Flüssiggas aus dem Tank läuft und das Grundwasser verseucht. Wenn der Schaden bemerkt wird, ist es längst zu spät. Zur Beseitigung des Schadens genügt es nicht, den Tank zu reparieren. Die Umweltgesetze verlangen, dass der gesamte verseuchte Boden ausgehoben und vernichtet wird. Das kann mehr als ein Vermögen kosten. Denn die Haftung ist in der Höhe unbegrenzt. Der Eigenheimbesitzer haftet auch dann, wenn er den eingetretenen Schaden nicht verschuldet hat. In diesem Fall empfiehlt sich eine Gewässerschaden-Haftpflichtversicherung, weil das Risiko, dass durch auslaufendes Heizöl oder Flüssiggas Umweltschäden entstehen, nicht durch die private Haftpflichtversicherung abgedeckt ist (wegen der Einzelheiten vgl. 10.5).

10.1.4 Haus- und Grundbesitzer-Haftpflichtversicherung

Haus- oder Grundstücksbesitzer haben besondere Pflichten zu erfüllen. Die Bestreuung der Gehwege bei Schnee- und Eisglätte oder die Beleuchtungs- und Instandhaltungspflicht sind nur einige davon. Nur wer sein Haus ausschließlich selbst nutzt, ist mit der Privathaftpflichtversicherung und der Gewässerschaden-Haftpflichtversicherung gut bedient. Eigentümer eines unbebauten Grundstücks oder Vermieter eines Ein- oder Mehrfamilienhauses benötigen eine Haus- und Grundbesitzer-Haftpflichtversicherung (vgl. dazu 10.6). Für Besitzer einer Eigentumswohnung in einer Wohnanlage mit Gemeinschaftseigentum ist diese Versicherung ohnehin gesetzlich vorgeschrieben.

10.1.5 Glasversicherung

Durch Missgeschick, Unwetter, Einbruch oder mutwillige Zerstörung bzw. Vandalismus kann die Gebäude- und Mobiliarverglasung beschädigt oder zu Bruch gehen. Dieses Risiko ist nicht durch die Hausratversicherung abgedeckt. Eine Glasversicherung ersetzt in diesen Fällen nahezu sämtliche Schäden an der Verglasung (vgl. dazu 10.7). Eine zerbrochene Fensterscheibe bringt aber sicherlich niemanden um die Existenz. Deshalb gehört die Glasversicherung eher zu den überflüssigen Versicherungen. Nur wenn das Haus mit großen und teuren Verglasungen ausgestattet ist, kann sich unter Umständen eine solche Police lohnen.

Überblick über die Risiken und den Versicherungsschutz

Risiko	Versicherungsschutz durch	Notwendigkeit
Schäden aus den Situationen des täglichen Lebens (z.B. Verletzung des Körpers oder der Gesundheit eines anderen)	Privathaftpflichtversicherung	sehr wichtig
Schäden durch auslaufendes Heizöl oder Flüssiggas	Gewässerschaden-Haftpflichtversicherung; teilweise auch über Privathaftpflichtversicherung	im Einzelfall sehr wichtig
Schäden durch Verletzung der Verkehrssicherungspflicht eines unbebauten Grundstücks bzw. eines vermieteten Hauses	Haus- und Grundbesitzer-Haftpflichtversicherung	wichtig
Schäden durch Feuer, Leitungswasser, Sturm, Hagel	Wohngebäudeversicherung	wichtig
Schäden durch Überschwemmungen und Erdbeben	Elementarschadenversicherung, als Zusatz zur Wohngebäudeversicherung	nützlich
Schäden durch Glasbruch	Glasversicherung	im Einzelfall nützlich

10.2 Privathaftpflichtversicherung

Selbst für Versicherungs-Muffel gilt: Eine Privathaftpflichtversicherung ist ein unbedingtes Muss. Denn sie bietet als Basisversicherung Schutz gegen die allgemeinen Risiken des Alltags. Sie deckt aber auch Gefahren im privaten Wohnumfeld ab, wenn sich z.B. ein Besucher auf dem Grundstück verletzt oder im Treppenhaus stürzt.

Alle möglichen Haftungstatbestände aus den verschiedenen Lebensbereichen aufzulisten, ist gar nicht möglich. Schon beim Blick auf § 823 des Bürgerlichen Gesetzbuchs lässt sich das Ausmaß erahnen: Danach ist jeder verpflichtet, den Schaden zu ersetzen, den er schuldhaft einem anderen zufügt. Und diese Verpflichtung gilt in unbegrenzter Höhe. Der Schädiger haftet mit seinem gesamten Vermögen und Einkommen bis zur Pfändungsfreigrenze. Dabei spielt es keine Rolle, ob der Schaden aus Versehen oder aus Fahrlässigkeit passiert ist. Und ganz schlimm kommt es, wenn man für Schäden einstehen muss, die man nicht einmal verschuldet hat. Der Jurist spricht dann von einer Gefährdungshaftung.

10.2.1Versicherungsschutz

Die Privathaftpflichtversicherung schützt den Versicherten, wenn er einem Dritten einen Schaden zufügt und dieser ihn haftbar macht und Schadensersatz fordert. Neben den allgemeinen Risiken des täglichen Lebens erstreckt sich der Versicherungsschutz auch auf

- Schäden, für die der Versicherte als Inhaber einer selbst genutzten Wohnung, eines im Inland selbst genutzten Wohnhauses sowie eines im Inland selbst genutzten Ferien- oder Wochenendhauses verantwortlich gemacht werden kann (z.B. Verletzung der Schneeräum- und -streupflicht),
- Schäden aus der Vermietung von einzelnen vermieteten Wohnräumen (nicht aber Vermietung der ganzen Wohnung),
- Sachschäden durch häusliche Abwässer.

Achtung: Kein Versicherungsschutz besteht u.a. für vorsätzlich herbeigeführte Schäden, Schadensersatz aus Vertragsverletzung, Schäden an Warmwasser, Heizungs-, Elektro- und Gasgeräten und Schäden durch Abnutzung und Verschleiß. Nicht versichert sind auch Schäden, für die ein Eigentümer eines Mehrfamilienhauses, einer vermieteten Eigentumswohnung oder eines unbebauten Grundstücks haftet (in diesem Fall wird eine Haus- und Grundbesitzer-Haftpflichtversicherung benötigt; vgl. dazu 10.6), ferner Schäden, für die der Eigentümer eines Öltanks einstehen muss (für diesen Fall muss eine Gewässerschaden-Haftpflichtversicherung abgeschlossen werden; vgl. dazu 10.5).

10.2.2 Leistungen

Die Privathaftpflichtversicherung übernimmt Schäden, die die versicherte Person anderen Menschen zufügt. Generell kommt die Versicherung für den finanziellen Ersatz von Sachschäden, Personenschäden und Vermögensschäden auf.

! Zu beachten ist, dass die Privathaftpflichtversicherung nur bis zur vereinbarten Deckungssumme Entschädigung leistet. Für darüber hinaus entstehende Personen- oder Sachschäden muss der Betroffene einstehen. Deshalb muss auf eine ausreichende Deckungssumme geachtet werden. Fünf Millionen Euro sollten es schon mindestens sein. Und weil der Beitragsunterschied zu einer Police mit höherer Deckung nicht groß ist, sollte diese erste Wahl sein. Eine Selbstbeteiligung des Versicherten bei jedem Schaden sollte nicht vereinbart werden, denn die Beitragsersparnis rechnet sich in der Regel nicht.

Die Leistungen der Privathaftpflichtversicherung umfassen für den Versicherten auch einen Rechtsschutz, um unberechtigte Ansprüche Dritter abzuwehren. Wenn der Versicherte für einen Schadensfall also überhaupt nicht einstehen muss, übernimmt es die Versicherung, den geltend gemachten Schadensersatz abzuwehren, notfalls auch vor Gericht.

10.3 Wohngebäudeversicherung

Unwetter in Deutschland nehmen zu. Stürme und Überschwemmungen richten immer häufiger enorme Schäden an Häusern an. Daneben bestehen für den Hausbesitzer auch die Risiken durch Feuer, Blitz und auslaufendes Leitungswasser.

Wer ein Eigenheim hat, braucht eine Wohngebäudeversicherung. Sie gehört für Wohnungseigentümer neben der Privathaftpflichtversicherung zu den wichtigsten Versicherungen. Wer sein Haus über einen Bankkredit finanziert hat, kommt um diese Versicherung ohnehin nicht herum; sie ist Bedingung für die Kreditfinanzierung.

! Die Wohngebäudeversicherung kann, was zu empfehlen ist, als sogenannte »Verbundene« Versicherung gegen Feuer-, Leitungswasser- und Sturmschäden oder auch nur gegen eine dieser Gefahren abgeschlossen werden.

Achtung: Die Wohngebäudeversicherung hat ein großes »Loch«. Nicht versichert sind nämlich insbesondere Schäden durch Überschwemmung. In diesem Fall hilft eine Elementarschadenversicherung als Zusatzpolice zur Wohngebäudeversicherung (vgl. dazu 10.4).

10.3.1 Versicherungsschutz

Die Wohngebäudeversicherung schützt nicht nur das eigentliche Gebäude, sondern auch alle mit diesem fest verbundenen Teile (z.B. Zentralheizungsanlagen, Einbaumöbel, sanitäre Installationen und elektrische Anlagen). Auch Zubehör, das der Instandhaltung des Gebäudes und dessen Nutzung zu Wohnzwecken dient (z.B. Antennen, Markisen, Überdachungen), ist geschützt.

Feuerversicherung

Versichert sind Schäden durch Brand, Blitzschlag und Explosion.

Mit Brand wird ein Feuer bezeichnet, das ohne einen bestimmungsgemäßen Herd entstanden ist oder diesen verlassen hat und sich aus eigener Kraft ausbreiten kann.

» **Beispiel:** Versichert sind z.B. Schäden, die durch Brandstiftung oder einen Kurzschluss entstehen. Nicht versichert sind Sengschäden (z.B. Brandlöcher im Parkett) und Schäden an Gebäudeteilen, die bei normaler Nutzung Feuer oder Hitze ausgesetzt sind (z.B. Teile des Kamins).

Versichert ist auch der direkte Einschlag eines Blitzes ins Haus bzw. Folgeschäden des Blitzes (z.B. wenn der vom Blitz getroffene Baum das Hausdach beschädigt). Nicht versichert sind allerdings Schäden, die durch erhöhte Spannung entstanden sind, weil der Blitz in die Freileitung eingeschlagen ist (Überspannungsschäden).

! In die Wohngebäudepolice sollte unbedingt eine Zusatzversicherung für Überspannungsschäden aufgenommen werden, weil schwere Gewitter angesichts des Klimawandels künftig noch zunehmen werden. Ohne diesen Zusatz sind Überspannungsschäden nicht versichert.

Bei einer Explosion wird durch Gase und Dämpfe plötzlich Energie frei.

» **Beispiel:** Versichert sind Schäden, die durch eine defekte Gasleitung im Haus verursacht werden, ebenso Glasschäden am Haus als Folge einer Explosion in der Nachbarschaft.

Sturmversicherung

In der Sturmversicherung sind Schäden durch Sturm und Hagel versichert. Versicherungsschutz besteht ab einer Windgeschwindigkeit von 63 km/h (Windstärke 8).

» **Beispiel:** Versichert sind insbesondere alle Schäden, die auf die direkte Einwirkung des Sturms auf das Haus zurückzuführen sind (z.B. wenn der Wind das Dach abdeckt), ferner indirekte Einwirkungen (z.B. wenn der entwurzelte Baum das Hausdach beschädigt) und Folgeschäden (z.B. wenn wegen des abgedeckten Dachs Regen in das Haus eindringt). Nicht versichert sind u.a. Gebäudeschäden durch Überschwemmung, Sturmflut, Schneedruck und Lawinen.

Leitungswasserversicherung

Schäden durch Leitungswasser sind die häufigsten Fälle bei der Wohngebäudeversicherung. Rohrbruch, schadhafte Waschmaschinen und Geschirrspüler und deren Zu- und Ableitungen, schadhafte Dichtungen und Frostschäden sind die häufigsten Leitungswasserschäden.

In der Leitungswasserversicherung sind Schäden durch Leitungswasser, Frost und Rohrbruch versichert. Der Versicherungsschutz für Leitungswasser umfasst insbesondere Schäden, weil Wasser austritt an

- Zu- und Ableitungsrohren der Wasserversorgung und den mit dem Rohrsystem verbundenen Einrichtungen (z.B. Schläuche, Boiler),
- Einrichtungen der Warmwasser- oder Dampfheizung sowie Klima-, Wärmepumpen und Solarheizungen,
- Sprinkler- und Berieselungsanlagen.

Nicht versichert sind u.a. Wasserschäden durch Rohrbruch auf dem Nachbargrundstück, Schäden durch Grundwasser, starke Niederschläge und Überschwemmungen und Schäden durch Rückstau von Abwasser aus Rohren der öffentlichen Abwasserbeseitigung.

! Einige dieser nicht versicherten Schäden sind bei guten Versicherungen als Extras noch im Versicherungsschutz enthalten. Andere Schäden können durch Deckungserweiterungen versichert werden.

10.3.2 Leistungen

Der Schutz der Gebäudeversicherung umfasst insbesondere

- den Wiederaufbau eines zerstörten Gebäudes; ersetzt wird der ortsübliche Neubauwert, wenn der Wiederaufbau des Hauses innerhalb von drei Jahren veranlasst wird, nach dieser Frist zahlt die Versicherung nur noch den Zeitwert;
- die Reparaturkosten für beschädigte Gebäudeteile und Gebäudezubehör;
- die Erstattung des ortsüblichen Mietwerts für maximal zwölf Monate, wenn der Versicherte die eigene Wohnung nicht mehr nutzen kann;
- den Mietausfall, wenn vermietete Teile des Gebäudes nicht mehr benutzt werden können;
- die Kosten für Aufräumarbeiten (z.B. Abbruch, Abtransport des Bauschutts), soweit nach der Police mitversichert;
- die Mehrkosten durch Auflagen der Baubehörden beim Wiederaufbau, soweit nach der Police mitversichert.

Im Schadensfall zahlt die Versicherung den Schaden maximal bis zur vereinbarten Versicherungssumme. Die richtige Versicherungssumme ist die, wenn das Gebäude im Falle der Zerstörung wieder vollständig aufgebaut werden kann. Die beste Variante für die Ermittlung dieser Versicherungssumme ist die sogenannte gleitende Neuwertversicherung. Dabei wird zunächst als Basiswert der Neubauwert des Hauses aus dem Jahr 1914 ermittelt. Aber keine Angst, so wenig zahlt die Versicherung im Schadensfall nicht. Denn dieser

Wert ist nur eine Basiszahl. Davon ausgehend werden die Preissteigerungen in der Bauwirtschaft Jahr für Jahr hinzugerechnet und unterm Strich steht dann der aktuelle Wiederaufbauwert des Gebäudes. Der ermittelte Basiswert wird mit dem gleitenden Neubauwertfaktor multipliziert. Dieser Faktor wird jedes Jahr vom Statistischen Bundesamt festgelegt und berücksichtigt die aktuelle Preisentwicklung.

! Der Vorteil der gleitenden Neuwertversicherung ist der, dass der Versicherte sein Haus nach dem heutigen Stand der Technik wieder aufbauen kann, gleichgültig, wie alt es vorher war. Damit ist ausgeschlossen, dass das Haus zu niedrig versichert ist und der Versicherte im Schadenfall auf einem Teil der Wiederaufbaukosten sitzen bleibt.

10.4 Elementarschadenversicherung als Zusatzpolice für die Wohngebäudeversicherung

Die Gebäudeversicherung hat ein großes Loch: Schäden durch Überschwemmungen sind nicht versichert. Diese nehmen aber gleichzeitig durch die Klimaveränderung zu. Und das auch in Lagen, die sich nicht in der Nähe von Überschwemmungsgebieten befinden. Starkregen und damit verbundene Überschwemmungen sowie Rückstau aus der Kanalisation treten in nahezu allen Regionen Deutschlands immer öfter auf.

Wer sich gegen Schäden aus Überschwemmungen oder Rückstau absichern will, muss die sogenannte Elementarschadenversicherung als Zusatzpolice zur Gebäudeversicherung abschließen. Sie kann auch in Kombination mit einer Hausratversicherung abgeschlossen werden.

Achtung: In der Elementarschadenversicherung sind im Paket Schäden am Gebäude und an Grundstücken durch Überschwemmung, Erdbeben, Erdsenkung, Erdrutsch, Schneedruck und Lawinen versichert. Eine Versicherung gegen einzelne Gefahren (z.B. nur gegen Überschwemmung) ist nicht möglich.

Für folgende Risiken besteht Versicherungsschutz:

- Versicherungsschutz besteht bei einer Überschwemmung, wenn also ein Gewässer über die Ufer tritt oder wenn das Grundstück überschwemmt wird. Versichert sind auch Schäden, die eintreten, wenn Grundwasser an die Oberfläche und ins Haus gelangt. Nicht versichert sind Schäden durch eine Sturmflut und Schäden durch Grundwasser, wenn es nicht an die Oberfläche gelangt.
- Versichert ist ein Schaden, wenn Wasser aus Ableitungsrohren des Gebäudes durch Regen oder Überschwemmung in das Haus gelangt (Rückstau). Kein Versicherungsschutz besteht, wenn im Gebäude keine funktionstüchtige Rückstausicherung vorhanden war.
- Schäden durch Erdbeben, Erdsenkung oder Erdrutsch sind versichert, wenn das Ereignis naturbedingt ist, nicht wenn es durch menschliche hervorgerufen wurde (z.B. durch Baumaßnahmen).
- Stürzt das Dach durch das Gewicht des Schnees ein, sind die entstandenen Schäden versichert. Das gilt auch für Schäden, die durch Lawinen entstehen.

Achtung: Unwetterschäden an Gebäude im Rohbau sind durch die Wohngebäude- und Elementarschadenversicherung nicht versichert.

10.5 Gewässerschaden-Haftpflichtversicherung

Moderne Öltanks sind auf maximale Sicherheit ausgelegt. Doppelte Wände sorgen für zusätzlichen Auslaufschutz und ein elektronisches Leckwarngerät schlägt Alarm, wenn eine der beiden Hüllen undicht wird. Wenn jedoch ein Öltank wirklich einmal ausläuft, z.B. weil die Tankanlage Mängel aufweist, zu viel Öl eingefüllt wird und der Tank überläuft, können die Schäden in die Millionen gehen.

10.5.1 Versicherungsschutz

Wer mit Öl oder Flüssiggas heizt, trägt ein zusätzliches Risiko: Er haftet unbegrenzt, wenn Öl oder Flüssiggas aus dem Tank ausläuft und dadurch ein Gewässer oder Grundwasser verschmutzt wird. Schon geringe Mengen Öl oder Flüssiggas können großen Schaden anrichten und viele Kubikmeter Erdreich und Millionen Liter Grundwasser verseuchen. Die Folge: Das verseuchte Erdreich muss großflächig abgetragen und als Sondermüll entsorgt werden und eventuell kommen außerdem noch Regressforderungen wegen Grundwasserverschmutzung auf den Verursacher zu. Und als Eigentümer einer Anlage zur Lagerung wasserschädlicher Stoffe haftet dieser auch ohne eigenes Verschulden. Ohne Absicherung im Schadensfall ist das ein kaum überschaubares Risiko. Denn die Kosten, die entstehen, können in die Millionen gehen und die Existenz gefährden. Wer als Hauseigentümer mit Heizöl oder Flüssiggas heizt, braucht deshalb unbedingt eine Gewässerschaden-Haftpflichtversicherung. Denn die normale »Privathaftpflichtversicherung« deckt dieses Risiko nicht oder nur mit einem geringfügigen Schutz ab.

! Nur bei einem kleinen Öltank (beispielsweise bis zu 5.000 Litern Inhalt) ist es möglich, dass das Risiko bereits durch die Privathaftpflichtversicherung abgedeckt ist. Eine extra Police für Gewässerschäden ist dann nicht mehr notwendig. Und wer mit Öl oder Flüssiggas heizt und sein Haus oder seine Wohnung vermietet hat, bei dem kann das Haftungsrisiko unter Umständen auch durch die Haus- und Grundbesitzer-Haftpflichtversicherung abgesichert sein (vgl. dazu 10.6). Prüfen Sie deshalb Ihre Versicherungspolicen und denken Sie gegebenenfalls über einen Wechsel zu einem Anbieter nach, der diesen Schutz einschließt.

Achtung: Die Gewässerschaden-Haftpflichtversicherung deckt aber nicht alle Schäden ab. Nicht versichert sind u.a.

- Haftpflichtansprüche gegen Personen, die den Schaden herbeigeführt haben, weil sie Gewässervorschriften vorsätzlich verletzt oder behördliche Anordnungen nicht befolgt haben,
- Schäden an den Anlagen selbst,
- Schäden durch höhere Gewalt,
- ökologische Altlasten auf dem Grundstück.

Achten Sie darauf, dass Ihr Öltank in regelmäßigen Abständen vom TÜV oder von einer vergleichbaren Organisation überprüft wird. Das kommt nicht nur Ihrer Sicherheit zugute. Weiterhin prüfen Versicherer im Schadensfall, ob der Besitzer des Öltanks Auflagen und behördliche Vorschriften eingehalten hat. War das nicht der Fall, können Versicherer die Leistungen kürzen, wenn grob fahrlässiges Verhalten vorliegt.

10.5.2 Leistungen

Die Gewässerschaden-Haftpflichtversicherung umfasst insbesondere

- die Haftpflicht aus der Lagerung gewässerschädlicher Stoffe und aus Folgen damit verbundener Gewässerschäden (Personen-, Sach- und Vermögensschäden),
- die Haftpflicht der durch Arbeitsvertrag mit der Verwaltung, Reinigung, Beleuchtung und sonstiger Betreuung der Anlage betrauter Personen,
- die Schäden an unbeweglichen Sachen wie Gebäuden, Mauern und Fußböden,
- die Kosten der Schadensbeseitigung (z.B. Kosten der Reinigung der Kellerwände),
- die Abwehr unbegründeter Schadensersatzansprüche.

Die Gewässerschaden-Haftpflichtversicherung ersetzt auch die sogenannten Rettungskosten. Das sind Aufwendungen zur Abwendung oder Minderung eines Schadens, unabhängig davon, ob die Maßnahmen erfolgreich sind oder nicht. Gerade bei Öltankschäden können diese Kosten sehr hoch sein.

Als Deckungssumme sollten Sie mindestens drei Millionen Euro pauschal für Personen-, Sach- und Vermögensschäden vereinbaren. Nur dann reicht der Schutz selbst im schlimmsten Fall, beispielsweise wenn Menschen durch verseuchtes Grundwasser erkranken und der Verursacher der Verschmutzung Behandlungskosten und Schmerzensgeld zahlen muss. Eine Police mit Selbstbeteiligung ist nicht empfehlenswert.

10.6 Haus- und Grundbesitzer-Haftpflichtversicherung

Kommt jemand vor einem Grundstück, im Treppenhaus oder dem Garten zu Schaden, haftet der Eigentümer des Gebäudes dafür – im schlimmsten Fall sogar mit seinem gesamten Vermögen. Eine Haus- und Grundbesitzer-Haftpflichtversicherung ist daher für Eigentümer unerlässlich. Sie deckt das finanzielle Risiko für Vermieter und Hausbesitzer ab.

Grundstücks- und Hauseigentümer sind verpflichtet, ihr Eigentum gefahrenfrei und in verkehrssicherem Zustand zu halten. Sie haften für Schäden, die einem anderen durch die Verletzung dieser Pflicht entstehen. Nutzt der Eigentümer sein Eigenheim selbst, ist der Schutz durch die Privathaftpflichtversicherung und gegebenenfalls die Gewässerschaden-Haftpflichtversicherung ausreichend, um die Risiken abzudecken. Eine Haus- und Grundbesitzer-Haftpflichtversicherung benötigt ein Eigentümer, wenn er ein Eigenheim oder die Wohnung in einem Mehrfamilienhaus vermietet hat oder er Eigentümer eines unbebauten Grundstücks ist. Wer also ein Baugrundstück kauft und erst in ein paar Jahren bauen will, sollte eine solche Versicherung abschließen. Für Besitzer einer Wohnung in einer Wohnanlage mit Gemeinschaftseigentum ist die Haus- und Grundbesitzer-Haftpflichtversicherung ohnehin gesetzlich vorgeschrieben.

10.6.1 Versicherungsschutz

Die Haus- und Grundbesitzer-Haftpflichtversicherung versichert Schäden, die durch eine vom Haus und Grundstück ausgehende Gefahr entstanden sind, bei denen es in der Verantwortung des Eigentümers liegt, diese zu verhindern. Hierzu gehören z.B. Schäden von Personen oder Sachen durch schadhafte Treppen, mangelhafte Beleuchtung oder glatte Gehwege.

» **Beispiel:** Wenn der Vermieter seiner Sorgfaltspflicht nicht nachkommt und trotz mehrfacher Aufforderung durch den Mieter Mängel an der Haustreppe nicht beseitigt, genießt er keinen Haftpflichtschutz aus der Privathaftpflichtversicherung, wenn der Mieter zu Schaden kommt. Dieses Risiko kann nur durch eine Haus- und Grundbesitzer-Haftpflichtversicherung abgedeckt werden.

Die Haus- und Grundbesitzer-Haftpflichtversicherung umfasst insbesondere

- die Haftpflicht als Eigentümer, Pächter, Leasingnehmer, Nutznießer oder Verwalter des Grundstücks für Schäden aus baulicher Instandhaltung, Beleuchtung, Reinigung, Streuen bei Winterglätte und Schneeräumen der Gehwege vor dem Grundstück,
- Schäden aus Besitz und Verwendung von Aufzügen, Fahrstühlen, Sammelheizungen und Fernsprechern auf dem Grundstück,
- die Haftpflicht der durch Arbeitsvertrag mit Reinigung, Verwaltung, Beleuchtung und sonstiger Betreuung des Grundstücks Beauftragten für Ansprüche, die wegen ihrer Arbeit gegen den Eigentümer erhoben werden,
- Gewässerschäden (außer durch Öl- und Flüssiggastanks),
- die Abwehr unbegründeter Schadensersatzansprüche.

Neben den genannten Risiken sind bei einigen Versicherungsgesellschaften weitere Gefahren mitversichert, so beispielsweise die Haftpflicht wegen Sachschäden, die durch Abwässer aus dem Rückstau des Straßenkanals auftreten, die Haftpflicht für Schwamm, Grundstückssenkung, Erdbewegung durch Rammarbeiten, Überschwemmung oder die gesetzliche Haftpflicht aus der Lagerung und Verwendung von im Haushalt üblichen Stoffen wie Farben, Lacke oder Verdünner.

Gute Versicherer kommen auch für Allmählichkeitsschäden auf. Das sind Schäden, die sich erst allmählich zeigen. So beispielsweise, wenn bei Renovierungsarbeiten aus Versehen die Wasserleitung angebohrt wird, sodass mit der Zeit ein Wasserschaden entsteht.

Achtung: Auch die Haus- und Grundbesitzer-Haftpflichtversicherung deckt nicht alle Haftpflichtschäden ab. Nicht versichert sind u.a.

- vorsätzlich herbeigeführte Schäden,
- die Haftpflicht aus Personenschäden, die durch Arbeitsunfälle entstehen,
- Schäden am Gemeinschaftseigentum, wenn Sie Inhaber einer Eigentumswohnung sind,
- die Haftpflicht aus der Lagerung wasserschädlicher Stoffe wie Heizöl und Flüssiggas.

10.6.2 Leistungen

Die Haus- und Grundbesitzer-Haftpflichtversicherung zahlt maximal bis zur Höhe der vereinbarten Deckungssumme. Für den darüber hinaus entstehenden Personen- und Sachschaden muss der Eigentümer einstehen. Drei Millionen Euro Deckung sollten es schon sein. Diese Summe steht dem Versicherten dann zweimal im Jahr zur Verfügung.

! Eine Police mit Selbstbeteiligung bei jedem Schaden sollte vermieden werden. Die geringe Beitragsersparnis rechtfertigt keinen Selbstbehalt.

10.7 Glasversicherung

Der Bruch von Gebäude- und Mobiliarverglasung ist nicht in der Hausratversicherung enthalten. Allerdings: Wenn eine Glasscheibe zu Bruch geht, ist dies in der Regel finanziell zu verkraften. Deshalb gehört die Glasversicherung eher zu den überflüssigen Versicherungen. Nur wer große Panoramafenster oder einen Wintergarten hat, sollte über den Abschluss einer Glasversicherung nachdenken. Dann kann sich unter Umständen eine Police lohnen, zumal sie in der Regel auch nicht sehr teuer ist.

! Auch für Personen, die ihre Immobilie ganz oder teilweise vermietet haben, kann eine Glasversicherung sinnvoll sein. Sie erspart Auseinandersetzungen mit den Mietern über Schäden und ihre Beseitigung. Und die Kosten der Versicherung können auf die Mieter umgelegt werden.

10.7.1 Versicherungsschutz

In der Glasversicherung ist sowohl die Gebäude- als auch die Mobiliarverglasung versichert. Zur Gebäudeverglasung gehören beispielsweise Glasscheiben von Fenstern und Türen, Balkonen, Terrassen, Wänden, Wintergärten, Veranden, Loggien, Lichtkuppeln, Duschkabinen und Sonnenkollektoren. Zur Mobiliarverglasung zählen Glasscheiben von Bildern, Schränken, Vitrinen, Wand- und Schrankspiegel, Glasplatten, Glasscheiben und Sichtfenster von Öfen.

Achtung: Die Versicherung zahlt u.a. nicht für Schäden durch Oberflächenbeschädigungen (z.B. Kratzer), an Verglasungen von Beleuchtungskörpern und an optischen Gläsern und Handspiegeln.

10.7.2 Leistungen

Im Schadensfall zahlt die Versicherung das neue Glas und Aufwendungen für Notverglasungen sowie für das Abfahren von Glas- und sonstigen Resten. Nicht ersetzt werden die Kosten für das Aufstellen von Gerüsten, die für das Einsetzen des Glases notwendig sind. Bei aufwendigen und schwer zugänglichen Verglasungen (z.B. auf dem Dach) sollten diese Kosten deshalb möglichst mitversichert werden.

Index